JN254847

企業の精神疾患社員への対応実務

採用選考から私傷病休職、リハビリ勤務、退職まで

布施直春 著

経営書院

まえがき

どこの会社でも、社員がうつ病、統合失調症、パニック障害などの精神疾患になった場合、あるいはアスペルガー症候群などの発達障害である場合に、どのように対応したらよいか苦慮しています。

本書は、これらの場合に会社の関係者がどのように対応したらよいかを説明した実務書です。

本書は、次の４部構成となっています。

第１部　精神障害（疾患）・知的障害・発達障害等の種類、原因、特性、職場における配慮ポイント

第２部　従業員が精神疾患を発症した場合の使用者の義務・責任と社会・労働保険の取扱い

第３部　企業のメンタルヘルス・過重労働防止対策

第４部　従業員が精神疾患を発症した場合の対応実務
―採用選考から休職、リハビリ勤務、退職まで―

本書を活用していただければ幸いです。

なお、障害者雇用促進法（法定雇用率制度、平成30年４月からの雇用率の引上げ、雇用納付金制度その他）、身体障害・知的障害・精神障害・発達障害等障害の種類、特性、職場における配慮ポイントなどについて学習したい方は、平成29年９月既刊の拙著「新しい障害者雇用の進め方」労働調査会をご覧ください。

平成29年10月

布施直春

目　次

凡　例

■主な法令名等の略称

労基法……労働基準法

労基則……労働基準法施行規則

安衛法……労働安全衛生法

労災保険法……労働者災害補償保険法

労契法……労働契約法

労組法……労働組合法

育介法……育児休業、介護休業等育児又は家族介護を行う労働者の福祉に関する法律（通称　育児介護休業法）

均等法……雇用の分野における男女の均等な機会及び待遇の確保等に関する法律（通称　男女雇用機会均等法）

最賃法……最低賃金法

派遣法……労働者派遣事業の適正な運営の確保及び派遣労働者の保護等に関する法律（通称　労働者派遣法）

労基署（長）……労働基準監督署（長）

労基監督官……労働基準監督官

パート……パートタイム労働者（短時間労働者）

第１部

精神疾患（障害）・知的障害・発達障害等の種類、原因、特性、職場における配慮ポイント

はじめに

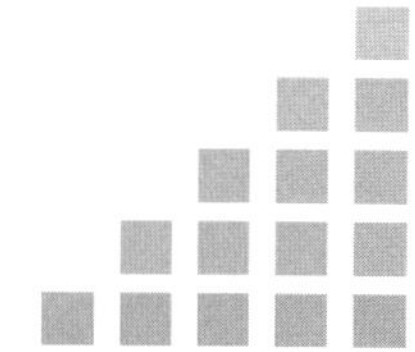

障害は、大きく分けると、

① 身体の障害（肢体不自由、視覚障害、聴覚障害、内部障害）

② 脳の発達、機能等の障害

の２つがあります。

第１部では、②の障害（疾患）の種類、原因、特性、職場における配慮ポイント等について説明します。

②の障害は、①の障害に比べて、外から見えにくく、わかりにくいものです。

②の障害は、次の４つに大別されます。

a 精神疾患（精神障害：うつ病、そううつ病、統合失調症、てんかん、パニック障害、その他）

b 知的障害（従来の「精神薄弱」）

c 発達障害（コミュニケーション・社会性に障害のあるアスペルガー症候群、その他）

d 高次脳機能障害

第1章　精神疾患（障害）

1　職場で認識される精神疾患の種類は

ポイント

うつ病、そううつ病、統合失調症、てんかん、パニック障害などがあります。

1　精神疾患（障害）の種類は

主な精神疾患の種類は、**図表1**のとおりです。

これらの精神疾患のうち主な①～④については、本章の第1節から第4節において、それぞれの疾患の特性、原因、症状、職場における配慮ポイントなどについて説明します。

図表1　主な精神疾患の名前

1　名称（グループ名、または単独名）	2　左記1に含まれる障害
①　気分障害	うつ病、そう病、そううつ病
②　統合失調症	従来の「精神分裂病」
③　てんかん	
④　不安障害（神経症）等	パニック障害、心的外傷後ストレス障害（PTSD）、過換気症候群（かかんきしょうこうぐん）、適応障害、従来の「ヒステリー」その他
⑤　パーソナリティ障害	社会生活や職業生活に支障が生じるほどに「パーソナリティ〈人となり〉」が偏っているもの
⑥　アルコール・薬物・ギャンブル依存症	

2　職場で認識される精神疾患例と特性は

職場で認識される精神疾患例とその特性は、**図表２**のとおりです。

図表２　職場で認識される主な精神疾患

名　称	特　　徴
うつ病	多忙や不安、人間関係などによるストレス等をきっかけにして、精神的・身体的な症状（うつ状態）があらわれる病気
そううつ病	そう状態とうつ状態を繰り返す病気。うつ病とは異なる別の病気で治療法も異なる
うつ状態	うつ病やそううつ病といった診断名をつけられる段階には至っていないものの症状としてうつ病などに近いものがあらわれている状態
統合失調症	脳の機能に問題が起こることで生じるとされている精神病の一種。幻覚や幻聴、妄想といったものが主な症状
不安障害	本来、不安や恐怖を感じる対象ではないものにまで過剰に反応する症状があらわれる病気。社交不安障害やパニック障害、恐怖症などがある
適応障害	ある特定の環境や状態がその人にとって強いストレスとなり、不安症状や抑うつ状態といった症状が現れる状態にあること
自律神経失調症	ストレスやホルモンバランスの乱れなどが原因で自律神経が正常に働かず、めまいや動悸、頭痛、睡眠障害、倦怠感などが生じる病気。（現在では病名としてではなく、症状の１つとして理解されています。うつ病などの病気に付随してあらわれることもあります。）

（資料出所）「管理者のためのセクハラ・パワハラ・メンタルヘルスの法律と対策」17頁
戸塚美砂監修、三修社を一部修正のうえ使用。

3　医師の診断書の精神疾患名のつけ方も多様

1）気分障害（うつ病、そううつ病）以外の精神疾患で「うつ状態」がみられる場合には、「うつ状態」が出てきた背景を考える必要があります。医師による診断が大切です。しかし、医師によっても判断の異なる場合があり、現場は混乱します。

病気が発生してくる環境要因を重視すると「適応障害」という診断が下る場合もありますが、本人要因を重視すると「うつ病」という診断が下る場合もあります。どちらが正しいかを決めるのは困難な場合も多く、事件を起こした精神障害者の精神鑑定をすると、医師同士の意見が異なる場合もけっして珍しくはありません。このような診断を迷う場合には、症状をあらわす「うつ状態」という表現の診断書などが提出されることが多いのです。また、統合失調症や発達障害であっても、症状として「うつ状態」があると、精神疾患名は使わずに「うつ状態」という診断書が発行されることもあります。これを「状態像診断」といいますが、あからさまな診断名を避けて表現されている主治医の配慮とも理解できます。しかし、「うつ状態」が主要な症状であれば気分障害（うつ病、そううつ病）への配慮を行えばよいと考えられます。

2）現在、精神医学の進歩は著しい状況です。

このことなどから、精神疾患の中には、旧い名称と新しい名称が混在して使用されているケースもあります。

さらに、診察にあたった医師が例えば、「うつ状態」、「適応障害」のように、患者の不利益にならないように配慮してあいまいな病名を診断書に記載する場合もあります。

4　職場における対応方法は

その従業員の精神疾患の種類と状態によって、本人と周囲の人達のとるべき対応は異なります。周囲の人達がむやみにはげましたりするのは禁物です。

職場にうつ病やそううつ病、統合失調症等の精神疾患を抱えているのではないかと思われる従業員がいる場合には、管理監督者は、まず、当人に精神医療の専門医の診断を受け、適切な治療を受けるように促すことが重要です。

そのうえで、上記３のことも考慮したうえで、対応してください。

第１節　気分障害（うつ病、そう病、そううつ病）

1　気分障害（うつ病、そう病、そううつ病）とは

ポイント

気分障害とは、気分の浮き沈みが一定の期間正常な状態を超え、そのために考え方や行動面等にも障害が生じるものの総称です。

1　気分障害とは

気分障害というのは、気分の浮き沈み（ゆううつ感や気分の高まり）が、一定の期間、正常な範囲を超えた状態となり、それに伴い、その人の考え方や行動面、身体面などにも障害が生じるものの総称として使用されている病名です。

気分障害では、周期的に病気をくり返すことが多くあります。

その反面、病気の時期以外は、ほぼ正常な状態となります。

気分障害は、職業生活上、持続的な障害が残ることが少ない疾病でもあります。

2　気分障害にはうつ病、そう病、そううつ病がある

気分障害には、次の２種類があります。

①　うつ病

②　そう病

③　そううつ病

「うつ病」は、「うつ状態（精神状態・言動の落ち込み）」だけがあらわれるものです。

他方、「そう病」は、「そう状態（精神状態・言動の高まり）」だけがあらわれるものです。

また、「そううつ病」は、「うつ状態」と「そう状態」の両方をくり返すものです。

3 うつ病
—うつ病の別名は—

うつ病は、「うつ病エピソード」「反復性うつ病性障害」「大うつ病性障害」と呼ばれることもあります。

これらは医療診断における分類法の違いによるものです。

対象従業員から会社に提出される医療診断書にも、これらの名称が記載されることがあります。

4 軽度のアスペルガー症候群タイプの人のうつ病が問題化

ふつうにビジネスマンとして勤務している人の中に標記の人たちがいます。

知的能力に問題はありませんが、コミュニケーション、社会性に若干の問題をかかえています。当人も家族、職場の上司、同僚もそのことに気づいていません。これらの人が例えば、営業職への配置換え、管理監督者への昇格、各種のストレスの増加等をきっかけにして他者とのコミュニケーション、トラブル解決がうまくいかないことからうつ病を発症するケースが多く、最近、問題になっています。

２　うつ病を発症した従業員への、職場で配慮すべきポイントは

ポイント

うつ病を発症するきっかけを個人・職場が認識し、人事異動等環境の変化があった者へのサポートを行うことなどが必要です。

1　うつ病の兆候は

従業員が「うつ病」になった場合、職場では、次のような兆候があらわれます。

○　遅刻や欠勤が増える
○　仕事がとどこおる
○　口数が少なくなる
○　表情や顔色がさえない
○　さまざまな身体の不調を訴える
○　食事量が少なくなる
○　自分を卑下し、「申し訳ない」といった発言、動作がみられる
○　辞職をほのめかす

2　精神医療専門医等の受診をすすめる

職場において従業員に「うつ状態」の兆候が認められた場合には、まず、上司が個室を確保して、本人の話をじっくりと十分に聴くことが必要です。

そのうえで、当人に「うつ状態」が疑われる場合は、次のように対応します。

自社で産業保健スタッフ（産業医、精神医療専門医、保健師等）に委嘱していたり、雇用している場合には、これらのスタッフに相談す

るようにすすめます。これらのスタッフが自社にいない場合には、外部の精神医療機関に受診することをすすめます。

3　うつ病従業員に対する職場における当面の対応のしかたは

精神医療の専門機関から、「うつ病」と診断がついた場合は、主治医や産業医の指示に従い、職場ができる協力を行う必要があります。

「うつ状態」では、むやみに激励することは本人の自責感や絶望感を強めるために禁物です。また、自責感などに関連して辞職の希望が出されることがありますが、病気が回復するまで結論を先延ばしにする必要があります。早期に結論を出すと当人の病気が良くなってから後悔することが少なくありません。

4　職場におけるメンタルヘルス（心の健康）対策の必要性は

「うつ病」はかかりやすさに個人差があります。しかし、すべての人がかかる可能性のある病気です。一般的に言われている職場のメンタルヘルス（心の健康）対策が「うつ病」の発症や再発の予防に効果があるため、日頃より職場全体でメンタルヘルス向上の取り組みを積極的に行うことが有効です。

5　うつ病発症の要因と具体的な防止対策は

うつ病発症や再発に関連する職場の要因としては、職場の対人関係におけるストレス、長時間労働による過労や睡眠不足、人事異動（転勤、昇進、職務内容の変化など）が知られています。それらがきっかけとなることを個人および職場が認識するとともに、早め早めに対策を講じることが重要です。例えば、人事異動（転勤、昇進、職務内容の変化など）があった人に対しては、当人が新しい職場や仕事に慣れるまでの間、職場全体でサポートを行い、困ったことやわからないことが生じたときの相談体制を明確にするなどの対策が有効です。

3　新型（現代風）うつ病の特性は

ポイント

新型うつ病は、従来からのうつ病と次の3つの点で異なっています。

① 軽度の「そう状態（精神状態・言動等の高まり）」がみられること。

② 不安症状が強いこと。

③ 悪いことは、何事も他人のせいにすること。

例えば、自分がうつ病になったのは、もっぱら、会社の上司のせいだといったように考えるということです。

1　新型（現代風）うつ病とは

最近、「新型」うつ病という名称がよく聞かれます。これは、ウイルスが突然変異を起こして生まれた新型ウイルスとは違います。

症状が昔の病気とはいささか異なるうつ病という程度の意味です。ことさら「新型」といえるものではありません。

うつ病という中身は昔と変わらず、その外見、すなわち症状が変わってきたのです。つまり、「現代風のうつ病」というべきものです。

2　新型うつ病の特性は3点

(1)　軽度の「そう状態（精神状態・言動等の高まり）」があること。

新型うつ病の1つ目の特徴は、多少活発だという程度の軽度な「そう状態（精神状態・言動等の高まり）」です。通常の躁状態は、精神病院への入院が必要な重い病状です。最近よくみられる躁状態は、少し元気な程度の軽い「そう状態」です。そして、その後に「うつ状態」が来ます。少し会社を休んで、調子が戻ってきたかなと思っていると、再び軽い「そう状態」となり、再び「うつ状態」が来るのです。一見「うつ状態」を繰り返しているようにみえます。これは、「双極Ⅱ型障害」といいます。治療が非常に難しいのです。うつ病とは使う薬が異なるため、うつ病の薬を使っていては回復しません。医師は本人すら気づいていないこの軽い「そう状態」を見抜かなければなりません。単なる診察だけではなかなかわからないのです。「リワーク（復職支援）プログラム」に参加していれば、その人の言動をみられるので容易に判断できます。

(2) 「不安症状」が強いこと

新型うつ病の２つ目の特徴は、「不安症状」が強いということです。新型うつ病は、発汗、動悸、息苦しさやパニック発作などの不安の症状で発症します。その後しばらくして、従来のうつ病の症状が現れてくるのです。これは、「職場結合性うつ病」といって、真面目な会社人間タイプの人ほど、この経過をたどることが多いと感じられます。現代のうつ病にとって、不安とそれに基づく身体の症状が重要な症状になっているのです。従来のうつ病にも、不安は症状の一つとして確かにありました。昔は「みんなに申し訳ないことをした」と自分を責めて、自殺を企てる場合が強かったのです。

しかし、今はあまり深く考え詰めず、発作的に自殺を図る衝動的な自殺が多いのです。その背景には、非常に強い不安があるのではないかと思われます。

(3) 他罰性が強いこと―うつ病になった要因は自分にあるのではなく、会社のせいだと主張すること―

新型うつ病といわれているケースの３つ目の特徴は、他罰性が強いことです。

ある従業員がうつ病になった場合、多くは次の２つの要因が重なっていると考えられます。

① 会社側の要因

例えば、長時間労働であったこと、上司がきびしすぎたことなどストレスが強く当人に及んでいること。

②　自己側の要因

自分の考え方、物事の判断のしかた、何かしらの問題、課題にぶつかったときの解決のしかた、乗り越え方が上手ではないなどのこと。

しかし、その人は、自分に問題はなく、一方的に会社側が悪いと考え、主張します。

中には、会社に対して民事訴訟を起こし、損害賠償を請求する人もいます。

確かに、その人がうつ病になった要因としては、会社側がその人を働かせすぎたこともあるでしょう。

しかし、当人がうつ病になる要因にぶつかったときに、上手にそれを乗り越えたり、解決する考え方や方法を身につけていないことも要因として考えられます。このような対処のしかたを身につけていないと、その人が復職したり、再就職したりした際に、同じような問題にぶつかり、うつ病が再発することになります。

上述のようなうつ病は、「未熟型うつ病」、「ディスチミア親和型うつ病」と呼ばれています。

上記の傾向は、患者のうち比較的若い世代に多くみられます。

若い世代は年長者と異なり、自己主張が強い傾向にあります。

以上のことは、現代の風潮ともいえるものでしょう。

さらに、他罰性の強い新型うつ病の患者の中には、発達障害（アスペルガー症候群）の人もみられます。「アスペルガー症候群」の人の場合、コミュニケーション能力に障害があるため、企業組織の中で自分のストレスの要因を周囲の人達と話し合って上手に乗り越えたり、解決したりするのが苦手であるという傾向があります。

しかしながら、当人も周囲の人達も「アスペルガー症候群」であることに気がついていません。

3　新型うつ病への対応方法は

このように「新型」うつ病はいくつかの点で従来のうつ病とは症状の表現や病気の在り様が異なります。このため、単に薬と休養ではなかなかよくなってきません。「リワーク（復職支援）プログラム」のような治療の場で集団という仲間の中で治っていく人も多く、心理療法も必要な場合が珍しくありません。

最近は、病院、保健所、その他の医療機関、支援機関でリワークプログラムが行われています。

4　そううつ病とは

ポイント

そううつ病は、「気分の落ち込み」と「気分の高まり」をくり返す病気です。

1　そううつ病とは

そううつ症というのは、気分の浮き沈みが、一定期間、正常な範囲を超えた状態となりそれに伴い、当人の考えや言動に障害が生ずるものです。

そううつ病は、「うつ状態（気分の落込み）」と「そう状態（気分の高まり）」の両方をくり返すものです。

2　そううつ病の別名は

そううつ病は、「双極性感情障害」「双極性障害」とも言われます。

3　そううつ病は再発しやすい

「そううつ病」は再発することが多い疾患です。多くの人で症状がない時期でも再発予防の目的で継続した服薬を必要とします。そのため、定期的な通院時間の確保や職場における服薬のしやすさへの配慮は不可欠となります。

また、再発には生活リズムの乱れや対人ストレスなどが影響することが知られています。再発予防のためには過重労働や不規則勤務を避け、職場の人間関係に配慮する必要があります。

4　再発した場合の職場の対応は

1）「うつ状態（精神状態・言動の落ち込み）」の状態で再発した場合

は、前述2うつ病で説明したことに準じて対応します。

2）他方、「そう状態（精神状態・言動の高まり）」で再発した場合には、例えば次のような兆候が見られます。

○　日頃とは異なる快活さや誇大的な言辞

○　尊大な態度

○　会話や行動の量の増加

これら「そううつ病」再発の兆候をいち早くキャッチし、早めの薬物調整や生活指導を行うことが重症化を防ぐ最も有効な手立てとなります。しかしながら、「そう状態」の初期においては、本人は快調と感じて自らの病状変化に気づかないことも多くあります。本人や家族よりも職場の上司や同僚がいち早くその変化をキャッチすることも稀ではありません。

再発の兆候に気づいた場合は、まずは上司や信頼関係のある同僚がプライバシーに配慮しながら本人の話を十分に聞いたうえで、こちらの心配を率直に伝え、早めの主治医の受診や職場の自社の産業保健スタッフ（産業医、精神医療の専門医、保健師等）への相談を勧める必要があります。

第２節　統合失調症

1　統合失調症とは

ポイント

統合失調症は、若い年代（20代など）で発症することが多く、幻聴や妄想のほか、感情表現が乏しくなるなどの症状が現れます。

1　統合失調症の病名、患者の状況は

「統合失調症」は、以前は「精神分裂病」と呼ばれていました。しかし、精神が分裂していて何をするかわからない怖い病気といった間違った印象を与え、病名そのものが差別や偏見を助長する一因となっていたため、2002年に現病名に変更されました。

「統合失調症」およびそれに類する疾患は、精神科入院患者の６割、同通院患者の４分の１を占めており、精神科医療の主要な対象疾患となっています。また、日常生活や職業生活に支障をきたす人も多いため、福祉的就労支援の対象となることが多い疾患でもあります。

2　統合失調症の発症年代、特徴は

(1)　若い年代で発症することが比較的多くみられる疾患です。

総合失調症患者のうち、大多数の人が15歳から35歳の間で発症します。その中でも10歳代後半から20歳代前半に発症のピークがあります。学生時代あるいは社会人として門出を迎えた直後の発症は、その後の人生に少なからぬ影響を与えることになります。また、一生のうちにこの疾患にかかる確率は１％弱とされており、およそ100人に１人がかかる比較的よくある疾患といえます。性別によるかかりやすさの違いはほとんどありません。

⑵ はっきりとした原因は不明ですが、脳に機能障害が生じているため薬物を用いた治療を必要とします

統合失調症の原因については諸説がありますが、未だ確定していません。しかしながら、脳の神経細胞間の情報伝達役である「神経伝達物質」の伝達が過剰であったり低下したりすることで、さまざまな症状を引き起こすことが徐々に明らかになりつつあります。

統合失調症の治療では、これらの機能異常を調整する作用をもつ「抗精神病薬」という薬が中心的役割を果たします。

⑶ さまざまな特徴的な症状が出現します

統合失調症の症状には、健康であればみられない症状が現れる「陽性症状」と健康な精神機能が低下したり失われたりすることによる「陰性症状」とがあります。

「陽性症状」の主なものとして、実在しない人の声が聞こえる「幻聴」や実際にはあり得ないことを信じ込む「妄想」があります。「幻聴」の内容は、自分の悪口や噂話、命令などが多く、「妄想」では、他者から危害を加えられるなどの「被害妄想」や自分が偉大な人物と思い込む「誇大妄想」がみられます。それ以外にも、「自分の考えが人に伝わっているように思える」「自分の行動が他者に操られていると感じる」「話にまとまりがなく、何を言おうとしているか理解できない」などの症状があらわれることがあります。

「陰性症状」には、「喜怒哀楽などの感情表現が乏しくなる」「意欲や気力が低下する」「会話が少なくなり、その内容も空虚になる」「他者との関わりを避けて引きこもる」などがあります。

一般的に「抗精神病薬」は、「陰性症状」より「陽性症状」により効果を発揮する傾向があります。

⑷ 発症前と比較して社会機能や職業機能が低下します

日常生活や職業生活において、「複数のことを同時にこなす」「臨機応変に融通をきかせる」「新しい事態に今までの経験を応用する」な

どの器用さが乏しくなります。また、対人関係においても、「相手の気持ちや考えを察する」「気配りなどその場にふさわしい行動をとる」など気を利かせることが苦手になります。これらは「認知機能障害」という脳の障害により起こると考えられています。「認知機能」とは、記憶力や注意・集中力、物事を計画する能力、問題を解決する能力、抽象的な概念を作り上げる能力などのことです。これらの障害は症状が消失した後も持続する傾向にあります。

(5)　経過は人によりさまざまです

長期的にみれば、半数またはそれ以上の人が、治癒に至るか、または軽度の障害を残すのみとなります。しかしながら、症状がなかなか改善せずに重度の障害が残る人が一定程度いることも事実です。

2 統合失調症回復者を雇用する場合、職場で配慮すべきポイントは

ポイント

定期的な通院時間の確保や服薬しやすい職場環境づくりなど治療継続に対する配慮が必要です。

ここでは、企業が統合失調症回復者を精神障害者として雇用する場合の配慮点について説明します。

1 服薬継続に対する配慮とは

統合失調症を発症した場合には、「抗精神病薬」による治療により、幻覚や妄想などの症状がいったん改善しても、薬を止めてしまうと数年のうちに60%～80%の人が再発してしまいます。しかしながら、症状が改善した後も「抗精神病薬」を継続すると、再発率が減少することが知られています。そのため、症状が改善した後も、ある程度の期間服薬を続ける必要があります。仕事ができるまでに症状が改善した人についてもこのことは当てはまります。医師の指示に従って服薬を継続することが就労を維持するうえで最も重要なことといえます。

職場には、定期的な通院時間の確保や服薬しやすい環境づくりなど、治療継続に対する配慮が求められます。

2 社会機能や職業機能の障害に対する配慮とは

上述したように、統合失調症の症状が改善した人においても、種々の社会機能や職業機能の低下がみられることがあります。それらの特徴とその程度は人によりさまざまですが、職場で問題となりやすいものとして次の①～⑭のことがあります。

①体力や持続力が乏しい。

②細かな指先の動作が苦手で作業速度が遅い。
③生真面目さや過緊張のため疲れやすい。
④注意や集中が持続せず、ミスを出しやすい。
⑤同時に複数のことをこなすのが苦手である。
⑥仕事の段取りをつけるなど全体把握が苦手である。
⑦明確な指示がないと仕事が滞るなどあいまいな状況で困惑する。
⑧融通や機転がきかず、手順や流儀の変更が難しい。
⑨経験を他の場面に応用することが苦手である。
⑩新しい職場環境や仕事内容に不安を覚え、適応までに時間がかかる。
⑪上司や同僚の評価に敏感で、注意や指摘を過度に気にする傾向がある。
⑫上司や同僚の依頼を断ることや頼むことが苦手である。
⑬相手の立場に立って考えるなど視点の転換が苦手である。
⑭失敗により自信を失いやすい。

これらの特徴が明らかな場合でも、仕事の内容を考慮し、職場の対応を工夫することにより、職場適応を大幅に改善することができます。さらに、これらの障害特徴に配慮することは、職場でのストレスを軽減することにもつながり、再発予防に対する効果も期待できます。

第３節　てんかん

1　てんかんとは

ポイント

てんかんは脳の病気で、発作が起こります。

てんかんは治る病気です。

1　てんかんとは

てんかんは脳の病気です。

てんかんは発作が起きます。

てんかん発作は、全身がけいれんするもの、意識のあるもの、意識を失ってしまうものなど実に多くのタイプが見られます。

てんかんは10歳くらいまでの小児期と高齢者が多く発症する病気ですが、20代から60代の人まで一定の割合で発症します。

おおよそ100人に１人の人がてんかんを持っていると言われています。

2　てんかん発作の誘因は

てんかん発作の誘因は、**図表１**にようなことです。

図表１　てんかん発作の誘因

1．睡眠不足、覚醒・睡眠リズムの乱れ
2．体温上昇（高熱とは限らない）
3．精神生活上の問題：ストレスや過度の緊張あるいは緊張感の欠如
4．身体的な問題：疲労、不得手な運動、急激な運動
5．抗てんかん薬の急激な変更や中断

3　てんかん発作のタイプは

てんかん発作は、脳の神経が一時的に激しく活動することにより起こるものです。

発作はこの過剰な活動の始まり方から大きく二つに分類されます。

一つは過剰な活動が脳の一部から始まるタイプで“部分発作”といいます。もう一つは、発作の始まりから脳全体が過剰な活動に巻き込まれるタイプで“全般発作”といいます。

4　てんかんの診断は

てんかんの診断に最も重要なのは「発作の症状」です。

しかし、医師が直接発作を診る機会はほとんどありませんから、発作を見ていた人の情報が診断上きわめて重要です。

周囲の人は、発作にであったら冷静に観察する心構えが必要です。

診断のための検査は、脳の機能を調べる検査として脳波検査も重要です。脳内の原因、構造の異常を探るための検査としてMRIも重要です。

5　てんかんの治療方法は

てんかんは治る病気です。

てんかんの治療の基本は、「抗てんかん薬」による薬物療法です。

薬は発作のタイプに従い選択され、最初の薬が効かない場合には2番目の薬を選択します。3番目までの薬で、70－80％の人の発作が止まります。それでも止まらない人は、外科的治療の可能性がないか検査することが推奨されています。

6　てんかん疾患の合併症は

てんかん患者には、発作以外の症状をもつ人もいます。

てんかん患者の約２割の人が、気分障害や不安障害（神経症）などの精神障害の症状を合併します。また、記憶障害、注意障害、遂行機能障害などの高次脳機能障害を合併することも少なくありません。

２　てんかんについての職場の安全確保の注意点は

ポイント

あらかじめ、その人のてんかん発作の特徴を把握し、発作が起きた場合に安全を確保できる業務に配置することが必要です。

1　職務上の安全管理

従業員がてんかん患者である場合には、その人のてんかん発作の特徴と業務内容をマッチングさせることが重要です。

①てんかん発作の特徴

ａ．起こりやすい状況があるか

睡眠不足、アルコール摂取、過労、夕方など疲労がたまった頃、光過敏など（21頁図表１参照）

ｂ．発作症状：前兆（単純部分発作）、意識、転倒、自動症、全身けいれんの有無など

ｃ．発作頻度：現在は発作が止まっている、発作は年に数回、月数回など

②業務内容、作業環境

次のものには、従事させないようにしてください。

ａ．火など高温の物を扱う、先端や縁の尖ったものやむき出しの機械、産業用運転機械、自動車などの操作を伴うもの

ｂ．高所での作業、流れ作業などをおこなうもの

2　てんかん発作時の周囲の対応

周囲の者は、てんかん発作の種類ごとに**図表２**の①～⑥のように異なる対応をとることが必要です。

図表２　てんかん発作のタイプと周囲の配慮ポイント

1　てんかん発作のタイプ	2　周囲の配慮ポイント
①意識があり、行為も保たれている発作	○様子を見ているだけでよい。
②行為が途絶えるが、倒れない発作（意識の有無を問わない）	○基本は様子を見ることです。 ○周囲に危険なものがある場合には、それを遠ざける
③転倒する発作（意識の有無を問わない）	○上記②と同じ配慮をするとともに、転倒防止のために作業環境を工夫する（１人での作業をさける、坐位での仕事で肘掛けイスを使うなど）
④意識障害があり、自動症（その場にそぐわない行動）をとる発作	○基本は、自動症を制するのではなく、静かに見守りながら、危険物をどかすなどします。 ○どかすことが困難な場合には、静かに危険物から遠ざけます。外力が不意で、大きいと抵抗を誘発しかえって危険をもたらすことがあります。静かで優しい介入を心がけます。
⑤全身のけいれん発作	○発作の最中に舌を咬んだとしても、窒息の危険はありません。 ○発作中に口を無理にこじ開けて指や箸などを挿入するのは不必要なだけでなく、危険ですから行ってはいけません。 ○頭の下に上着などクッションになるものを入れる、なかったら足を首の下に入れるなどして、ケガをしないよう配慮するとともに、発作の最中でも、眼鏡、ヘアピンなどケガをする可能性のあるものを外します。 ○発作の後は、嘔吐して肺に吐物が入るのを予防するために、体を横に向け（膝を曲げて肩をおこすと横に向けやすい）、意識が回復するまでそのまま静かに寝かておきます。
⑥発作が終った後は	○発作後、もうろうとしていたり、寝てしまう場合には、完全に元の状態に戻るまで休ませ、普段と同じ状態に戻ったら、元の業務に戻って構いません。 ○頭を打った場合、直後に問題はなくても最低１時間は、意識の状態や麻痺の有無など様子を慎重に観察してください。

第４節　不安障害（パニック障害、心的外傷後ストレス障害等）その他

1　不安障害（神経症）とは

ポイント

日常生活上の様々なストレス等により、精神的・身体的な症状が引き起こされる疾患です。

1　不安障害とは

不安障害とは、精神的な葛藤や日常生活上のさまざまなストレスなどのこころの重圧により、精神的あるいは身体的な症状が引き起こされた障害のグループ名をいいます。「不安障害」の症状は不安や恐怖などわれわれが日頃経験するものの延長線上にあるものです。幻覚や妄想などの重篤な症状が出現することはありません。

2　不安障害の名称は

不安障害は、従来は神経症と呼ばれていました。

現在ではグループ名として「不安障害」と呼ばれるか、あるいは**図表３**のうちの個々の名称で呼ばれています。

3　不安障害の種類は

不安障害の種類には**図表３**のものがあります。これらのうち、パニック障害と心的外傷後ストレス障害（PTSD）は、よく聞く障害名です。

図表３　不安障害の種類

① パニック障害
② 心的外傷後ストレス障害（PTSD）
③ 解離性障害（従来の「ヒステリー」）
④ 社会恐怖症（従来の「対人恐怖症」、「赤面恐怖症」）
⑤ 広場恐怖症
⑥ 強迫性障害
⑦ 身体表現性障害

4　不安障害の症状
―他の障害に比べて軽症―

不安障害は、一般的に、統合失調症や気分障害などと比べて軽症であることが多いです。不安障害は、症状により職業生活に支障が生じることはあっても、仕事の責任感や関心を失うことはありません。また、通常は、自己の状態が病的であるとの自覚もあります。

5　不安障害の治療方法は

「不安障害」は、主観的には不安や恐怖などの苦痛を感じるものです。しかし、客観的にみれば現実生活における「適応障害」の要素があり、生活への再適応を支援することが治療の重要な要素となります。

治療は「精神療法」に加え、「抗不安薬」や「抗うつ薬」などによる「薬物療法」が行われます。

また、発症の原因となった環境要因があれば、その調整を行うことも重要です。

精神療法というのは、病気による考え方の“ゆがみ”を直したり、不安や恐怖をとりのぞいたりするものです。

薬ではできない心理面の治療をするものです。

医師や臨床心理士がカウンセリングを中心にして導いていきます。

2　従業員が不安障害（神経症）になった場合、職場で配慮すべきポイントは

ポイント

その疾患の特性や症状の特徴を理解した上で適切に対応し、本人に安心感を与えるようにすることが必要です。

1　支援対象になることは少ない

「不安障害（神経症）」では、本人の苦痛や生活適応の問題が生じます。しかし、「統合失調症」や「気分障害（うつ病、そううつ病）」にみられるような社会機能や職業機能の低下をきたすことは稀です。そのため、症状を抱えつつも、それなりに社会生活や職業生活を営んでいる人も多く、福祉施策や就労支援の対象となることが少ない疾患といえます。

2　発症時の対応方法は

しかし、症状出現に伴い、職場の対人関係や職務の遂行に支障が生じる場合もあるため、職場が疾患や症状の特徴を理解したうえで適切に対応することが、本人の安心感にもつながり、結果として職場適応を助けることになります。

3　パニック発作時の対応方法は

例えば、職場で「パニック発作」が生じた場合、本人の呈する症状が激しくても比較的短時間で治まることが予想されます。このため、周囲が大騒ぎをせずに休養室や保健室などに誘導して休ませることが適切な対応といえます。職場において問題となる症状があるときは、本人と職場の上司、同僚との間で症状出現時の対応について話し合い

をもつことが望まれます。また、職場の産業保健スタッフ（委嘱している産業医、専門医等）に、当人の疾患の理解や対応の仕方について助言を求めることも検討に値します。

なお、不安障害者のパニック発作であらわれる症状例は、**図表４**のとおりです。また、不安障害者のパニック発作のタイプは**図表５**のとおりです。

4　不安障害には職場での調整を

不安障害（神経症）の発症には、職場の対人関係や役割の葛藤など職場の問題が関係する場合があります。このため、本人の悩みを傾聴し、職場に由来する問題があれば、可能な職場調整を行うことも有効です。

図表４　不安障害者のパニック発作であらわれる症状

１　動悸・息切れ、発汗、ふるえ、口の渇き
●心臓が破裂する、口から飛び出す、わしづかみにされる、と感じる
●冷や汗をかき、それが理由もない不吉な感覚を生む
●手足や体がふるえる、ガクガクと動く
●口の中がザラザラ、ヒリヒリとして渇く

２　過呼吸、胸痛、腹部の不快感、吐きけ、便意・尿意
●呼吸のしかたがわからない
●息がつまる、吸えない、窒息しそうになる
●胸（心臓）が痛い、胸部の不快感
●おなかの中がぐちゃぐちゃになる感じ
●吐きけ、腹部の不快感
●排便や排尿をしたくなる

３　めまい、恐怖、離人（りじん）症状・現実感喪失
●頭がふらふらして失神しそうになる
●気が変になりそうになる、恐怖感をコントロールできない
●死んでしまうのではないかと恐怖を感じる
●自分が自分でない感じ（離人症状）、現実感がない

４　熱感・冷感、しびれ、筋緊張、脱力、身体感覚の鈍磨（どんま）
●顔や体がカーッと熱くなる、逆に冷たくなる
●手足や体のしびれ、うずき感
●筋肉がかたくなり、体が動かしにくい、肩がこる
●腰がぬける、足に力が入らない
●体が重い布でおおわれた感じ

図表５　不安障害者のパニック発作には３タイプある

不安障害者のパニック発作は、誘因（引きがねになるもの）があるかどうかで３つのタイプに分かれます。どのような状況で起こったかを知ることは、病気を見きわめるために重要です。

①時や場所を選ばず、不特定な状況で起こるタイプ
（パニック障害の発作）

②特定の状況に限って起こるタイプ
（恐怖をいだいている対象に直面したり、それを予期して緊張が高まったときなど、特定の状況で起こる。これを「状況結合性パニック発作」といい、恐怖症やストレス障害などに見られる）

③①と②の中間で、特定の状況で起こりやすいが、起こらない場合もあるタイプ
（状況に依存しやすいパニック発作）

③　パニック障害とは

ポイント

パニック障害の病気の始まりは、理由もなく、不意に起こるパニック発作です。

突然はじまる激しい呼吸困難、動悸、めまい…。本人は「このまま死ぬのではないか」と不安や恐怖にかられます。しかし、症状は長くつづかず、30分程度でおさまります。

パニック障害によるパニック発作の特徴は、**図表６**のとおりです。

パニック障害は、**図表７**のような経過をたどります。

パニック障害の原因は、脳の機能障害のため誤った指示が出て、パニック発作を起こすということです。

パニック障害は、なぜ起きるのか？疑問を解くカギは脳にあります。脳内の危険を察知する装置が誤作動を起こしてまちがった指示を出す、脳の機能障害による病気という説があります。

消えない不安が「予期不安」や「広場恐怖」を生みます。

図表6　パニック障害によるパニック発作の特徴

①理由もなく、不意に起こる ②くり返し起こる ③検査をしても、体の異常は見つからない ④１日24時間、夜でも昼でも起こる可能性がある

図表7　パニック障害がたどる経過

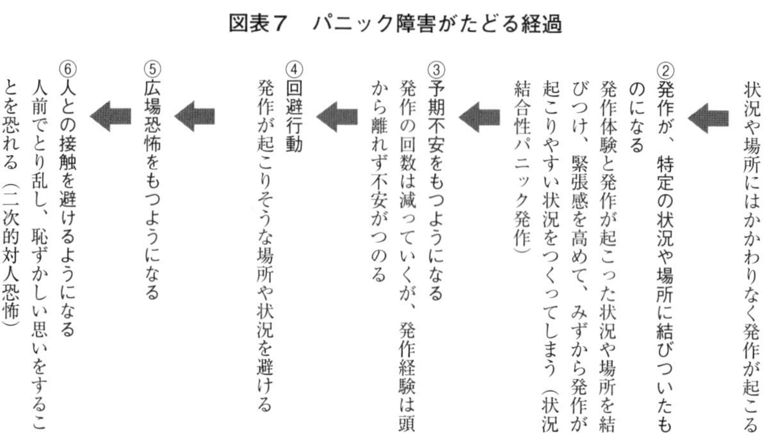

パニック障害は、薬物療法と精神療法（カウンセリング認知行動療法、自律訓練法）を併用して治療を行います。

4 心的外傷後ストレス障害（PTSD）

ポイント

心的外傷後ストレス障害（PTSD）は、恐怖体験が心（脳）に衝撃を与え、元に戻せない傷をつくることによるものです。

1 心的外傷後ストレス障害（PTSD）の特性

心的外傷後ストレス障害（PTSD）は、恐怖体験が心（脳）に衝撃を与え、元に戻せない傷をつくることによるものです。戦争、災害、レイプ、交通事故など生命にかかわるような恐怖体験がトラウマとなり、後遺症に苦しむのがPTSDです。

PTSDの研究は、ベトナム戦争のあとに進みましたが、まだ歴史が浅く、誤解も多い病気（障害）です。

2 どのようなトラウマ体験がPTSDにつながるか

図表8のようなトラウマ体験がPTSDにつながる恐れがあります。

図表8 PTSDにつながる恐れのあるトラウマ体験

PTSDの診断では、生命をおびやかすほどの強い体験で、恐怖感、無力感、戦慄などの反応があるかどうかを見ます。
○自然災害（地震、津波、台風、洪水、火事などの被害。その後の避難生活）
○暴力・犯罪（家庭内暴力、強盗・障害・殺人、レイプなどの性犯罪など）
○虐待、いじめ
○事故（交通事故、転落・転倒など）
○戦争（捕虜になり拷問を受けるなど）
○喪失体験（家族や親しい人の死、家屋の倒壊など）

3　PTSD発症にかかわる因子とは

トラウマ体験は、たしかに当人にとって大きなストレスとなります。しかし、トラウマ体験者が必ずしもPTSDを発症するとは限りません。**図表9**のプラス因子、リスク因子のように、当人のストレス耐性や発症をおさえる力を持つかどうか、身近な人の支えがあるかも影響します。

図表9　PTSD発症にかかわるリスク因子とプラス因子

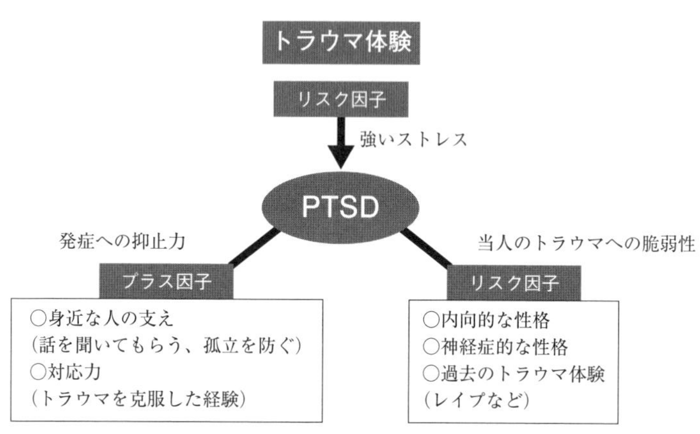

4　PTSDの発症過程

PTSD症状の特徴（**図表10**）が1カ月未満で終わるのであれば急性ストレス障害（ASD）です。この場合には、解離症状が見られます。解離症状というのは、トラウマの苦しさや悲しみを受け止めきれず心が固まったようになる状態です。感情や現実実感が失われ、表面的には平然として見えます。

さらに特徴的な3タイプの症状（**図表10**）が1カ月以上続き、生活に支障がでていれば、PTSDの状態です。

図表10　PTSDの３タイプの症状

症状のタイプ	症状の内容
①再体験症状	トラウマとなった出来事を、再体験する症状です。そのときの不快で苦痛な記憶が、フラッシュバックや夢の形で繰り返しよみがえります。 特に強烈なのは「解離性フラッシュバック」で、その出来事を「今、現在」体験している状態になります。意識は現実から離れ、周囲が話しかけても反応しない場合もあります。
②回避・マヒ症状	トラウマ体験と関連する事柄（場所、行動、思考、感情、会話など）を避けます。また、体験そのものを思い出すことができなくなります。 苦痛が起こりそうな場面を避けるため、活動の範囲がせばまり、感情もマヒしたようになって、愛情や幸福感を感じにくくなるなど、心の変化が生まれる場合もあります。
③覚醒亢進症状	精神的な緊張が高まり、常にピリピリしているような状態になります。よく眠れない、イライラと怒りっぽくなる、物事に集中できない、警戒心が強くなる、ちょっとした物音などの刺激にもひどく驚く、といった状態になります。

5　PTSDの治療方法は

PTSDへの治療では、薬は症状をやわらげるために使います。これにあわせて、精神療法（カウンセリング、認知行動療法、対人関係療法）による治療を行います。

５　過換気症候群（かかんきしょうこうぐん）とは

ポイント

この病気の特性は呼吸が深く速くなることにより、しびれ、けいれん、意識混濁などの症状を示すものです。

１　どんな病気か

過換気とは、呼吸が深くかつ速くなることです。過換気により血中の二酸化炭素が排出され、血液がアルカリ性になります（呼吸性アルカローシス）。このため、しびれ、けいれん、意識混濁などの神経・筋肉症状を示す病態です。

大変頻度が高く、また不定愁訴として軽く考えられる傾向がありますが、器質的な病変はないかどうか、精神的なケアの必要性はないかどうかなどの注意が必要です。後述のようにパニック障害との関係からも重要です。

２　原因は何か

精神的な不安や心因性反応（ヒステリーなど）の場合がほとんどです。

若年者や女性で精神的ストレスを受けやすい人によくみられます。男女比は１対２といわれています。

３　症状の現れ方は

しばしば突然に呼吸困難を訴えます。呼吸困難の自覚なしに息が荒くなることもあります。過換気が起こると指先や口周囲のしびれ感、テタニー（筋の被刺激性が亢進した状態）、不穏興奮状態、意識混濁が現れてきます。

4　病気に気づいたらどうするか

基礎疾患がないかどうかの確認が必要です。また、類縁疾患として以下の３つがあるので、これらの疾患との区別も重要です。そのため、呼吸器内科、循環器科、精神科を受診することが必要なことがあります。

⑴　不安神経症

過呼吸発作症状での悪循環（不安がさらなる発作を誘発する）が生じる背景として、不安神経症に基づく情動不安性があります。

⑵　パニック障害（恐慌性障害）

30頁で説明しています。

⑶　神経循環無力症

心臓その他の臓器に原因となる器質的な病変が認められないのに、息切れ、心悸亢進、胸痛、疲れやすさなどを訴えます。心臓神経症とほぼ同義語です。

5　過換気症候群についての職場での配慮点は

精神的な不安や肉体的過労が症状の出現と関連することが多いため、安静、休息とし、必要ならば抗不安薬を内服します。発作を繰り返す場合、安定期に心理療法、行動療法を行うとよいことがあります。

（注）5の資料出所はヤフー

6　適応障害とは

ポイント

適応障害は、ストレスにより、苦痛や機能の障害が生じる精神障害です。

1　適応障害とは

適応障害とは、はっきりと確認できるストレス因子によって、著しい苦痛や機能の障害が生じており、そのストレス因子が除去されれば症状が消失する特徴を持つ精神障害である。『精神障害の診断と統計マニュアル』（DSM）の『第４版』（DSM-Ⅳ）では適応障害として独立していたが、『第５版』（DSM-５）ではストレス関連障害群に含められ、他に急性ストレス障害や心的外傷後ストレス障害（PTSD）が含まれる。

他の精神障害に当てはまるときはそれが優先される。うつ病との判別がつきにくい場合がある。また適応障害が、正当な臨床単位であることを確立するデータは不足している。

適応障害は自然軽快することも多い。治療には心理療法が推奨され、薬物療法は証拠の不足により避けるべきである。

2　適応障害の症状は

・ストレスが原因で、情緒的な障害が発生し、それは抑うつ気分や不安などを伴うことが多い。また、青年期や小児期では、社会規範を犯すなど素行の問題が現れることがある。
・社会生活や職業・学業などにも支障をきたし、生活機能の低下や、業績・学力の低下、場合によっては就業・就学そのものが不可能になる場合がある。

・行動的な障害を伴う患者は、ストレスが原因で普段とはかけ離れた著しい行動に出ることがある。それらの行動の具体例としては、年相応の規則をやぶり、怠学、喧嘩、法律の不履行などが挙げられる。社会的ルールを無視するような行為、破壊や暴走、また暴飲などもある。
・軽度の行動的な障害としては、電話やメール、手紙に応答せず人との接触を避けて引きこもることも挙げられる。

3　不明確な臨床単位

臨床現場では一般的な診断名であるが、正当な臨床単位であることを確立するデータは不足している。適応障害とうつ病とを区別できるような、生物学的データによる証拠は存在しない。

4　適応障害の治療は

一般に適応障害は長く続かず、時間経過と共に消失する。自然に軽快することも多い。

(出典：フリー百科事典『ウィキペディア（Wikipedia）』)

(注) 現在、精神疾患（精神障害）の名称、分類、原因、特性、対応方法等については、各専門機関、専門家により見解が異なっています。このため、第１章（第４節の4～6を除く。）の記載内容については、主に、国の定めた法律に基づき設立・運営されている（独）高齢・障害・求職者雇用支援機構に所属する、障害者職業総合センターが作成・公表されている「精神障害者雇用管理ガイドブック」41頁～49頁の記載内容を基に記述しました。

第2章　知的障害

1　知的障害の特性、等級等

ポイント

知的障害（従来の「精神薄弱」）は、先天性である染色体の異常や出産期、乳幼児期における脳の疾病、損傷等様々な原因で、以後の生育過程における知的能力の発達が遅滞した状態とされています。知的能力の発達が停滞していることの確認は、知能指数（IQ：Intelligence Quotient）などいくつかの方式がある知能検査によって行います。

1　知的障害者の法律上・行政施策上の定義は

国の知的障害者福祉施策の根拠法は知的障害者福祉法です。この法律には知的障害者の定義が定められていません。行政上、知的障害は、「知的機能の障害が発達期（概ね18歳まで）にあらわれ、日常生活に支障が生じているため、何らかの特別の援助を必要とする状態にあるもの」（厚生労働省「平成12年知的障害児（者）基本調査」における定義）とされています。

2　知的障害者の判定機関は

障害者雇用促進法で事業主に雇用が義務づけられている障害者の法定雇用率（民間企業2.0%）の対象となる知的障害者については、児童相談所、知的障害者更生相談所、精神保健福祉センター、精神保健指定医、または障害者職業センターが知的障害があると判定します。

3　知的障害者の判定基準は

知的障害者の判定基準は、各都道府県知事が定めることになっています。このため、都道府県により若干の相違があります。

知的障害者と判定された者には療育手帳が交付されます。この手帳の所持者が公的な福祉施策、雇用対策の対象になります。

この療育手帳の名称と交付対象者の判定基準は、都道府県によって異なっています。

例えば、東京都における療育手帳（愛の手帳）交付対象者の判定基準は、**図表1・2**のようになっています。

図表1　東京都「愛の手帳」判定基準（成人用）

1度（最重度）	IQ	概ね	0～19
2度（重度）	IQ		20～34
3度（中度）	IQ		35～49
4度（軽度）	IQ		50～75

（注1）障害程度は、IQ（知能測定値）だけでなく、東京都の例に関していえば、日常生活上の知的能力、職業能力、社会性、意思疎通の程度、身体的健康、日常行動、基本的生活（食事、排泄、着脱衣など）の8分野について総合的に判断することになっています。具体的な判断基準と程度の分類方法は都道府県によって異なります。

（注2）厚生労働省通達による区分（昭和48年児発725号）

A（重度）：重度知的障害児収容施設の入所対象者に該当する程度（IQ35以下（重複障害者ではIQ50以下）であって、日常生活において常時介護を要する程度の者）

B（その他）：A以外の知的障害者

図表2　東京都における療育手帳（愛の手帳）交付対象者の判定基準

項目	1度（最重度）	2度（重度）	3度（中度）	4度（軽度）
知能測定値	知能指数およびそれに該当する指数が概ね0から19のもの	知能指数およびそれに該当する指数が概ね20から34のもの	知能指数およびそれに該当する指数が概ね35から49のもの	知能指数およびそれに該当する指数が概ね50から75のもの
知的能力	文字、数の理解力のまったくないもの	文字、数の理解力の僅少なもの	表示をある程度理解し、簡単な加減ができるもの	テレビ、新聞等をある程度日常生活に利用できるもの、給料などの処理ができるもの
職業能力	簡単な手伝いなどの作業も不可能なもの、職業能力のないもの	簡単な手伝いや使いは可能なもの、保護的環境であれば単純作業が可能なもの	指導のもとに、単純作業、自分の労働による最低生活が可能なもの	単純な作業、自分の労働による最低生活が可能なもの
社会性	対人関係の理解、社会的生活の不能なもの	集団的行動の殆ど不能なもの、社会的生活の困難なもの	対人関係の理解および集団的行動がある程度可能なもの、他人の理解のもとに従属的社会生活が可能なもの	対人関係が大体良く集団的行動が概ね可能なもの、従属的な立場での社会生活が可能なもの
意志疎通	言語が殆ど不能なもの	言語がやや可能なもの	言語が幼稚で文通の不可能なもの	言語および簡単な文通が可能なもの
身体的健康	特別な治療、看護が必要なもの	特別の保護が必要なもの	特別の注意が必要なもの	正常で特に注意を必要としないもの
日常行動	日常行動に異常および特異な性癖があるため特別の保護指導が必要なもの	日常行動に異常があり、常時注意と指導が必要なもの	日常行動に大した異常はないが指導が必要なもの	日常行動に異常がなくほとんど指導を必要としないもの
基本的生活	身辺生活の処理がほとんど不可能なもの	身辺生活の処理が部分的にしか可能でないもの	身辺生活の処理が大体可能なもの	身辺生活の処理が可能なもの

4 重度の知的障害とは

障害者雇用促進法では、知的障害者についても身体障害者と同様に「重度障害」の概念があり、同法施行規則で“知的障害者判定機関（前記３記載の機関）によりその程度が重いと判定された者”と規定されています。

なお、雇用の場合に限られますが、知的障害者の重度判定に関しては、手帳での判定とは別に、障害者職業センターにおいて職業能力判定を行い、認められた者は「職業重度」として実雇用率の算定上重度の扱いとなります。

5 企業の知的障害者であることの確認方法は

知的障害者であることの確認は「療育手帳」により行います。

6 知的障害の特性は

(1) 知的障害とは

知的障害者とは、知的能力の発達に遅れをもっている人のことです。

知的障害者の定義としては、日本で最も知られているアメリカ知的障害学会の定義は、

「全般的知的機能が平均より低く、適応行動がうまくできない状態。ただし、18歳以下の発育期間中にそうなっていること」となっています。

この定義の中にある「平均より低い」とは、ＩＱ（アイ・キュー）を基準としています。

また「適応行動」については、次のとおりに説明されています。

《乳幼児期》

① 感覚・運動の習熟の発達

② コミュニケーションの習熟（言語）

③　自立の習熟

④　社会化

《児童及び早期青年期》

⑤　基礎的学習の日常生活への応用

⑥　環境に対応する場合の適切な推理と判断の応用

⑦　社会的習熟

《後期青年期及び成人》

⑧　職業的並びに社会的責任と行為

こうした「適応行動」を１人ですべてできないのが知的障害者であり、その成長の各段階にわたって、他からの援助や配慮が必要であることを示唆しています。

知的障害は、知的能力の発達障害であるという点から、高齢化に伴って生ずる老人性痴呆症とは区別されます。

また、知的障害は「知的能力の恒久的な遅滞」であるのに対して、統合失調症、そううつ病などに代表される精神疾患（精神障害）は「異常、病的な精神状態の総称」であり、両者は全く異なるものです。

人間の脳には、身体行動、感情情緒、知的機能といったすべての行動、振舞いをコントロールする神経中枢が集約されています。知的障害者の場合、これらの神経中枢の機能のうち、「知的機能」をうけもっている脳細胞の一部が種々の原因により損傷を受けています。このため、思考、認識、判断、知覚、言語、記憶、創造、随意運動の領域が弱いのです。これらが、「きちんとできない」、「さっさとできない」、「なかなか覚えられない」という形で表れてきます。

7　知的能力発達遅滞の原因は

知的能力の発達遅滞を生ずる原因は実にさまざまであり、ある学説によると480とおりもあるといわれています。また、遺伝的要素によるものは全体のうちの10％程度といわれています。

知的能力の発達遅滞の原因のうち主要なものを掲げると、次のとおりです。

① 感染、疾患、病態によるもの
　母体からくるウイルス、風疹、梅毒など。

② 中毒によるもの
　妊娠中の炭酸ガス中毒など。

③ 外傷、物理的作用によるもの
　出産前のX線の影響、出産時の酸素欠乏や鉗子分娩などによる損傷など。

④ 代謝、発育、栄養障害に基づく疾患によるもの
　フェニール・ケトン尿症、自家中毒など。

⑤ 出産前の影響（不明）によるもの
　無脳症、小頭症、水頭症、ダウン症候群など。

⑥ 脳損傷によるもの
　脳炎、脳性マヒ、熱性伝染病、頭部外傷、中耳炎など。

8　知的障害者の行動の特性、傾向等は

知的障害者は、各人の障害の程度、それまでの成育環境、教育訓練歴によっても異なりますが、知的障害に伴い共通的にみられる行動の特性、傾向は次のとおりです。

イ　知的能力の遅れに伴うもの

知的能力に障害があるため、“計算”や“数”が苦手です。また、抽象的な思考に弱く、自分の頭の中で考えて、計画を立てたり、これを順序だてて実行に移してゆくことが極めて苦手です。

さらに、応用能力に弱く、現在従事している作業とほとんど同じ種類の仕事であっても、少しでも異なる箇所があれば、知的障害者にとっては、全く新しい作業ということになります。

「この程度の応用作業はできるだろう」と周囲が考えるように簡単

にはいかないのが、障害の特性でもあります。

ロ　素直さ、持続性などの長所

知的障害者を受入れている訓練校、雇用している企業が、彼らの長所として掲げている点を例示すると次のとおりです。

a　指示されたことに対し、素直に従う。

b　一度覚えたことは、着実に長時間繰り返し行いうる持続性を持っている。

c　多くの者は真面目で、出勤率や作業態度がよい。

d　陰日向なく、一生懸命に働く。

e　性格が明るい。

ハ　身辺処理能力、社会生活能力

知的障害者の就業に際して問題になるのは、知能の発達の遅れよりも、身辺自立、社会生活能力が身についていないこと、体力がないことだ、とよくいわれます。

たしかに、そのようなことは就業似前に家庭や学校などで身につけるべきものでしょうが、中には十分身についていない者もいます。

ニ　感情、情緒

知的障害者は、知能面でハンディキャップを持っていますが、一般的にみて、感情、情緒面は健常者と同様に成長すると考えられています。

知的障害者は、周囲の者の自分に対する見方、とらえ方については、健常者以上に気にする傾向があります。「やっぱり」、「こんなことができなくて」といった心ないひと言が、知的障害者には耐えられないほど強い言葉として伝わることがあります。

反対に、「君を頼りにしているよ」と口に出したり、態度に示すことで、知的障害者は生き生きと張りきって働きます。

9　知的障害者のてんかん発作などの合併障害

知的障害者の中には、てんかん発作の症状を併せもっているケースがあります。このような場合、職場における安全確保の観点から、配置する作業や場所に配慮することが必要です。

てんかんとは、突発性の脳律動異常、つまり発作がくり返される一種の脳の病気です。発作は、大発作からちょっとした頭痛だけで終るような自律神経発作まで、さまざまな型があります。現在では、医学の進歩により、診断の技術、抗けいれん剤も優れたものが出てきており、薬によりそのほとんどが抑制できるようになっています。

このほか、知的障害者のなかには、言語障害、手足のマヒなど他の障害を併せ持っている場合もあります。

2　知的障害者の職場における配慮ポイントは

ポイント

知的障害者の指導担当者を選任・配置すること、その障害者の知的能力に応じた仕事に配置すること、仕事の内容を単純化すること、といった配慮が必要です。

1　知的障害者の指導担当者の選任は

知的障害者の場合、一般労働者以上に指導担当者が大きな役割を果たします。親身になって彼らのめんどうをみ、指導してくれる上司・先輩などを指導担当者として選んでおくことが不可欠です。

2　配置先の選定方法は

知的障害者が一般労働者に劣らない作業効率を示すようになるのは、彼らを能力と適性にふさわしい部署に配置した場合です。そこで大切なことは、いきなり「ここで働かせよう」と決めないで、最初の数カ月は適職を発見するまでいろいろな仕事をやらせてみることです。

もう一つ大切なことは、職場の人間関係にも目配りをしておくことです。そのため、同じ部署でいっしょに作業をした従業員から意見を聞き、あわせて責任者は状況を詳しく観察します。

なお、いろいろな作業に従事する場合には、あらかじめ知的障害の特性から生じる恐れのある労働災害に対して注意を払うことが必要です。機械に巻き込まれてケガをする、高温のためやけどをするなどの可能性のある危険な場所への配置は避けることです。

3　仕事の単純化とは

知的障害の特性から共通していえることは、教える仕事を分割し、単純化するほうがよいということです。複雑な仕事も同一動作の繰り返しという簡単な作業に置き換えることで、当人が覚えやすくなります。

また、知的障害者は数の計算が苦手です。そのため仕事でも、決められた数の製品を箱詰めしたり、決められた寸法どおりに素材を切断したりという、計数を伴う作業を行わせると混乱することがあります。数を扱うことが苦手であることを理解し、健常者と同じようにやらせるのではなく、ひと工夫して、「数」や「計算」を視覚や動作に置きかえて作業を行わせるようにします。

4　仕事の指導のしかたは

① 知的障害者各人の理解力の程度に合わせて指導を行います。知的能力や適応力には個人差があり、画一的な指導は効果がありません。

② 仕事の指示は単純明快に行うようにします。応用力の乏しい知的障害者は、同時にいくつかの指示を受けると、どの仕事から始めたらよいのか分らなくなり混乱するからです。

③ 知的障害者は抽象的な言葉を理解することが苦手です。このため、言葉だけの指示はできるだけ避け、手をとって教えるようにします。手足の反復動作により仕事を覚えるので、繰り返し根気よく教えることが必要です。そのため教え方はいつも同じ方法で、また、教える内容は一度に一つとするように心がけます。

④ 知的障害者は一般労働者に比べ、仕事に習熟するまでに長い時間がかかります。ある知的障害者を多数雇用している事業所の調査結果によると、1年未満で約80％の人が指示どおりに仕事をできるところまで到達しています。これが習熟期間のひとつの目安と考えられます。知的障害者の教育訓練は、このことをあらかじめ理解しておくことが必要です。せっかく雇い入れた彼らの訓練

を途中であきらめてしまわないことです。

⑤　このほか知的障害者の中には、過保護のため、作業に必要な体力がない者もいます。このため、体力づくりや健康管理のための指導も教育訓練に当たる者の大事な役割のひとつといえます。

5　職場の雰囲気、人間関係等の配慮は

①　まわりの人の協力を得ながら、「会社には君が必要である」という雰囲気を作り上げます。例えば、一般労働者と知的障害者でグループを組んで仕事を進める方法とか、経験をつんだ先輩の知的障害者に後輩の指導を担当させる方法など、効果のある実例が雇用経験のある企業から報告されています。

②　仕事に対する意欲は、「自分でやり遂げた満足感」や「ほめられてうれしかった」というような体験により、徐々に形成されるものです。そこで、そうした経験に乏しい彼らの教育訓練は、やる気を起こさせる体験ができるような環境づくりが大切です。

③　知的障害者は、健常者と比べ、裏表なくよく働き、朝も早くから出勤してくるというひたむきな熱心さを感じさせます。しかしその反面、感情表現がヘタだったり、コミュニケーションを上手に行えないという不利な面を持っています。このような面にも心を配り、知的障害者が職業人として自立していくために温かい指導が望まれます。

第3章　発達障害（アスペルガー症候群、自閉症等）

1　発達障害とその種類、特性は

ポイント

発達障害は、「発達期（おおむね18歳未満）」に「さまざまな原因によって中枢神経系が障害された」ために、「認知・言語・学習・運動・社会性のスキルの獲得に困難が生じる障害」と説明されています。

1　発達障害の種類は

発達障害者支援法が対象とする発達障害には、**図表1**の種類があります。

図表1　発達障害者支援法が対象とする発達障害の種類

①　広汎性発達障害（自閉症スペクトラム障害：アスペルガー症候群・高機能自閉症・自閉症・その他）
②　学習障害（LD：読字障害・書字障害・算数障害）
③　注意欠陥多動性障害（ADHD）など

2　知的障害は発達障害から除かれる

精神医学の観点からいえば、知的障害（従来の呼び方は「精神薄弱」）も発達障害に含まれています。

しかし、知的障害については、従来から、法制度、各種施策が整備されていることから、発達障害者支援法でいう「発達障害者」からは除外されています。

本書においても、「発達障害者」については、「知的障害者」を除いたものとして説明します。

3　発達障害の主な種類・あらましは

⑴　広汎性発達障害（アスペルガー症候群、高機能自閉症、自閉症、その他）

イ　障害の特性、知的障害の有無・程度

広汎性発達障害は、**図表2**の3つの障害内容が組み合わされている障害です。

図表2　広汎性発達障害の障害特性

① 人間関係（社会性）の障害
② コミュニケーションの障害
③ こだわりが強く、興味や行動がきわめて限られている障害

広汎性発達障害者の場合、さらに、知的障害の有無とその程度により、**図表3**のように分類できます。

図表3　広汎性発達障害者の知的障害の有無・程度

① 知的障害を伴う場合
② 知的障害が軽度の場合
③ 知的障害を伴わない場合など（「高機能」自閉症、「高機能」広汎性発達障害）

ロ　広汎性発達障害の多様性・複雑性

その広汎性発達障害者が

① 知的障害を伴うか否か、知的障害の程度はどうか（図表3のい

ずれか)、

② **図表2**の3つの障害特性のあらわれ方はどうか、組み合わせはどうか

により実に多様であるため、その障害者によりまったく異なる障害のように見えます。また、さまざまな診断名がつけられることになります。

しかし、広汎性発達障害の場合、**図表2**の3つの障害特性が組み合わさっている点は共通しています。

「アスペルガー症候群」というのは、自閉症とは異なり、言語の発達について遅れが少ない場合に診断されることが多い障害名です。

こうした広汎性発達障害の多様性・複雑性、さまざまな診断名が、この障害をわかりにくくしています。

⑵　学習障害（読字障害・書字障害・算数障害）

これらの障害は、例えば、「テストの成績が、年齢、知能、教育から期待されるよりもはるかに低い」などと診断されます。

学業成績についての遅れは、子供時代に診断されます。

⑶　注意欠陥／多動性障害

この障害は、不注意、または多動性・衝動性について、「その人の年齢の発達水準に相応しない不適応症状が長期間（6カ月以上）にわたって継続した場合」に診断されます。

2　発達障害者についての職場における配慮ポイントは

ポイント

個々人の状況を把握し、個別に対応することが必要です。

1　発達障害者は多種多様
—その人にあった配慮が必要

一口に発達障害といっても、次のように多種多様です。

①　広汎性発達障害（アスペルガー症候群）
②　同（高機能自閉症、自閉症）
③　同（その他特定不能のものなど）
④　学習障害
⑤　注意欠陥多動性障害など

2　発達障害者のタイプ別の配慮ポイントは

発達障害者については、ひとくくりにできないことの方が多くあります。

その中で、その発達障害者についてどのような配慮をすることが必要であるかを検討する際の特徴的なポイントを**図表5**のとおりまとめてみました。

この図表によりあてはまるポイントを組み合わせていくと、その障害者にとって必要な配慮事項を考えやすくなります。

3　発達障害者の感覚過敏への配慮とは

発達障害者については、上記1のほかに、感覚が過敏なことで、周囲の配慮が必要になる場合があります。

苦手な音や光、匂い、他者の通行、視線などがあると仕事に集中することができないことがおこる場合です。音では大きさや高低、種類など、光では強さや点滅、種類など、苦手なことはその発達障害者によって異なります。このため、状況と対処法に確認が必要です。

4　発達障害者が他の障害をあわせ持つ場合の対応は

なお、発達障害の特性に加えて、統合失調症や気分障害（うつ病・そううつ病）の特性を併せ持っている場合があります。精神疾患やメンタルヘルス不全の背景に発達障害があるという場合です。

この場合には、**図表４**の発達障害者への配慮ポイントに加えて、統合失調症の人や気分障害の人に対する配慮と同様の健康管理面やストレスへの配慮が必要になります。

図表４　発達障害者のタイプ別の配慮ポイント

A　その発達障害者の特徴	B　配慮すべきポイント
①相手の立場にたって人の行動を理解することが苦手であるという特徴がある場合 ……言われたことはそのとおりに実行できる／実行しようとする……	●職場の役割や職場のルールについては、具体的に説明する・文章化する ●前後の流れから当然わかっているだろうと思うことでも、まずは確認をする ●杓子定規な言い方や行動がある場合については、無理に直すのではなく、個性と受けとめて担当させる仕事を選ぶ
②情報をまとめて状況に応じた判断をすることが苦手であるという特徴がある場合 ……「経験」にてらして実行することが多く、「判断」でつまずく……	●経験のないことについて不安が大きい場合、指示や確認について時間をかける ●自己判断を求める場合には、指示と違っていないかどうかを確認する ●判断が必要な場合の報告・連絡・相談の仕方を示す ●優先順位をつけることが必要である場合には、具体的に作業手順を指示する／作業途中の変更や追加については、指示し直す ●職場で新規に獲得した知識・技能とこれまでの経験で獲得した知識・技能との関連を説明する
③作業遂行のために、指示等に工夫が必要であるという特徴がある場合 ……工程が明確でないと（説明に省略があると）、習熟に時間がかかる…	●指示や目標は明確かつ丁寧に、そして具体的に伝える ●課題の開始や終了を明確に示す ●曖昧な表現を避け、文章で示すなど、視覚的手がかりを活用して指示を伝える

3 アスペルガー症候群とその対応のしかたは

ポイント

アスペルガー症候群は、先天的な人間関係（社会性）、コミュニケーション等の障害です。

1 アスペルガー症候群の人達の障害特性は

アスペルガー症候群の人達の障害特性としては、次の３つがあります。

① 人間関係（社会性）の障害

② コミュニケーションの障害

③ 反復性の行動／特定の限られたことについての興味

③の点は自閉症と共通性がみられます。

ただし、アスペルガー症候群が自閉症と最も違う点は、言語と知能の発達に遅れがないことです。むしろ、平均以上に高い能力のあることも多くあります。

(1) 人間関係（社会性）についての障害とは、

次のような障害特性があげられます。

○他の人との親密な関係が育まれにくい

○相手の視点で考えられない

○「心で感じる」ことが難しい

○顔や表情を見分けられない

○周囲の感情に無頓着である

(2) コミュニケーションについての障害

次のような障害特性があげられています。

○言語能力が優れていても、コミュニケーションに難がある

○コミュニケーションが一方通行である

例えば、相手におかまいなく、自分１人で一方的に話し続ける。

○感情が言葉にならない

○難しいことはよく知っているが、日常的な会話は苦手である。

○「ごっこ遊び」が苦手で、言葉を文字通りに受け取る

⑶　反復的行動と狭い興味という障害特性

○ひとつのことに囚われ続ける

○同じ行動パターンに固執する

○狭い領域に深い興味をもつ

○人間より物への関心が強い

○秩序やルールが大好き

○細部にこだわり、優れた記憶力をもつ

⑷　その他の障害特性や伴いやすい問題

○感覚が繊細である

○動きがぎこちなく、運動が苦手な人が多い

○端整な容貌と大きな頭をもつ人が多い

○整理整頓が苦手で、段取りが悪い

○かんしゃくやパニックを起こしやすい

○夢想や空想にふける

○小さい頃「注意欠陥／多動性障害」と診断されることもある

○不安やうつなどの精神的な問題をかかえやすい

2　アスペルガー症候群の人達との職場における上手なつきあい方は

それは、次にようなことです。

⑴　枠組みをしっかり作り、ルールをはっきり示す

○ルールや約束事を明確にし、一貫した対応をとる

○ルールの矛盾に対する苛立ちにどう対応するか

まず、できるだけルールの不統一やそごを減らし、首尾一貫した対

応を行う

人間の社会は、言葉のルールだけでなく、暗黙のルールによって運用されているということを学ばせる

○暗黙のルールも、具体的に説明する

○視覚的サインを用いる

聴き取りの能力が弱いので、口頭だけでは、話が頭に入りにくい。何でも写真や絵入りで示す

⑵ 過敏性に配慮する

○周囲の人には、何でもなく思えることも、非常に苦痛に感じられることがある。

例えば、周囲の物音や声、人の動き、匂いや目に見えるものが気になって、まったく集中できないという場合もある。

○本人の秩序をみだりにかき乱さない

慣れた環境ややり方が変わることに対して柔軟に対応できず、不適応を生じやすい。

⑶ 本人の特性を活かす

○本人の特性にあった役割を与える

○マルチタスク（いくつかの仕事を同時進行的にこなすこと）よりも、ひとつの分野で勝負させる

○こだわりの部分と正面衝突しない

⑷ 弱い部分を、周囲の者が上手にフォローする

○時間の管理が下手である

○助けを求めるのが苦手である

○技術的に優れていても、マネージメントは不得手である

○統合能力の弱さは明白な指示で補う

⑸ トラブルを力に変える

○メリハリのある対応が大事である

3　アスペルガー症候群の人達の強みとなる特性とは　—優れた部分を伸ばそう

次の点です。

① 高い言語的能力（文章言語能力）がある
② 優れた記憶力と豊富な知識がある
③ 視・空間的処理能力が高い
④ 物への純粋な関心がある
⑤ 空想する能力がある
⑥ 秩序や規則を愛する
⑦ 強くゆるぎない信念をもつ
⑧ 持続する関心、情熱をもっている
⑨ 孤独や単調な生活に強い
⑩ 欲望や感情におぼれない

第4章　高次脳機能障害

1　高次脳機能障害とは

ポイント

高次脳機能障害とは、脳に損傷や衝撃が加わることにより精神機能（運動機能、思考、言語、記憶など）が低下したものをいいます。

1　高次脳機能障害の原因は

高次脳機能障害は、脳出血や脳梗塞などの脳血管障害、交通事故などによる脳外傷、脳腫瘍などの後遺症として現れることが多い障害です。

2　合併症がある人もいる

高次脳機能障害は、この障害自体は精神障害に位置づけられています。しかし、身体障害を合併する場合もあります。

3　高次脳機能障害に比較的共通する特性は

1）次のような障害特性があります。

①　この障害が他者に見えにくく、わかりにくいこと。

この障害のあることがわかりにくく、何か作業をさせてみて、はじめて明らかになる場合があります。このため、周囲の理解が得にくく、何か問題がおきたとき、「やる気がない」「わがまま」など、本人のせいにされてしまいがちです。

②　この障害が自分でも気づきにくいこと。

脳に障害があるため、自分の障害に気づきにくく、言われても認めない、言われて気づくがすぐに忘れる、言葉上での表面的理解にとどまるといった場合があります。

障害者本人に障害の自覚がないと、支援者の努力は空回りしてしまい、両者の間に適切な人間関係が成立しにくくなってしまうこともあります。

２）ただし、例えば、失語症の症状だけがある場合などは、上記①、②の障害特性はあまり見られないなど、脳損傷の原因（脳血管障害、脳外傷、その他)、脳損傷を受けた時期（小児期、青年期、成人期、老年期)、損傷からの期間などにより、症状の現れ方やその対応法が異なります。

このため、周囲の者は高次脳機能障害があるというだけでは、具体的にどのような対応をしたらよいかわかりません。したがって、個別に障害状況を把握することが基本になります。

2 高次脳機能障害者についての職場の配慮ポイントは

ポイント

その障害者により次の１～７の症状が出ます。その症状に応じて必要な配慮をしてください。

1 失語症についての配慮ポイントは

失語症とは、「聞く」「話す」「読む」「書く」など言葉を使ったコミュニケーションや作業がうまくできなくなる障害です。知的能力の低下や、ものを考えることができなくなる障害ではありません。したがって、本人の特徴に合わせて周囲の人がコミュニケーションの工夫をしていくことが大切です。就労支援に際しては、合併することの多い身体機能障害（右半身麻痺）への配慮も必要となります。

職場における配慮ポイントは、**図表１**のとおりです。

図表１　失語症についての配慮ポイント

①ゆっくりと、短い言葉や文章でわかりやすく伝える
②うまく伝わらない時は、繰り返し言ったり、言い換えたり、絵やジェスチャーで示す
③「はい」「いいえ」で答えられるように問いかける
④コミュニケーションの助けとして、言葉以外の手段（カレンダー、地図、時計など身近にあるもの）を利用する

2 失行症についての配慮ポイントは

失行症とは、麻痺や失調など身体の運動機能および感覚機能にはまったく問題がないにもかかわらず、日用品の使い方がわからなくなったり、相手のいったことを動作で表現できなくなったり、着衣が

困難になったり、組み立てや片付けなどの作業が苦手になったりする障害です。

失行症についての配慮ポイントは、**図表２**のとおりです。

図表２　失行症の配慮ポイント

①各失行症の症状を、日常生活場面で的確に把握する
②手を添えて、動作訓練を繰り返し行う
③集中して取り組める環境を整える
④支援者もゆとりを持ち、ゆっくりかかわる

３　失認症についての配慮ポイントは

失認症には、視覚失認、聴覚失認、触覚失認などがあります。

ここでは、視覚失認について説明します。

視覚失認には「物の認知の障害」と「空間の認知の障害」があります。

物の認知障害は、目は見えているにもかかわらず、馴染みのあるものを見ただけでは、その対象が何なのかわからなくなってしまう障害です（見ただけではわからなくても、聞いたり、触ったりすれば、その対象が何なのかはわかります）。空間の認知障害として半側空間無視があります。これは、空間への注意が偏り、通常は右側に常に注意が引きつけられ、左側にあるものを無視して見落としてしまう障害です。

失認症についての配慮ポイントは、**図表３**のとおりです。

図表３　失認症についての配慮ポイント

①それぞれの失認症の症状を、日常生活場面で的確に把握する
②問題症状の状況を指摘し、本人の認識を促す
③特に出現頻度の高い半側無視に対する対応として、手がかり（聴覚的、視覚的）を利用して、注意を一定方向に向けさせる

4　注意障害についての配慮ポイントは

注意機能は記憶や遂行機能などの土台となります。注意の機能がうまく働かないと、より高次の認知機能に影響が出ます。注意機能には「集中・持続性」「選択性」「分配・転換性」「制御性」などの働きがありますので、その機能が障害されますと、何となくぼんやりしている、読書、趣味、家事など一つの作業に集中できない、単純ミスが多い、作業ミスを発見できない、物をみつけられない、同時に複数の作業をこなすことが難しい、作業が遅々として進まない、作業中に電話がかかってきてもでられない、周囲の状況を判断せずに行動しようとするなど、日常生活や社会生活を行ううえで問題となります。

注意障害についての配慮ポイントは、**図表４**のとおりです。

図表４　注意障害についての配慮ポイント

●「声かけ」や「声だし」などで注意を喚起する
●集中を持続するために、長時間の作業は間に短い休憩を入れる
●集中するために、気が散らないよう周囲の影響を及ぼす刺激を取り除く
●ミスを減らすには、一度に一つの作業を行う

5　記憶障害についての配慮ポイントは

記憶には、記銘（覚える）、保持（覚えておく）、再生（思い出す）の３つの過程がありますが、そのどの段階の障害かにより、対処法も違ってきます。第一段階（覚える）の障害は、人や物の名前、場所が

覚えられない、第二段階（覚えておく）の障害は、直前のことを覚えていない、行き先や場所を忘れてしまう、何かしている時に他の用事をたのまれるとそれまでやっていたことを忘れてしまう、第三段階（思い出す）の障害は、たのまれたことを忘れてしまう、昔のことを思い出せない、などの問題として現れます。支援に際して、本人が忘れても自覚がないということが大きな問題となります。

記憶障害についての配慮ポイントは、**図表５**のとおりです。

図表５　記憶障害についての配慮ポイント

①記憶の代償手段を使用する訓練（メモの利用法）
②環境に手を加える（見えやすいところにラベルを貼る）
③習慣化（物の置き場所を決めて、確実に元に戻す）

6　遂行機能障害についての配慮ポイントは

遂行機能とは、目的達成のために計画性をもって行動したり、変化する状況にうまく対応して行動したりするために必要な働きです。言い換えれば、目標を目指しながら、それにそって目の前の問題を解決していく高次の「問題解決能力」であるといえます。

具体的には、①未来の目標を定め、②その目標を実現させるための段取りをたて、③目標に向かって実際に行動を開始・継続し、④自分の行動を把握して目的が達成できるよう適切な調整を行なう一連の過程をいいます。その機能が障害されますと、自分で計画を立てられない、指示してもらわないと何もできない、物事の優先順位をつけられない、いきあたりばったりの行動をする、仕事が決まったとおりに仕上がらない、効率よく仕事ができない、間違いを次に生かせない、などの問題が生じます。

遂行機能障害についての配慮点は、**図表６**のとおりです。

図表6 遂行機能障害についての配慮ポイント

①行動する前に、具体的な手順を言語化して確認し、予行演習を繰り返す ②複雑な課題は小さな単位に単純化し、問題解決の手がかりを与える ③自分のペースで、できる範囲以上のことを無理してやらない

7 社会的行動障害についての配慮ポイントは

社会的行動障害は、感情や行動を自分で適切に調整することが難しくなり、集団場面における適応困難をもたらします。高次脳機能障害支援モデル事業において、行政的定義の主要症状の一つとされ、クローズアップされた障害です。社会的行動障害の内容としては、①意欲・発動性の低下、②感情コントロールの障害、③対人関係の障害、④依存的行動、⑤固執などがありますが、机上での客観的な評価は難しく、実際の作業場面や集団場面で明らかになるような障害です。

社会的行動障害についての配慮ポイントは、**図表7**のとおりです。

図表7 社会行動障害についての配慮ポイント

①イライラしている時は、話題や場面を変えるなどで環境を調整する ②集団活動を通して、自己認識や社会生活技能の向上を促す ③日記に記録するなどにより、自己の行動を振り返る

第2部

従業員が精神疾患を発症した場合の使用者の義務・責任と社会・労働保険の取扱い

はじめに

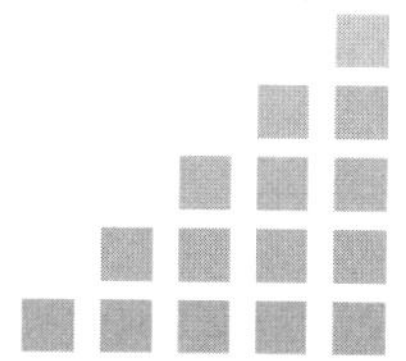

自社の従業員が業務が原因で精神疾患を発症した場合には、会社（使用者）に対して、労災補償義務、安全配慮義務不履行等による損害賠償義務、法令違反の責任追求等が生じます。

また、自社の従業員が精神疾患になった場合、とりわけ、休業、退職等となる場合には、その従業員の治療費、生活費等をどのように確保するかが大きな課題となります。これらのことをめぐって、従業員と会社との間にさまざまなトラブルが生じ、場合によっては訴訟等に発展します。第２部においては、これらのことについて説明します。

第１章　使用者の義務・責任 ―安全配慮義務、損害賠償義務ほか―

1 従業員がうつ病等の精神疾患（業務上疾病）になった場合、企業はどのような責任を追及されるか

ポイント

①安衛法・労基法等違反による刑事責任等、②労基法・労災保険法に基づく労災補償責任、及び③民法に基づく損害賠償責任の３つの責任が追求されます。

1　企業には３つの面で責任がある

自社の従業員が、業務上の事由によりうつ病等の精神疾患（業務上疾病）になった場合、企業は次の３つの責任を追及される可能性があります（**図表１**）。

①安衛法、労基法違反による刑事責任
②労基法および労災保険法による労災補償責任
③被災労働者（または遺族）に対する民事上の損害賠償責任

これらの３つの責任を、企業の誰が追及されるかは**図表１**のⅡ欄に示すとおりです。

図表1　企業（事業主、管理監督者）が追及される3つの責任

Ⅰ　どんな責任か	Ⅱ　責任を追及される者
①安衛法・労基法等違反による刑事責任等 安衛法が事業者に義務付けている、さまざまな労働安全衛生確保措置の実施を怠っている場合、同法各条違反として、罰金刑や懲役刑が科せられる。 労基法違反（時間外労働協定違反の時間外労働その他）の場合も同様。	〔安衛法違反の場合〕 イ　実行行為者（業務に関して安衛法違反行為をした者。管理監督者、上司等） ロ　事業者（会社法人または個人事業者） ハ　労基署が上記イ、ロ両者の捜査、送検を担当
②労基法第8章・労災保険法に基づく労災補償責任 労働者の業務による災害（負傷、疾病、障害、死亡）と認められた場合に発生する補償責任。	イ　労災保険に加入している会社については、国（労基署）が事業主に肩代わりして、被災従業員に対して労災補償給付を支給する。ただし、休業3日目までの休業補償は事業主に支払義務あり。 ロ　メリットシステムにより、業務災害を起こした事業主の労災保険料は引き上げられる。
③民法に基づく損害賠償責任 安全配慮義務（健康管理義務、健康配慮義務、職場環境整備義務を含む。）不履行、不法行為責任等により、被災従業員（または遺族）から、企業等に対して損害賠償請求が行われる。	事業者 社内の権限・責任の配分が社内規則等で明確にされている場合は、権限と責任のある者（管理監督者等）が責任を問われることもある。

2　従業員自身の自己安全衛生等確保義務

従業員自身にも、法令上の自己安全義務があります。被災従業員に刑法、安衛法等の違反や上司の指示命令に従わないなどがあると、これらの法令による刑罰や企業としての懲戒処分、過失相殺（損害賠償金額の減額）が行われます。

2　使用者の安全配慮義務とはどのような義務か

ポイント

使用者には、従業員の生命や心身の健康を守るために必要な措置を実施する義務があります。

1　使用者には「安全配慮義務」がある

使用者は、安衛法や労基法等の法規定を順守するだけでは足りず、その他にも従業員の生命と心身の健康を守るために必要な措置を実施する「安全配慮義務（安全措置実施義務）」があります（労働契約法第5条、最高裁判例）。使用者が義務の履行を怠り、従業員が業務災害（業務上の疾病や健康被害を含む）を被った場合には、労働基準法に基づく補償義務（労災保険法の補償給付）の他に、民事上の損害賠償を行わなければなりません。

安全配慮義務は、労働災害発生による被災従業員（死亡した場合は遺族）の使用者に対する損害賠償請求の根拠となっています。最近は、従業員が過労死・過労自殺したとして、遺族から企業に損害賠償請求訴訟を起こされるケースが多くみられますが、その根拠は「使用者の安全配慮義務不履行」です。

つまり、使用者が長時間労働や過重労働をさせたこと、就労環境の整備を怠り、うつ病、セクハラ、パワハラなどを生じさせたことなどが、安全配慮義務を怠ったことが原因だと主張し、多くの場合、判決で企業に1億円前後の金額の支払いが命じられています。

2　「安全配慮義務」には、「健康配慮義務」、「健康管理義務」、「職場環境整備義務」等が含まれる

これまでの多くの判例により、現在では、「安全配慮義務」の中に

は「健康配慮義務」、「健康管理義務」、「職場環境整備義務」等も含まれるとされています。

「健康配慮義務」は、従業員が業務を原因として病気等にならないよう心身の健康に配慮し、労働環境を整える義務（労働環境整備義務）のことです。

また、「健康管理義務」とは、いわゆる過重な業務により従業員の心身の健康を害することのないよう、また、労働者の心身の健康状態が悪化しようとしている場合に勤務軽減措置を行う等健康状態が悪化することがないように配慮すべき義務のことをいいます。

また、「職場環境整備義務」というのは、使用者には、雇用する労働者にセクハラ、パワハラ等による被害とそれらに起因するうつ病等が起きないように労働者が働く職場環境を整備、改善、保持する義務があるということです。

これらの「使用者の義務」の概念、用例は、判例によっても、若干、異なっています。

図表２では、健康管理義務の具体的な内容を示している判例を２つ紹介します。

特に、電通事件の一審東京地裁判決（東京地判平８・３・28判時1561・３労判692・13）以来、うつ病等の罹患、さらには自殺の防止についても安全配慮義務違反が問われるようになりました。そして、電通事件の最高裁判決（最二小判平12・３・24判時1707・87労判779・13）により企業の健康管理義務違反が厳しく認定されることとなりました。

３　安全配慮義務の性質は

安全配慮義務は、「手段債務」です。手段債務とは、医師の医療債務のように、結果の実現（治癒）そのものではなく、それに至るまでに注意深く最善を尽くして行為する債務をいいます。その努力が、注

図表２　健康管理義務に関する判例

システムコンサルタント事件高裁判決要旨（東京高判平11・7・28判時1702・88労判770・58） 一審被告は、亡Ａとの間の雇用契約上の信義則に基づいて、使用者としての労働者の生命、身体及び健康を危険から保護するように配慮すべき義務（安全配慮義務）を負い、その具体的内容としては、労働時間、休憩時間、休日、休憩場所等について適正な労働条件を確保し、さらに、健康診断を実施した上、労働者の年齢、健康状態等に応じて従事する作業時間及び内容の軽減、就労場所の変更等適切な措置を採るべき義務を負うというべきである。
電通事件最高裁判決要旨（最二小判平12・3・24　判時1707・87労判779・13） 労働者が労働日に長時間にわたり業務に従事する状況が継続するなどして、疲労や心理的負荷等が過度に蓄積すると、労働者の心身の健康を損なう危険のあることは、周知のところである。〔中略〕これらのことからすれば、使用者は、その雇用する労働者に従事させる業務を定めてこれを管理するに際し、業務の遂行に伴う疲労や心理的負荷等が過度に蓄積して労働者の心身の健康を損なうことがないよう注意する義務を負うと解するのが相当であり、使用者に代わって労働者に対し業務上の指揮監督を行う権限を有する者は、使用者の右注意義務の内容に従って、その権限を行使すべきである。

意深く最善を尽くされていれば、仮に患者の治癒が成功しないで亡くなったとしても、医師の責任は問われません。

それと同じように、現場で物的・人的安全管理を尽くして災害（業務上疾病）防止を図っていれば、結果的に労働災害（業務上疾病）が発生して責任を問われた場合、過失相殺されます。

4　安全配慮義務の根拠は

安全配慮義務が認められるようになったのは、次の２つの判決によります。

１つは、自衛隊八戸工場事件（最三小判昭50・2・25判時767・11労判222・13）であり、使用者である国の義務を、

「国は、公務員に対し、国が公務遂行のために設置すべき場所、施設若しくは器具等の設置管理又は公務員が国若しくは上司の指示のも

とに遂行する公務の管理にあたって、公務員の生命及び健康等を危険から保護するよう配慮すべき義務（以下「安全配慮義務」という。）を負っているものと解すべきである。」
――と述べています。

さらに、民間の企業についての川義事件（最三小判昭59・4・10判時1116・33労判429・12）においても、

「雇用契約は、労働者の労務提供と使用者の報酬支払いをその基本内容とする双務有償契約であるが、通常の場合、労働者は、使用者の提供した場所に配置され、使用者の提供する施設、器具等を用いて労務の提供を行うものであるから、使用者は、右の報酬支払義務にとどまらず、労働者が労務提供のため設置する場所、設備若しくは器具等を使用し又は使用者の指示のもとに労務を提供する過程において、労働者の生命及び身体等を危険から保護するよう配慮すべき義務（以下「安全配慮義務」という。）を負っている」
――と述べています。

現在では、労契法第５条に「使用者は、労働契約に伴い、労働者がその生命、身体等の安全を確保しつつ労働することができるよう、必要な配慮をするものとする。」と規定されています。

5　派遣労働者・下請労働者に対する安全配慮義務は

派遣労働者の派遣中は、派遣先企業が安全配慮義務を負います。ただし、安衛法により、一般健康診断やストレスチェック、雇入時の安全衛生教育の実施義務は、その労働者を雇用している派遣元企業にあります。

また、下請労働者の労働災害は、元請企業と下請企業の労働者との間に実質的な使用従属関係が認められる場合には、雇用契約ないしそれに準ずる法律関係が存在し、元請企業に安全配慮義務もあるとして、元請企業の賠償責任を認めた判決もあります。

③　被災労働者またはその遺族からの労災補償給付請求と民事の損害賠償請求との違いは

ポイント

両者は、法律上の責任範囲と損害賠償の対象範囲が異なっています。

1　事業者の法律上の責任範囲の違いは

従業員が業務災害（業務上疾病を含む。）に被災した場合の法律上の３つの責任の範囲の違いを示したのが**図表３**です。①安衛法・労基法等違反の刑事責任の範囲が最もせまく、それよりも②業務災害の補償責任の範囲は広く、さらに③安全配慮義務違反による民事責任の範囲が広くなっています。

図表３　従業員が業務災害に被災した場合の事業者の法律上の３つの責任範囲の違い

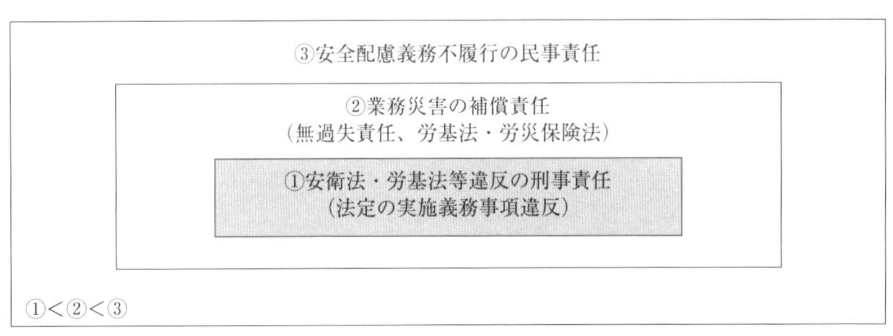

2　事業者に対する損害賠償請求の根拠規定は

事業者は、被災従業員（またはその遺族）から、業務災害による損害について、安全配慮義務不履行（民法415条の債務不履行（**図表４**）、労契法５条）、または不法行為責任（民法709条（**図表４**））により損害賠償を請求されることが多々あります。事業者の安全配慮義務不履行について被災労働者が損害賠償請求を行う場合には、民法415条（債務不履行）に基づき行われています。

3　損害賠償請求の範囲の違いは

業務災害での損害賠償の算定基礎となる損害の範囲は、裁判例によると、**図表５**のとおりです。被災従業員に対して労災保険による補償給付が行われると、事業者はその給付額の限度で損害賠償責任を免れます。

しかし、労災補償給付には被災従業員の逸失利益（生涯に受け取るであろう賃金収入等）、慰謝料（被災従業員、遺族の精神的苦痛についてのもの）等は含まれていません。このため、これらについて民事上の損害賠償責任を負います。

図表４　民法の損害賠償についての根拠規定

１　債務不履行による損害賠償
第415条
債務者がその債務の本旨に従った履行をしないときは、債権者は、これによって生じた損害の賠償を請求することができる。債務者の責めに帰すべき事由によって履行をすることができなくなったときも、同様とする。
２　不法行為による損害賠償
第709条
故意又は過失によって他人の権利又は法律上保護される利益を侵害した者は、これによって生じた損害を賠償する責任を負う。

図表５　安全配慮義務違反を理由とする損害賠償の対象範囲

①財産的侵害
積極侵害―治療費、入院費、付添費、葬儀費、衣服等の損傷等
消極侵害―休業損害、逸失利益
②慰謝料
③弁護士費用
④遅延損害金

4 安全配慮義務不履行による損害賠償請求で使用者が不利な点は

ポイント

被災従業員側の立証が容易で、使用者側の安全配慮義務の範囲が広くなっていることが不利です。

安全配慮義務不履行の損害賠償請求訴訟では、

・民事訴訟で被災従業員側の立証が容易であること

・使用者側の安全配慮義務の範囲が広くなっていること

――により、従業員が有利です。

被災従業員（A）側が、使用者側（B）に対して債務不履行を根拠として損害賠償を請求する場合、次のように主張します。

「Aは、Bに雇用されていました（当然、労働契約が成立しています）。Bは、Aに対して、労働契約に伴い安全配慮義務を負っています。ところが、Aは労働災害により被災しました。これはBが安全配慮義務を果たさなかったからです。つまり、BはAに労働契約に伴って生じる債務（安全配慮義務）を履行しませんでした。そこで、AはBに対して民法415条により債務不履行にもとづく損害賠償請求をします」

Aからこのように主張されると、Bとしては、自社は安全配慮義務を十分果たしていたこと、Aが被災したのは自社の責任ではないということを立証しなければならなくなります。前述したように、使用者の安全配慮義務の範囲は非常に広範囲で、安衛法・労基法等を守ることは当然含まれており、最高裁は「その時代の社会通念に照らして適当とされる措置を講じていれば免責される」としています。実際に、企業側がこのような措置を講じていたことを立証するのは、非常に困難です。

したがって、ほとんどの民事訴訟事案で、被災従業員側の損害賠償請求が認められています。

企業側が安全配慮義務を果たすための対策を例示すると、**図表6**のとおりです。

なお、被災従業員側が不法行為を根拠に損害賠償を請求する場合には、前述の場合と逆に、Bの不法行為の結果Aが損害を負った（被災した）ということを、Aが立証しなければなりません。

図表6　企業が安全配慮義務を果たすための対策例

1. 安衛法や労基法その他の法令で使用者に義務づけられている措置のほかに、その就業場所で労働者の生命と心身の健康を守るために何が必要かを常に点検し、必要な対策を実施する。
   この中には、過重労働・セクハラ・パワハラ・マタハラ（マタニティハラスメント）等の防止措置も含まれる。
2. 常時、業務上災害、業務上疾病、メンタルヘルス上の危険有害要因の予知、予見を行う。
3. 危険有害、過重な作業を伴う業務については、労働者が危険等の状態に陥らないようにするための措置を講じる。
4. 労働者の肉体的・心理的・精神的な負担を軽減するような措置を講じる。
5. ストレスチェックを定期的に実施するとともに、専門医によるカウンセリング、相談等を定期的に実施する。
6. カウンセリング、相談、安全衛生委員会での審議、就業現場の安全衛生パトロール等で問題が発見された場合には、その都度何らかの改善・軽減措置を講じる。

5 従業員が業務災害で死亡し、遺族がすでに労災保険の遺族補償年金を受け取りながら、さらに、企業へ損害賠償を請求した場合、金額調整はどのように行われるのか

ポイント

企業は、遺族に、損害額（元本）から遺族補償年金額を差し引いた金額を損害賠償金として支払います。

この場合、損害額（元本）に遅延利息金を加えないので、遺族の受取額はその分少なくなります。

労災保険の遺族補償年金を受け取っている被災従業員の遺族が、民事訴訟で被災従業員の勤務先企業等に損害賠償を請求する場合、実際に遺族側に支払われる金額が二重取りにならないようにするために金額の調整が必要になります。

従来、この金額調整の方法について、**図表７**のＡ案、Ｂ案のいずれにするかについて最高裁の見解が分かれていました。

図表７　遺族に支払う損害賠償金額の算定方法

Ａ案
遺族側がそれまでに受け取った労災保険の遺族補償年金を、損害額（元本）から差し引く。

Ｂ案
損害額に遅延損害金（利息）を加えてから、遺族補償年金を差し引く。

1　統一基準の内容は

平成27年３月４日に、いわゆる「過労死」をした男性の遺族に支払

う損害賠償額の算定方法が争われた事案についての上告審判決が、最高裁大法廷でありました。

大法廷は、「損害額（元本）から差し引く」との初判断を示しました。被害者側に不利な方法に統一されました。損害額そのものと遺族補償年金を相殺すると、損害金の金利に当たる遅延損害金も目減りするため、賠償額全体が低くなります。算定方法の比較例は、**図表8**のとおりです。訴訟が長引くと遺族が受取る金額は減額されることになります。

算定方法が統一されたことで、今後、過労死事案に限らず、通勤時の交通事故等を含む労災事案で死亡した場合、同様の算定方法が適用される見通しとなりました。

図表8　過労死をめぐる損害賠償額の算定方法の比較

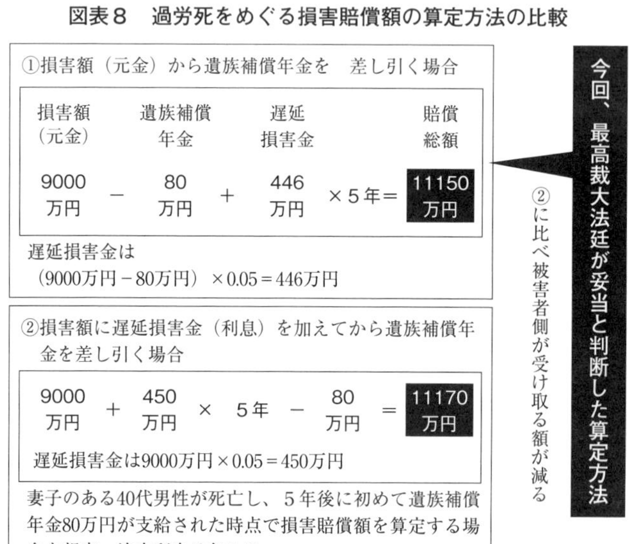

6 精神疾患等が絡む死傷病等は、労働基準監督署へ報告義務はあるか

ポイント

報告義務が発生する場合があります。

1 労働者死傷病報告書を提出するときは

事業者は、従業員が、

・労働災害〔業務災害（業務上疾病を含む。）〕その他就業中に、

・事業場内または事業場内の付属建設物内

――のいずれかにおいて負傷、窒息または急性中毒により死亡し、または4日以上の休業をしたときは、遅滞なく（直ちに）、所轄（その労働災害その他の死傷病が起きた場所を担当する）労働基準監督署長に、定められた様式の書面（**図表9**）により報告書を提出しなければなりません（安衛法第100条第1項、労働安全衛生規則第97条第1項）。事故等の災害、業務上疾病等の発生状況を示す図面や写真等があれば添付します。

また、その被災従業員等の休業の日数が3日までのときは、**図表10**により、3カ月分をまとめて報告書を提出することで差し支えありません。提出期限は**図表11**のとおりです。

精神疾患等が絡んで従業員が業務中に負傷したり、疾病になったり、倒れたりした場合にも、この報告書を提出しなければなりません。報告すべきか否か判断に迷う場合には、事前に、所轄の労基署に相談してください。

図表９　労働者死傷病報告の記載例（被災労働者が休業４日以上の場合）

労働者死傷病報告

様式第23号（第97条関係）（表面）

（様式番号）	81001
労働保険番号（建設業の工事に従事する下請人の労働者が被災した場合、元請人の労働保険番号を記入すること。）	40101123456789
事業の種類	
事業場の名称（建設業にあっては工事名を併記のこと。）カナ	マルマルカブシキガイシャ
漢字	○○株式会社
工事名	○○工事
事業場の所在地	○○県○○市○−○　電話（　　）
郵便番号	○○○−△△△△
労働者数	53人
発生日時（時間は24時間表記とすること。）	7：平成 →
被災労働者の氏名（姓と名の間は1文字空けること。）カナ	マルマル タロウ
漢字	○○太郎
生年月日	1：明治 3：大正 5：昭和 7：平成 →（　）歳
性別	男　女
職種	荷物の仕分け
経験期間	年　月
休業見込期間又は死亡日時（死亡の場合は死亡欄に○）	休業見込 30 日
死亡日時	○月○日午後○時
傷病名	
傷病部位	
被災地の場所	○○市○区

災害発生状況及び原因

①どのような場所で ②どのような作業をしているときに ③どのような物又は環境に ④どのような不安全な又は有害な状態があって ⑤どのような災害が発生したかを詳細に記入すること。

工場内で、てんかん治療中の従業員が、２階作業場から１階作業場に転落して倒れており、その後、死亡確認。原因不明。

略図（発生時の状況を図示すること。）

別紙図面のとおり

報告書作成者職氏名

職員記入欄：起因物　店社コード　業種分類　事故の型　発注者種類　事業場等区分　業務上疾病（1：該当　2：非該当）　自由設定項目（1）（2）（3）

○年　○月　○日

事業者職氏名　○○株式会社

代表取締役　○○○○　㊞

○○　労働基準監督署長殿

受付印

図表10 労働者私傷病報告の記載例（被災労働者が休業３日までの場合）

労 働 者 死 傷 病 報 告

平成〇〇年 〇月から 〇年 〇月まで

様式第24号（第97条関係）

事業の種類	事業場の名称（建設業にあっては工事名を併記のこと。）	事業場の所在地	電話	労働者数
食品製造業	〇〇株式会社	東京都〇区〇〇ー△	〇〇〇 （〇〇〇〇） 〇〇〇	150名

被災労働者の氏名	性別	年齢	職種	派遣労働者の場合は欄に〇	発生月日	傷病名及び傷病の部位	休業日数	災害発生状況〔派遣労働者が被災した場合は派遣先の事業場名を併記のこと〕
〇〇〇〇	㊚・女	30歳	食品製造工		〇月〇日	軽い脳しんとう	3日	同じ部署の上司（班長）〇〇〇〇氏（うつ病治療中）から突き飛ばされた際に後頭部を打ったもの
	男・女	歳			月 日		日	
	男・女	歳			月 日		日	
	男・女	歳			月 日		日	
	男・女	歳			月 日		日	
	男・女	歳			月 日		日	
	男・女	歳			月 日		日	
	男・女	歳			月 日		日	

報告書作成者職氏名	労務係長〇〇〇〇

〇〇年 〇月 〇日

事業者職氏名 〇〇株式会社
代表取締役 〇〇〇〇 ㊞

〇〇 労働基準監督署長 殿

備考 1．派遣労働者が被災した場合、派遣先及び派遣元の事業者は、それぞれ所轄労働基準監督署に提出すること。
2．氏名を記載し、押印することに代えて、署名することができる。

図表11 休業３日までのときの労働者死傷病報告書の提出期限

死傷病ほかの発生月	報告期限
1月～3月	4月末日
4月～6月	7月末日
7月～9月	10月末日
10月～12月	翌年1月末日

2 報告書を提出しないと「労災かくし」になる

事業者が、従業員の死傷病が発生したのち、直ちに労働者死傷病報告書を提出せず、または虚偽の報告書を提出した場合は、労基署から悪質な安衛法違反である「労災かくし」と判断され、疑いがある場合は任意、または強制の捜査（いわゆるガサ入れなど）も行われる他、50万円以下の罰金が科されることがあります（安衛法第120条第５号）。

事業者が報告書を提出せず、あるいは虚偽の報告書を提出することにより、労働基準監督機関の災害調査・臨検監督・安全衛生対策等が適正に行われない結果、的確な、あるいは本質的な再発防止対策を講ずることができなくなるため、処罰の対象としています。

「労災かくし」を行う事業者は、被災従業員に労基署への労災保険法の各種給付を請求させないよう働きかけ、代わりに健康保険給付を請求させ、不足分は企業が補てんするケースが多いようです。

なお、従業員が業務災害をこうむれば、労災保険から所定の給付を受ける権利が生じます（労災保険法12条の８・２項）。この権利を行使するか否かは、被災従業員本人の自由ですから、行使しなくても労災保険法違反にはなりません。しかし、被災従業員等が労災保険から給付を受けるか否かにかかわらず、事業者は労働者死傷病報告書を提出しなければなりません。

労働者死傷病報告書の提出と労災保険給付の取扱いを比較すると、おおむね**図表12**のとおりです。

図表12　労働者死傷病報告書と労災保険給付との取扱いの比較

	労働者私傷病報告書提出の法律上の義務	労災保険給付の有無
業務災害	ある（注１）	ある
通勤災害	ない	ある
私的災害	ない（注２）	ない

注１：ただし、被災労働者が休業しないときは提出しないでよい。
注２：ただし、業務外で就業中または事業場内や付属建設物内で負傷、窒息、急性中毒により死亡または休業したときにも、提出しなければならない。

3　派遣労働者が被災した場合、派遣元・派遣先が行うことは

派遣労働者が派遣先事業場で派遣就労中に業務災害（業務上疾病を含む。）その他の理由等により死亡または休業したときは、派遣先の

事業者は、派遣先の企業を所轄する労基署長へ労働者死傷病報告書を提出する必要があります（**図表13**）。

派遣先の事業者は、労働者死傷病報告書を提出したときは、その写しを派遣元の事業者に送付しなければなりません。その他、業務災害（業務上疾病を含む。以下同じ。）の発生原因を調査し、再発防止対策を講じる必要があり（安衛法第10条第１項第４号）、業務災害の発生原因や再発防止対策を、安全衛生委員会等で調査審議する必要があります（安衛法第17条第１項第２号、同法第18条第１項第３号）。

一方、派遣元の事業者は、派遣元を所轄する労基署長へ労働者死病報告書を提出する義務があります（労働者派遣法施行規則第42条）。同事業者は、この他、被災した派遣労働者が労災保険給付請求の手続きを行うために必要な助力を行わなければなりません（労災保険法施行規則第23条）。

図表13　労働者死傷病報告書提出は派遣元会社・派遣先会社双方の義務

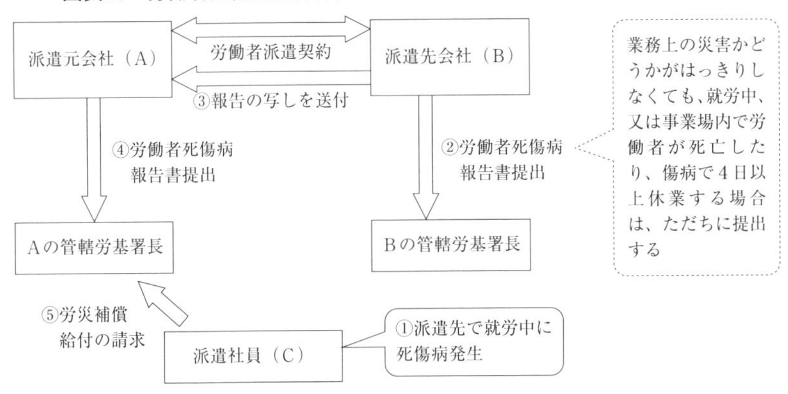

第２章　労災保険による補償給付 ―業務上外の新認定基準、補償給付の内容、請求手続等―

第１節　業務災害についての使用者の労災補償義務

1　従業員が精神疾患となった場合の社会・労働保険からの給付の種類は

ポイント

その精神疾患発症の原因が業務によるものであれば労災保険（労働保険）から、他方、発症の原因が業務以外によるもの（私傷病）であれば健康保険から、給付が行われます。

1　社会・労働保険の種類・加入要件

どのような雇用形態、勤務形態であれ、労働者を雇用した場合には、社会・労働保険の取り扱いが問題になってきます。これらについては、**図表１**のとおりです。

パートタイマー（短時間労働者）や期間雇用者（契約社員）の社会保険の取り扱いについては、その事業場の同種の業務に従事する正社員（フルタイマー）の所定労働時間および所定労働日数との比較により、加入できるかどうかが決まります。

社会保険は、労働者だけでなく、社長、役員も加入します。

また、労働者災害補償保険（以下「労災保険」）は全労働者が必ず加入しなければなりません。他方、雇用保険への加入は、**図表１**に示す３つの要件を全て満たす労働者に限られます。

図表1　社会・労働保険の強制加入要件、保険料負担

	保険の種類	強制加入要件	保険料負担
社会保険	健康保険	①社長、役員、②正社員（フルタイマー）、③短時間労働者（労働時間が、同じ事業所において同種の業務に従事する正社員の所定労働時間および所定労働日数のおおむね4分の3以上である者：週労働時間30時間以上（2016年10月1日からは、週労働時間20時間以上30時間未満の者のうち、一定の要件を満たす者も対象になった）	会社と労働者とで、2分の1ずつ負担
	介護保険		
	厚生年金保険		
労働保険	労災保険（労働者災害補償保険）	労働者であればすべて加入	全額会社の負担
	雇用保険	以下の要件をすべて満たす雇用労働者 ・65歳未満（2017年（平成29年）1月以降は、65歳以上の者も適用対象になりました。） ・31日以上継続雇用される見込み（平成22年4月1日～） ・所定労働時間が週20時間以上	会社だけでなく、労働者も賃金額に応じて負担する（65歳以上の労働者の雇用保険料の徴収は、2019年度分（平成31年度分）までは免除されます。）

2　労働者が精神疾患を発病した場合の社会・労働保険の給付—業務上疾病は労災保険から、他方、業務外は健康保険から、それぞれ給付—

労働者が精神疾患を発病した場合、それぞれの社会・労働保険の給付要件に応じて給付が行われます。

例えば、その労働者が業務上の事由により精神疾患となった場合には、労災保険により各種の補償給付が行われます。

他方、その精神疾患が業務外の事由によるもの（私傷病）である場合には、健康保険により各種の給付が行われます。特に、傷病手当金は、最長、1年6カ月間にわたって賃金の3分の2に相当する金額が

支給されます。その労働者が退職前に健康保険に継続して１年以上の加入期間があれば、その労働者が精神疾患を発病し、勤務先会社を休職になった後に退職した場合にも、同様に、通算して１年６カ月間継続支給されます。

さらに、当該労働者に障害が残った場合の障害補償給付、対象労働者が死亡した場合に遺族に支給される遺族補償給付についても、業務上の事由による場合には労働者災害補償保険法（以下「労災保険法」）にもとづく給付となり、他方、業務外の事由による場合には、健康保険法にもとづき給付されます。

これらについては、それぞれの社会・労働保険の箇所で、くわしく説明します。

３　業務上の事由により発症した精神疾患について健康保険の給付を受けていた場合、労災補償給付に切り替えることはできるか？

2017年（平成29年）２月より、所定の手続きを経れば労災保険と健康保険の制度間で調整が行われることになり、該当従業員本人の手間はかなり軽減されることになりました。

2　業務上の事由で精神疾患を発病した労働者への、事業者の療養補償・休業補償の法的根拠は

ポイント

労基法により使用者の労災補償義務が定められています。

1　根拠は労基法

労働基準法（以下「労基法」）第75条第１項では、労働者が業務上負傷し、又は疾病にかかった場合、使用者（事業者）が療養補償を行う義務があることを定めています。どのようなものが業務上疾病とされるかについては、労基法施行規則第35条、同規則別表第１の２およびこれに基づく告示により定められており、精神障害については同別表第１の２第９号で「人の生命にかかわる事故への遭遇その他心理的に過度の負担を与える事象を伴う業務による精神及び行動の障害又はこれに付随する疾病」と定めています。

また、労基法第76条第１項では労働者が業務上負傷または疾病にかかり、その療養のために労働することができずに賃金を受けられない場合、使用者は当該労働者の療養中には休業補償を行わなければならないことを定めています。

2　労災保険法で具体的に規定

さらに、労災保険法第12条の８第２項では、業務災害に関する保険給付は労基法に規定する災害補償事由が生じた場合に行うとしています。このため、労災保険法において保険給付の対象となる業務上疾病は、労基法に定める業務上疾病と一致します。

第2節　精神障害についての労災（業務災害）の新認定基準

1　平成23年に示された新しい精神障害の労災認定基準とは

ポイント

新認定基準は労災認定審査の迅速化や効率化を求める声を背景に、従前の判断基準を廃止して、新たに施行されたものです。

この新基準は、全国の労基署が「この労働者の精神障害は、業務上の事由によるものか否か、つまり、労災補償給付の対象になるものか否か」を判断するためのものです。

1　新認定基準とは

個々の労働者の精神障害が、業務上の事由による疾病か否か、つまり、労災補償給付の対象になるか否かについての判断は、労基法等の法令に基づく通達により行われています。

通達というのは、各中央省庁の大臣、局長等が、その所掌事務について、所管の各機関や職員に出す指示文書のことです。記載されている内容は、法令の解釈、運用や行政執行の方針等です。

さて、我が国では、平成11年9月の旧労働省（現在の厚生労働省）の労働基準局長通達「心理的負荷による精神障害等に係る業務上外の判断指針」（基発第544号）に基づき、業務上か否かの判断が行われてきました。しかし、精神障害の労災請求件数が増加する中、認定の審査に平均約8.6カ月を要することから、審査の迅速化や効率化が求められていました。

この状況を踏まえ、平成23年12月に、精神障害の労災認定基準に関する新しい通達、つまり、「心理的負荷による精神障害の認定基準について」(平23・12・26基発1226第１号、以下「新認定基準」)が示されました。これは、従前の判断指針を廃止して改めたもので、現在はこの新認定基準にもとづき精神障害の労災認定の判断が行われています。

この基準では、精神疾患になった状態を「精神障害」と表現しています。

新認定基準は、厚生労働省の労働基準局長から各都道府県の労働局長、全国の労働基準監督署長に対して、「今後は、この基準にもとづいて個々の精神障害が労災給付の対象になるか否か（業務上の事由による疾病か否か）を判断するように」という指示文書です。

このように、この新認定基準は労働行政機関内部の指示文書ですので、所轄労働基準監督署長や審査請求の際の労働者災害補償保険審査官は、この基準に従って判断をしなければなりません。しかし、再審査請求時の労働保険審査会、その後の行政取消訴訟においては拘束力を持っていません。

2　精神障害の発病要因についての新認定基準の考え方

新認定基準では、精神障害は、外部からのストレス（仕事によるストレスや私生活でのストレス）とそのストレスへの個人の対応力の強さとの関係で発病に至ると考えられています（**図表２**）。

図表２　精神障害の発生要因

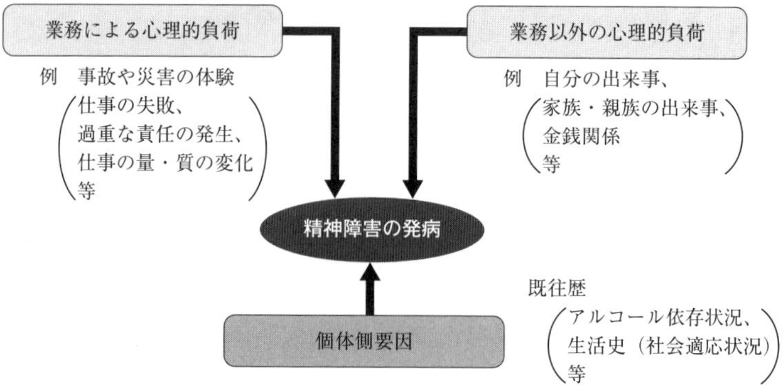

業務による心理的負荷

例　事故や災害の体験
（仕事の失敗、
過重な責任の発生、
仕事の量・質の変化
等）

業務以外の心理的負荷

例　自分の出来事、
（家族・親族の出来事、
金銭関係
等）

精神障害の発病

個体側要因

既往歴
（アルコール依存状況、
生活史（社会適応状況）
等）

発病した精神障害が労災認定されるのは、「仕事による強いストレスによるもの」と判断できる場合に限られます。

仕事によるストレス（業務による心理的負荷）が強かった場合でも、同時に私生活でのストレス（業務外の心理的負荷）が強かったり、その人の既往症やアルコール依存など個体側要因が関係していたりする場合には、どれが発病の原因なのかを医学的に慎重に判断しなければなりません。

2　精神障害が労災認定される３つの要件は

ポイント

その精神障害を発症した従業員が労災認定されるためには、次の３つの要件をすべて満たしていることが必要です。

① 認定基準の対象となる精神障害を発症していること。

② 認定基準の対象となる精神障害を発症する前おおむね６カ月間に、業務による強い心理的負荷が認められること。

③ 業務以外の心理的負荷や個体的要因により発症したことは認められないこと。

1　労災認定の手順は

労基署が、その精神障害について労災認定をする場合の手順のフローチャートは**図表３**のとおりです。

2　３要件の具体的内容は

その精神障害が労災と認定されるためには、以下の３つの要件をいずれも満たすことが必要です。

要件①「認定基準の対象となる精神障害を発病していること」

労災認定基準の対象となる精神障害は、**図表４**の国際疾病分類第10回修正版（ICD-10）第Ｖ章「精神および行動の障害」に分類される精神障害であって、認知症や頭部外傷などによる障害（Ｆ０）およびアルコールや薬物による障害（Ｆ１）は除かれます。いわゆる心身症も除かれます。

図表３　精神障害の労災認定フローチャート

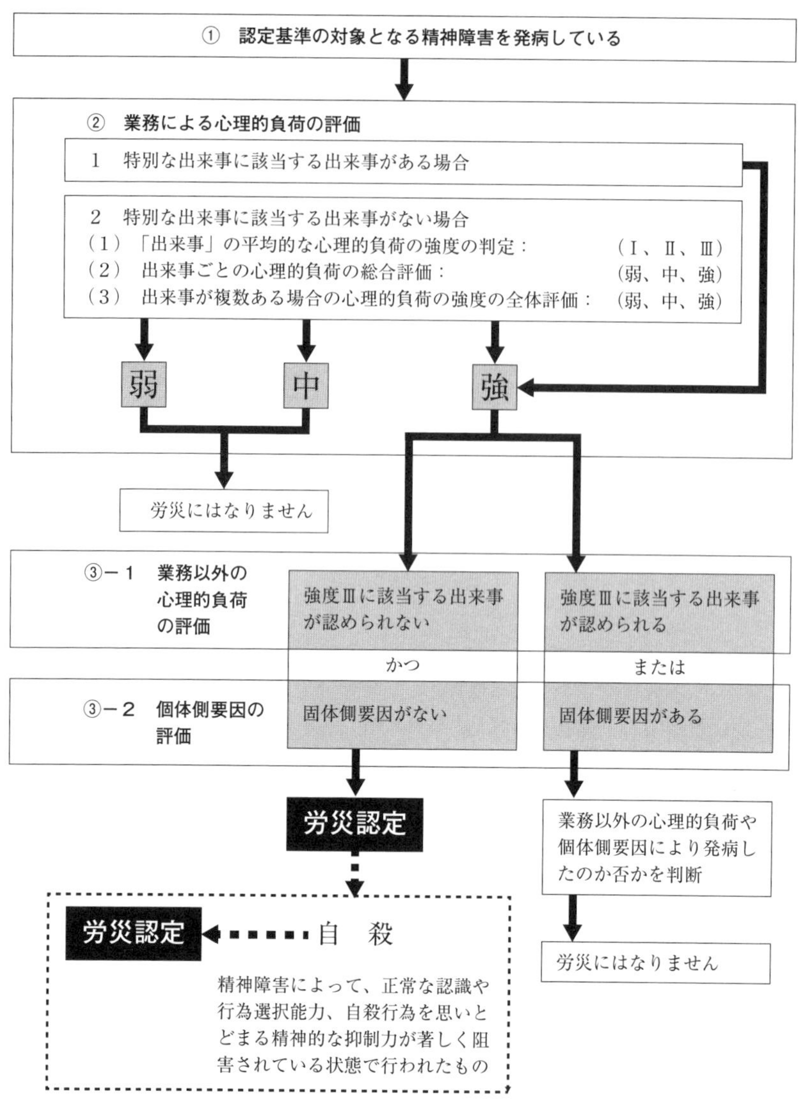

図表４　ICD-10第Ⅴ章「精神および行動の障害」分類

	分類コード	疾病の種類
×	Ｆ０	症状性を含む器質性精神障害
	Ｆ１	精神作用物質使用による精神および行動の障害
○	Ｆ２	統合失調症、統合失調症型障害および妄想性障害
	Ｆ３	気分［感情］障害（うつ病、躁病、躁うつ病等）
	Ｆ４	神経症性障害、ストレス関連障害および身体表現性障害（パニック障害、急性ストレス反応、適応障害等）
△	Ｆ５	生理的障害および身体的要因に関連した行動症候群
	Ｆ６	成人のパーソナリティおよび行動の障害
	Ｆ７	精神遅滞〔知的障害〕
	Ｆ８	心理的発達の障害
	Ｆ９	小児期および青年期に通常発症する行動および情緒の障害、特定不能の精神障害

（注）×印：認定対象から除外される精神障害、○印：主に業務に関して発病する可能性のある精神障害、△印：業務に関連して発病する可能性がない、あるいは小さい精神障害

業務に関連して発病する可能性のある精神障害の代表的なものは、うつ病（Ｆ３）や急性ストレス反応（Ｆ４）などです。

要件②「認定基準の対象となる精神障害の発病前おおむね６カ月の間に、業務による強い心理的負荷が認められること」

要件②の「業務による強い心理的負荷が認められること」とは、業務による具体的な出来事があり、その出来事とその後の状況が、労働者に強い心理的負荷を与えたことをいいます。

心理的負荷の強度は、精神障害を発病した労働者が、その出来事とその後の状況を主観的にどう受け止めたかではなく、同種の労働者が一般的にどう受け止めるかという観点から評価されます。「同種の労働者」とは、職種、職場における立場や職責、年齢、経験などが類似する労働者のことをいいます。

労働基準監督署の調査に基づき、発病前おおむね６カ月の間に起き

た業務による出来事について、新認定基準の「業務による心理的負荷評価表」により、「強」と評価される場合には、要件②を満たします。

新認定基準では、出来事と出来事後を一連のものとして総合評価が行われます。

具体的な評価手順は、次のａ・ｂのとおりです。「特別な出来事」がある場合（**図表５**）と、ない場合とに分けて評価します。

図表５　「業務による心理的負荷評価表（特別な出来事）」から抜粋

特別な出来事の類型	心理的負荷の総合評価を「強」とするもの
心理的負荷が極度のもの	・生死にかかわる、極度の苦痛を伴う、又は永久労働不能となる後遺障害を残す業務上の病気やケガをした　…項目１関連 （業務上の傷病により６カ月を超えて療養中に症状が急変し極度の苦痛を伴った場合を含む） ・業務に関連し、他人を死亡させ、又は生死にかかわる重大なケガを負わせた（故意によるものを除く）　…項目３関連 ・強姦や、本人の意思を抑圧して行われたわいせつ行為などのセクシュアルハラスメントを受けた　…項目36関連 ・その他、上記に準ずる程度の心理的負荷が極度と認められるもの
極度の長時間労働	・発病直前の１カ月におおむね160時間を超えるような、又はこれに満たない期間にこれと同程度の（例えば３週間におおむね120時間以上の）時間外労働を行った（休憩時間は少ないが手待時間が多い場合等、労働密度が特に低い場合を除く）　…項目16関連

※「特別な出来事」に該当しない場合には、それぞれの関連項目により評価する。

ａ「特別な出来事」に該当する出来事がある場合

業務による心理的負荷評価表の「特別な出来事」に該当する出来事が認められた場合には、心理的負荷の総合評価を「強」とします。

ｂ「特別な出来事」に該当する出来事がない場合

この場合には、次の【１】～【３】の手順により、心理的負荷の強度を「強」「中」「弱」のいずれかに評価します。

【１】「具体的出来事」への当てはめ

その業務による出来事が、業務による心理的負荷評価表の「具体的出来事」（**図表6**）のどれに当てはまるか、あるいは近いかを判断します。

図表6　「業務による心理的負荷評価表（具体的出来事）」から抜粋

	出来事の類型	平均的な心理的負荷の強度				心理的負荷の総合評価の視点	心理的負荷の強度を「弱」「中」「強」と判断する具体例		
		具体的出来事	心理的負荷の強度						
			Ⅰ	Ⅱ	Ⅲ		弱	中	強
1	①事故や災害の体験	（重度の）病気やケガをした			★	・病気やケガの程度 ・後遺障害の程度、社会復帰の困難性等	【解説】 右の程度に至らない病気やケガについて、その程度等から「弱」又は「中」と評価		○重度の病気やケガをした 【「強」である例】 ・長期間（おおむね2カ月以上）の入院を要する、又は労災の障害年金に該当する若しくは原職への復帰ができなくなる後遺障害を残すような業務上の病気やケガをした ・業務上の傷病により6カ月を超えて療養中の者について、当該傷病により社会復帰が困難な状況にあった、死の恐怖や強い苦痛が生じた
2		悲惨な事故や災害の体験、目撃をした		★		・本人が体験した場合、予感させる被害の程度 ・他人の事故を目撃した場合、被害の程度や被害者との関係等	【「弱」になる例】 ・業務に関連し、本人の負傷は軽症・無傷で、悲惨とまではいえない事故等の体験、目撃をした	○悲惨な事故や災害の体験、目撃をした 【「中」である例】 ・業務に関連し、本人の負傷は軽症・無傷で、右の程度に至らない悲惨な事故等の体験、目撃をした	【「強」になる例】 ・業務に関連し、本人の負傷は軽度・無傷であったが、自らの死を予感させる程度の事故等を体験した ・業務に関連し、被害者が死亡する事故、多量の出血を伴うような事故等特に悲惨な事故であって、本人が巻き込まれる可能性がある状況や、本人が被害者を救助することができたかもしれない状況を伴う事故を目撃した（傍観者的な立場での目撃は、「強」になることはまれ）

なお、**図表6**では「具体的出来事」を
①事故や災害の体験
②仕事の失敗、過重な責任の発生等
③仕事の量・質
④役割・地位の変化等
⑤対人関係
⑥セクシュアルハラスメント
――の6つに類型し、その平均的な心理的負荷の強度を、強い方から「Ⅲ」「Ⅱ」「Ⅰ」と示しています。

【2】出来事ごとの心理的負荷の総合評価

当てはめた「具体的出来事」の欄に示されている具体例の内容に、事実関係が合致する場合には、その強度で評価します。

事実関係が具体例に合致しない場合には、「心理的負荷の総合評価の視点」の欄に示す事項を考慮し、個々の事案ごとに評価します。

【3】出来事が複数ある場合の全体評価

①原則として、最初の出来事を具体的出来事として**図表6**に当てはめ、関連して生じたそれぞれの出来事は出来事後の状況とみなし、全体の評価をします。
②関連しない出来事が複数生じた場合には、出来事の数、それぞれの出来事の内容、時間的な近接の程度を考慮して全体の評価をします。**図表7**を参照してください。

図表7　「関連しない出来事が複数生じた場合」の評価方法

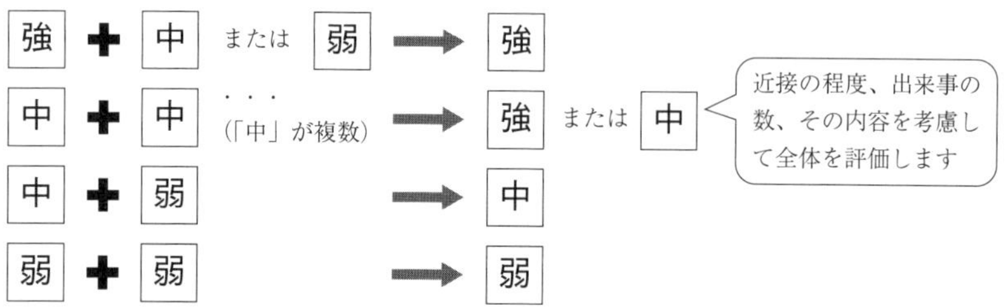

上述した「特別な出来事」と「具体的出来事」の評価で「強」に該当する労働者が、次の要件③に該当するか否かの判断の手順に進むことができます。

他方、上述の判断が「中」または「弱」の労働者は、労災認定されないということになります。つまり、その労働者の精神障害は業務上の事由による疾病ではないと認められるので、労災補償給付の対象にならないということです。

要件③「業務以外の心理的負荷や個体的要因により発病したとは認められないこと」

要件③については、「③－１　業務以外の心理的負荷の評価」および「③－２　個体側要因の評価」の２点について判断を行います。

③－１　業務以外の心理的負荷による発病かどうか

この点については、「業務以外の心理的負荷評価表」（**図表８**）を用い、心理的負荷の強度を評価します。

同図表で「Ⅲ」に該当する出来事が複数ある場合等は、それが発病の原因であるといえるか否かを、慎重に判断します。

③－２　個体側要因による発病かどうか

精神障害の既往歴やアルコール依存状況等の個体側要因については、その有無とその内容について確認し、個体側要因がある場合には、それが発病の原因であるといえるか否かを、慎重に判断します。

上述の③－１と③－２の双方について判断した結果、「**図表８**のうち、『強度Ⅲ』に該当する出来事が認められない」、かつ、「個体側要因がない」に該当する労働者については、労災認定されることになります。

他方、「**図表８**のうち、『強度Ⅲ』に該当する出来事が認められる」、または、「個体側要因がある」のいずれかに該当する労働者については、労災とは認定されないことになります。

図表８　「業務以外の心理的負荷評価表」から抜粋

出来事の類型	具体的出来事	心理的負荷の強度		
		Ⅰ	Ⅱ	Ⅲ
①自分の出来事	離婚又は夫婦が別居した			★
	自分が重い病気やケガをした又は流産した			★
	自分が病気やケガをした		★	
	夫婦のトラブル、不和があった	★		
	自分が妊娠した	★		
	定年退職した	★		
②自分以外の家族・親族の出来事	配偶者や子供、親又は兄弟が死亡した			★
	配偶者や子供が重い病気やケガをした			★
	親類の誰かで世間的にまずいことをした人が出た			★
	親族とのつきあいで困ったり、辛い思いをしたことがあった		★	
	親が重い病気やケガをした		★	
	家族が婚約した又はその話が具体化した	★		
	子供の入試・進学があった又は子供が受験勉強を始めた	★		
	親子の不和、子供の問題行動、非行があった	★		
	家族が増えた（子供が産まれた）又は減った（子供が独立して家を離れた）	★		
	配偶者が仕事を始めた又は辞めた	★		

③ 精神障害を発病した労働者が長時間労働に従事していた場合、心理的負荷の評価方法は

ポイント

次の３つの視点から評価されます。

①「特別な出来事」に該当する場合

②「具体的な出来事」に該当する場合

③他の出来事に関連した長時間労働（恒常的長時間労働が認められる場合の総合評価）

1　評価の３つの視点は

労働者が長時間労働に従事することも精神障害発病の原因となり得ることから、長時間労働については、次の⑴～⑶の３通りの視点から評価されます。なお、精神障害の労災認定の基準となるのは、前述した精神障害の労災認定基準（平成23年12月26日基発1226第１号、以下「新認定基準」）といいます。新認定基準では、業務による心理的負荷の評価を、「特別な出来事」に該当する出来事があるかないかを判断し、これに該当する出来事がない場合には、「具体的な出来事」のどれに当てはまるか、あるいは近いかを判断します。

⑴ 「特別な出来事」に該当する場合

・発病直前の１カ月間に、おおむね160時間以上の時間外労働を行った場合

・発病直前の３週間に、おおむね120時間以上の時間外労働を行った場合

この２点に該当する場合、「特別な出来事」に該当することとなり、心理的負荷の総合評価は「強」となります。

⑵　「具体的出来事」に該当する場合

「具体的出来事」では、心理的負荷を、①事故や災害の体験、②仕事の失敗、過重な責任の発生等、③仕事の量・質、④役割・地位の変化等、⑤対人関係、⑥セクシュアルハラスメント――の６つに類型し、その平均的な心理的負荷の強度を、強い方から弱いほうに「Ⅲ」「Ⅱ」「Ⅰ」と示されています。

「具体的出来事」の欄に示されている具体例の内容に、事実関係が合致する場合には、その強度で評価します。

「具体的出来事」で長時間労働の心理的負荷が「強」に該当する例は、

・発病直前の２カ月間連続して、１月当たりおおむね120時間以上の時間外労働を行った場合
・発病直前の３カ月間連続して、１月当たりおおむね100時間以上の時間外労働を行った場合

――となります。また、「中」に該当する例は、『１カ月に80時間以上の時間外労働を行った』、「弱」となる例は、『１カ月に80時間未満の時間外労働を行った』とありますが、これについては、事故や災害の体験がない、仕事の失敗・過重な責任が発生していない等、他の項目で該当するものがない場合のみ、評価するということになっています。

⑶　他の出来事と関連した長時間労働（恒常的長時間労働が認められる場合の総合評価）

「具体的出来事」が発生した前や後に恒常的な長時間労働（月100時間程度の時間外労働）があった場合には、心理的負荷の強度を修正する要素として評価されます。

例えば、ある労働者が転居を伴う転勤をし、新たな業務に従事すれば心理的評価は「中」になる場合がありますが、その後月100時間程度の時間外労働を行った場合、心理的負荷が「強」となる場合があります。

上記の時間外労働時間数は目安であり、この基準に至らない場合でも、心理的負荷を「強」と判断されることがあります。また、ここでの「時間外労働」は、週40時間を超える労働時間をいいます。

4　セクハラの心理的負荷の評価方法は

ポイント

「セクハラ」については「特別な出来事」に該当する項目が挙げられています。これに該当しない場合には「具体的な出来事」で心理的負荷が判断されます。

1　新認定基準の評価方法は

新認定基準での「セクハラ」の取り扱いは、まず「特別な出来事」に該当するものとして、“強姦や、本人の意思を抑圧して行われたわいせつ行為などのセクシュアルハラスメントを受けた”が挙げられており、これに該当すると判断されたものは「強」となります。

また、「具体的出来事」に該当するものとしては、心理的負荷を「強」、「中」、「弱」と判断する具体例が次のように挙げられています。

(1)　**【「強」になる例】**

・胸や腰等への身体接触を含むセクシュアルハラスメントであって、継続して行われた場合

・胸や腰等への身体接触を含むセクシュアルハラスメントであって、行為は継続していないが、会社に相談しても適切な対応がなく、改善されなかった又は会社への相談等の後に、職場の人間関係が悪化した場合

・身体接触のない性的な発言のみのセクシュアルハラスメントであって、発言の中に人格を否定するようなものを含み、かつ継続してなされた場合

・身体接触のない性的な発言のみのセクシュアルハラスメントであって、性的な発言が継続してなされ、かつ、会社がセクシュアルハラスメントであると把握していても適切な対応がなく、改善がなされ

なかった場合

(2)　【「中」になる例】

・胸や腰等への身体接触を含むセクシュアルハラスメントであっても、行為が継続しておらず、会社が適切、かつ、迅速に対応し発病前に解決した場合
・身体接触のない性的な発言のみのセクシュアルハラスメントであって、発言が継続していない場合
・身体接触のない性的な発言のみのセクシュアルハラスメントであって、複数回行われたものの、会社が適切、かつ、迅速に対応し発病前にそれが終了した場合

(3)　【「弱」になる例】

・「○○ちゃん」等のセクシュアルハラスメントに当たる発言をされた場合
・職場内に水着姿の女性のポスター等を掲示された場合

2　セクハラ事案の留意事項

さらに、新認定基準では、特別に「セクシュアルハラスメント事案の留意事項」として、**図表9**の4点があげられています。

図表９　セクシュアルハラスメント事案の留意事項

①セクシュアルハラスメントを受けた者（以下「被害者」という。）は、勤務を継続したいとか、セクシュアルハラスメントを行ったもの（以下「加害者」という。）からのセクシュアルハラスメントの被害をできるだけ軽くしたいとの心理などから、やむを得ず行為者に迎合するようなメール等を送ることや、行為者の誘いを受け入れることがあるが、これらの事実がセクシュアルハラスメントを受けたことを単純に否定する理由にはならないこと。
②被害者は、被害を受けてからすぐに相談行動をとらないことがあるが、この事実が心理的負荷が弱いと単純に判断する理由にはならないこと。
③被害者は、医療機関でもセクシュアルハラスメントを受けたということをすぐに話せないこともあるが、初診時にセクシュアルハラスメントの事実を申し立てていないことが「心理的負荷が弱い」と単純に判断する理由にはならないこと。
④行為者が上司であり被害者が部下である場合、行為者が正規職員であり被害者が非正規労働者である場合等、行為者が雇用関係上被害者に対して優越的な立場にある事実は心理的負荷を強める要素となり得ること。

上記のように、その労働者についての心理的負荷の程度が判断され、さらに、そのセクハラが業務災害か否かが判断されます。

5　パワハラの心理的負荷の評価方法は

ポイント

「パワハラ」については「特別な出来事」に該当する項目がありません。「具体的な出来事」で心理的負荷が判断されます。

1　パワハラの評価方法は

「パワハラ」については、「特別な出来事」に該当する項目はありません。

「具体的出来事」では、**図表10**のように多くのパワハラに該当する項目が取り上げられています。具体的には、「ひどい嫌がらせ、いじめ、又は暴行を受けた」、「上司とのトラブルがあった」、「同僚とのトラブルがあった」、「部下とのトラブルがあった」等です。

「具体的出来事」の欄に示されている具体例の内容に、事実関係が合致する場合には、その強度で評価されます。

さらに、その事案が業務災害（業務上疾病）に該当するか否かが判断されます。

2　新認定基準の心理的負荷の評価対象期間

新認定基準では、「発病前おおむね６カ月」の間に起こった出来事について評価されます。

ただし、いじめやセクシュアルハラスメントのように、出来事が繰り返されるものについては、発病の６カ月よりも前にそれが始まり、発病まで継続していたときは、それが始まった時点からの心理的負荷が評価されます。

図表10　「業務による心理的負荷評価表（具体的出来事）」から抜粋

<table>
<tr><th colspan="4">平均的な
心理的負荷の強度</th><th colspan="3" rowspan="2">心理的負荷の強度を「弱」「中」「強」と判断する具体例</th></tr>
<tr><th rowspan="2">具体的
出来事</th><th colspan="3">心理的負
荷の強度</th></tr>
<tr><th>Ⅰ</th><th>Ⅱ</th><th>Ⅲ</th><th>弱</th><th>中</th><th>強</th></tr>
<tr><td rowspan="2">（ひどい）
嫌がらせ、
いじめ、
又は暴行
を受けた</td><td rowspan="2"></td><td rowspan="2"></td><td rowspan="2">☆</td><td colspan="2">【解説】
部下に対する上司の言動が業務指導の範囲を逸脱し、又は同僚等による多人数が結託しての言動が、それぞれ右の程度に至らない場合について、その内容、程度、経過と業務指導からの逸脱の程度により「弱」又は「中」と評価</td><td rowspan="2">○ひどい嫌がらせ、いじめ、又は暴行を受けた
【「強」である例】
・部下に対する上司の言動が、業務指導の範囲を逸脱しており、その中に人格や人間性を否定するような言動が含まれ、かつ、これが執拗に行われた
・同僚等による多人数が結託しての人格や人間性を否定するような言動が執拗に行われた
・治療を要する程度の暴行を受けた</td></tr>
<tr><td>【「弱」になる例】
・複数の同僚等の発言により不快感を覚えた（客観的には嫌がらせ、いじめとはいえないものも含む）</td><td>【「中」になる例】
・上司の叱責の過程で業務指導の範囲を逸脱した発言があったが、これが継続していない
・同僚等が結託して嫌がらせを行ったが、これが継続していない</td></tr>
<tr><td>上司との
トラブル
があった</td><td></td><td>☆</td><td></td><td>【「弱」になる例】
・上司から、業務指導の範囲内である指導・叱責を受けた
・業務をめぐる方針等において、上司との考え方の相違が生じた（客観的にはトラブルとはいえないものも含む）</td><td>○上司とのトラブルがあった
【「中」である例】
・上司から、業務指導の範囲内である強い指導・叱責を受けた
・業務をめぐる方針等において、周囲からも客観的に認識されるような対立が上司との間に生じた</td><td>【「強」になる例】
・業務をめぐる方針等において、周囲からも客観的に認識されるような大きな対立が上司との間に生じ、その後の業務に大きな支障を来した</td></tr>
<tr><td>同僚との
トラブル
があった</td><td></td><td>☆</td><td></td><td>【「弱」になる例】
・業務をめぐる方針等において、同僚との考え方の相違が生じた（客観的にはトラブルとはいえないものも含む）</td><td>○同僚とのトラブルがあった
【「中」である例】
・業務をめぐる方針等において、周囲からも客観的に認識されるような対立が同僚との間に生じた</td><td>【「強」になる例】
・業務をめぐる方針等において、周囲からも客観的に認識されるような大きな対立が多数の同僚との間に生じ、その後の業務に大きな支障を来した</td></tr>
<tr><td>部下との
トラブル
があった</td><td></td><td>☆</td><td></td><td>【「弱」になる例】
・業務をめぐる方針等において、部下との考え方の相違が生じた（客観的にはトラブルとはいえないものも含む）</td><td>○部下とのトラブルがあった
【「中」である例】
・業務をめぐる方針等において、周囲からも客観的に認識されるような対立が部下との間に生じた</td><td>【「強」になる例】
・業務をめぐる方針等において、周囲からも客観的に認識されるような大きな対立が多数の部下との間に生じ、その後の業務に大きな支障を来した</td></tr>
</table>

6 いわゆる「過労死」は業務災害として認定されるか

ポイント

業務が過酷だったなどの理由で、その労働者が脳・心臓疾患を発症し、又は症状が悪化した場合には、業務災害（業務上疾病）と認定されます。

いわゆる「過労死」とは、脳・心臓疾患のうち、業務が有力な原因となって死亡したと認められる場合のことをいいます。

脳・心臓疾患の多くは、本人の体質や食習慣等によって生ずるものと考えられています。

しかし、業務が過酷であったこと、精神的なストレスを異常に受けていたこと等で過重負荷により発病、病状悪化に影響したことが明らかであれば、「業務上の疾病」として扱われ、労働災害と認定されます。過労死として認められる基準は、**図表11**のとおりです。

図表11　過労死と認められる業務上疾病の基準

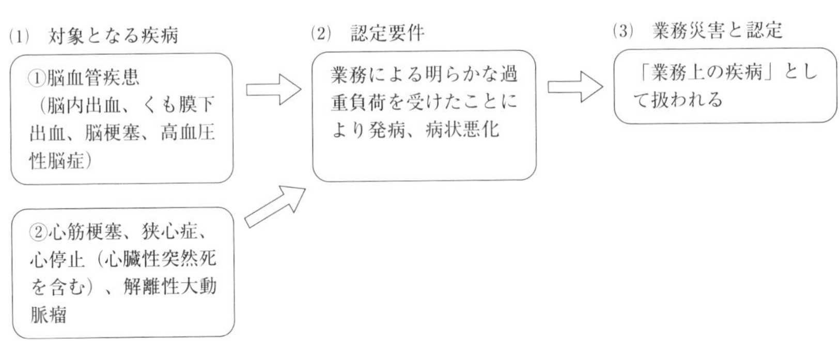

7 精神障害を発病した労働者が自殺を図った場合、労災と認定されるか

ポイント

原則として、労災認定されます。

業務による心理的負荷により精神障害を発病した労働者が自殺を図った場合は、精神障害によって、正常な認識や行為選択能力、自殺行為を思いとどまる精神的な抑制力が著しく阻害されている状態に陥ったもの（故意の欠如）と推定されます。このため、原則として、その死亡は労災認定されます（**図表12、13**）。

図表12　従業員が自殺した場合の労災認定の考え方

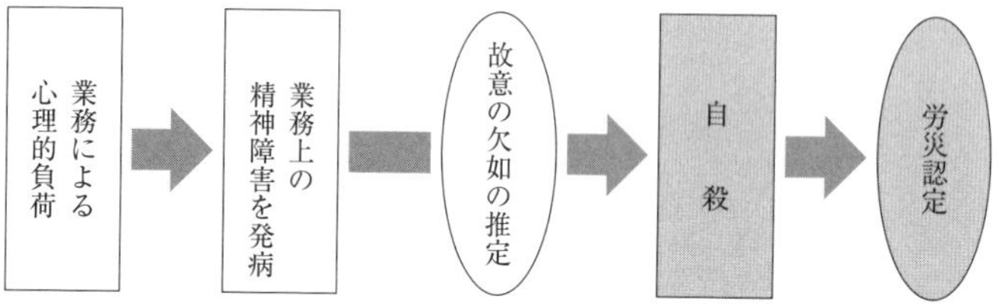

業務による心理的負荷
業務上の精神障害を発病
故意の欠如の推定
自殺
労災認定

図表13　過労自殺が業務上のものと判断される基準

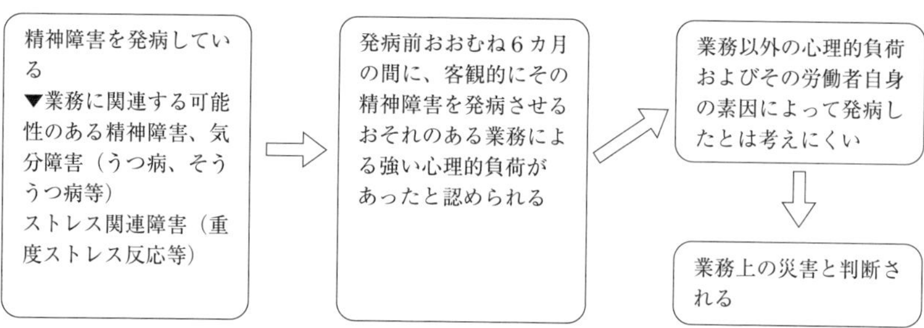

⑧ 精神障害は、どのような症状になった場合に「治ゆ（症状固定）」と判断されるか

ポイント

その精神障害について「症状は残存しているが、これ以上医療効果が期待できない」と判断される場合には「治ゆ」と判断されます。

1　労災保険における「治ゆ（症状固定）」とは

労災保険における「治ゆ」とは、健康時の状態に完全に回復した状態のみをいうものではなく、傷病の症状が安定し、医学上一般に認められた医療を行っても、その医療効果が期待できなくなった状態（傷病の症状の回復・改善が期待できなくなった状態）をいいます。

2　精神障害の治ゆ後の取り扱いは

したがって、精神障害についても、「症状は残存しているが、これ以上医療効果が期待できない」と判断される場合には、「治ゆ」（症状固定）となり、その後は、「療養補償給付」や「休業補償給付」は支給されません。

通常の就労（１日８時間の勤務）が可能な状態で、「寛解（かんかい)」の診断がなされている場合は治ゆの状態と考えられます。寛解とは、症状が一時的あるいは継続的に軽減した状態のことです。

なお、治ゆ後、症状の変化を防止するために、長期間にわたり投薬などが必要とされる場合には、労災保険指定医療機関で「アフターケア（診察や保健指導、検査等)」を無料で受診することができます。また、一定の障害が残った場合には「障害補償給付」を受けることができます。

9　精神障害について労災認定された事例は

ポイント

以下、精神障害について労災認定された事例を２つ掲載します。

労災認定事例①

『新規事業の担当となった』ことにより、『適応障害』を発病したとして認定された事例

Ａさんは、大学卒業後、デジタル通信関連会社に設計技師として勤務していたところ、３年目にプロジェクトリーダーに昇格し、新たな分野の商品開発に従事することとなった。しかし、同社にとって初めての技術が多く、設計は難航し、Ａさんの帰宅は翌日の午前２時頃に及ぶこともあり、以後、会社から特段の支援もないまま１カ月当たりの時間外労働時間は90～120時間で推移した。

新プロジェクトに従事してから約４カ月後、抑うつ気分、食欲低下といった症状が生じ、心療内科を受診したところ「適応障害」と診断された。

〈判断〉

①新たな分野の商品開発のプロジェクトリーダーとなったことは、「具体的出来事」の『新規事業の担当になった、会社の建て直しの担当になった』に該当するが、失敗した場合に大幅な業績悪化につながるものではなかったことから、心理的負荷「中」の具体例である『新規事業等の担当になった』に合致し、さらに、この出来事後に恒常的な長時間労働も認められることから、総合評価は「強」と判断される。

②発病直前に妻が交通事故で軽傷を負う出来事があったが、その他に業務以外の心理的負荷、個体側要因はいずれも顕著なものはなかった。

①、②より、Aさんは労災認定された。

労災認定事例Ⅱ

『ひどい嫌がらせ、いじめ、または暴行を受けた』ことにより、『うつ病』を発病したとして認定された事例

Bさんは、総合衣料販売店に営業職として勤務していたところ、人事異動して係長に昇格し、主に新規顧客の開拓などに従事することとなった。新部署の上司はBさんに対して連日のように叱責を繰り返し、その際には、「辞めてしまえ」「死ね」といった発言や書類を投げつけるなどの行為を伴うことも度々あった。

係長に昇格してから3カ月後、抑うつ気分、睡眠障害などの症状が生じ、精神科を受診したところ「うつ病」と診断された。

〈判断〉

①上司のBさんに対する言動には、人格や人間性を否定するようなものが含まれており、それが執拗に行われている状況も認められることから、「具体的出来事」の“(ひどい)嫌がらせ、いじめ、又は暴行を受けた”の心理的負荷「強」の具体例である『部下に対する上司の言動が、業務範囲を逸脱しており、その中に人格や人間性を否定するような言動が含まれ、かつ、これが執拗に行われた』に合致し、総合評価は「強」と判断される。

②業務以外の心理的負荷、個体側要因はいずれも顕著なものはなかった。

①、②より、Bさんは労災認定された。

第3節　労災補償給付の内容、請求手続等

1　労働災害に被災した従業員から労災給付請求の助力依頼を受けた場合、事業主がすべきことは

ポイント

事業主には、被災従業員の行う労災給付請求についての証明・手助けの義務があります。

1　事業主のすべきことは

従業員が、業務上の事由により労働災害に被災した場合に、労災保険法にもとづき、該当従業員に支給される労災補償給付の種類と内容は、**図表14**のとおりです。

また、該当従業員が各種の労災補償給付を受給する順序は、**図表15**のとおりです。

労災補償給付は、被災従業員（またはその遺族）が労働基準監督署長に請求書を提出し、その傷病が業務上の事由によるものであると認定されなければ支給されません。

図表14　労災補償給付の種類、内容の一覧

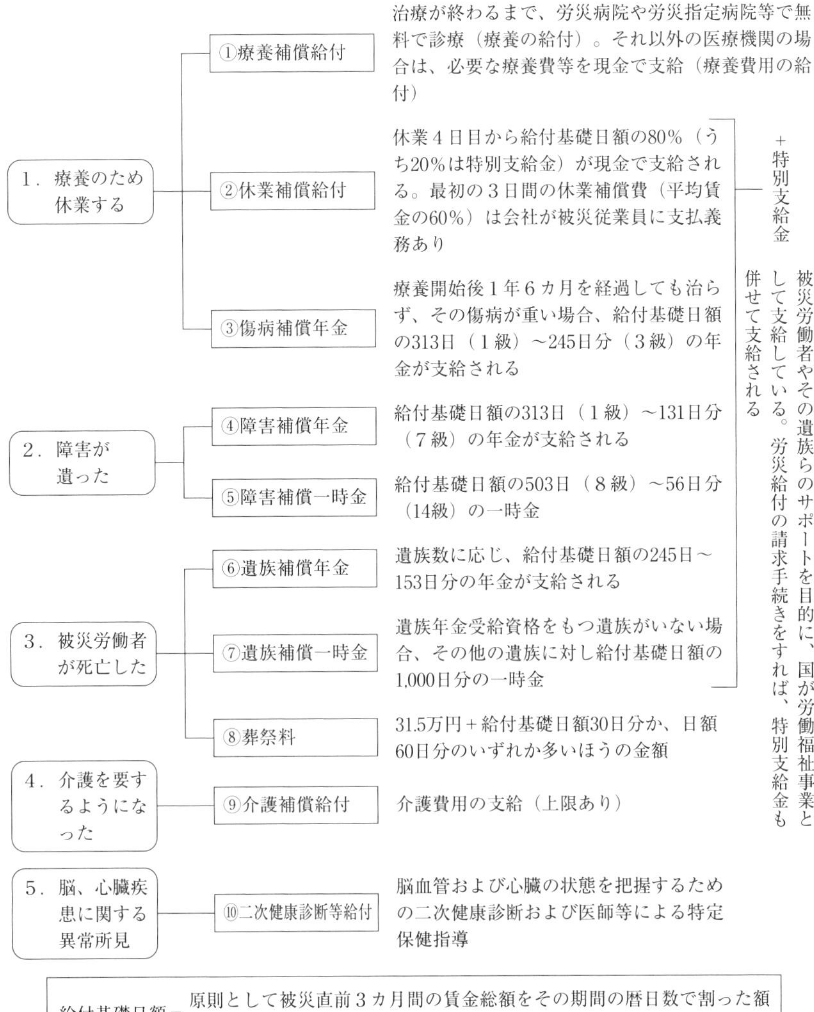

図表15　労災補償給付の流れ

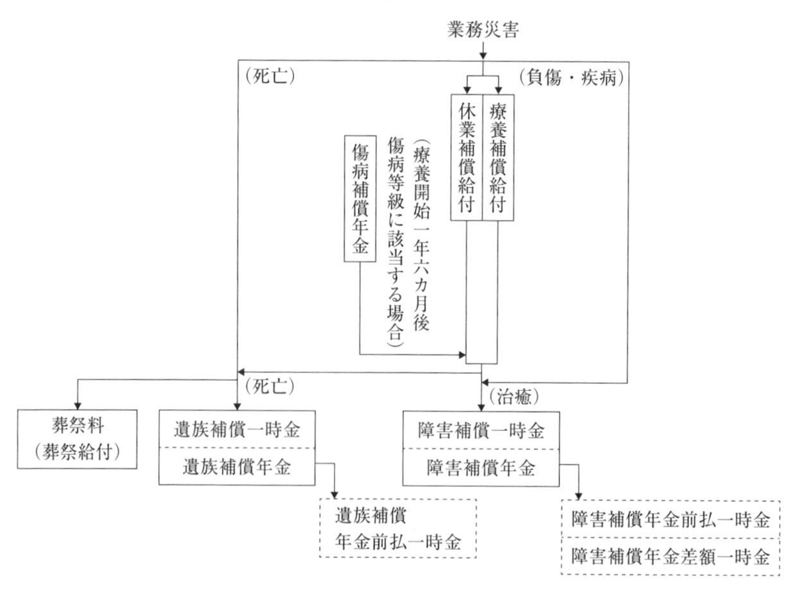

2　労基署に請求書を提出

業務災害や通勤災害を被った場合、被災従業員、またはその遺族には、国から療養や休業、障害、死亡、介護等に伴う給付が支給されます。

労災給付を受けるには、被災した従業員またはその遺族が、所定の保険給付請求書に必要事項を記載して、被災事業所の所在地の労働基準監督署長に提出する必要があります。

3　遺族が請求してもよい

被災した従業員が労災給付を受けないまま死亡した場合、生計をともにしていた遺族は、未支給の保険給付の支給を請求できます。精神障害の場合も同じです。

請求権者は①配偶者、②子、③父母、④孫、⑤祖父母、⑥兄弟姉妹の順に優先順位者となります。

4　労基署での請求受理から支給までの流れは

これらの流れは、**図表16、17**のとおりです。労働基準監督署は、必要な調査を実施して労災給付の要件に該当することを認定した上で給付を行います。

被災従業員が無料で治療を受けることができる「療養の給付」等については、**図表3**の①（左側欄）のとおりです。「療養補償給付」については、かかった医療機関が労災保険指定病院等の場合には、「療養の給付請求書」を医療機関を経由して労働基準監督署長に提出します。その際、療養費を支払う必要はありません。

図表16　労災給付請求手続きの流れ

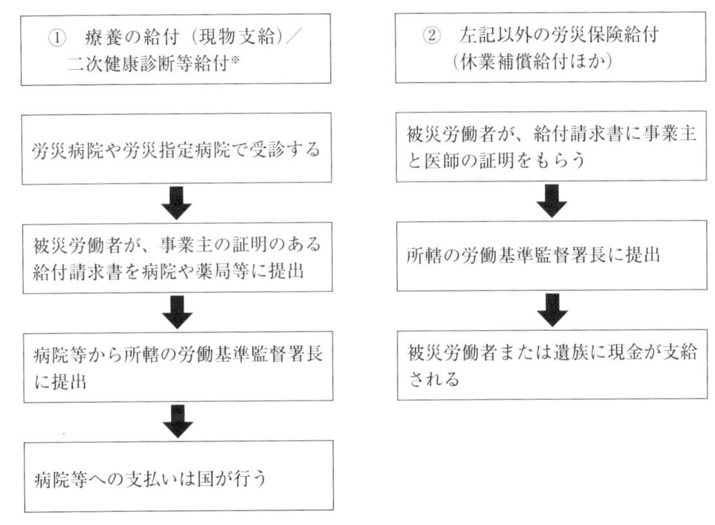

※二次健康診断等給付の場合の受診先は健診給付病院。病院等が請求書を提出する先は所轄の都道府県労働局長

図表17　労働基準監督署における労災給付関係事務の流れ

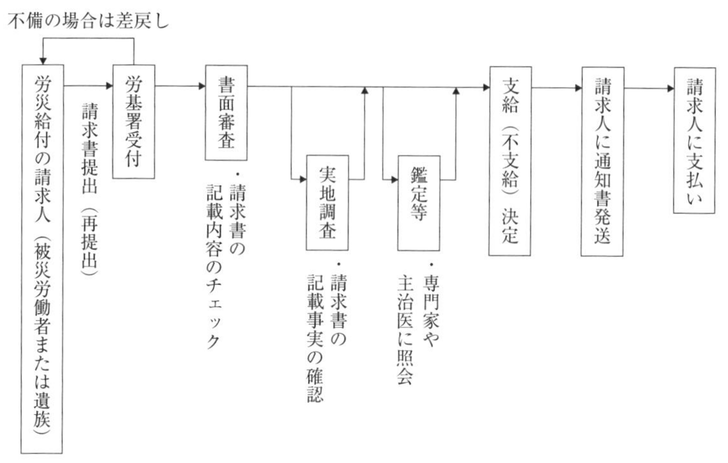

しかし、医療機関が労災保険指定病院等でない場合には、被災従業員はいったん、医療費を立て替えて支払わなければなりません。その後「療養の費用請求書」を直接、労働基準監督署長に提出し、現金給付してもらうことになります。

5　事業主が従業員から労災給付請求書の証明の依頼を受けた場合は

労災補償給付の請求書には、次の①～③について事業主の証明が必要です。

①被災従業員が働いていた事業（会社）の名称、所在地、社長の氏名
②負傷または発病の年月日
③災害の原因や発生状況等
④さらに、休業補償給付等の場合には、給付金額を計算するための基礎となる、平均賃金や休業期間等についての事業主の証明
――が必要です。

被災時に被災従業員を使用していた事業主は、労災補償給付の請求

人（被災従業員本人、またはその遺族）から、上記①～④の事項等、請求手続きに必要な証明を求められたときは、すみやかに応じなければなりません。

また、被災従業員が病気やけがのために、自分で保険給付の請求手続きを行えない場合には、事業主は請求手続きを手助けする義務があります（労災保険法施行規則）。

6　事業主は、「災害の原因、発生状況」については証明しなくてもよい

例えば、うつ病の従業員から労災補償給付請求書の記入を求められ、その書面には、「業務上の事由によりうつ病になった」と記載されていたとします。会社としては「業務外の事由によるものではないか？」と判断していた場合、どのように対応したらよいでしょうか。

前述の①～④の事業主の証明事項のうち「②負傷または発病の年月日、③災害の原因や発生状況等」の記載内容については、対象従業員と事業主とで認識、意見が異なる場合も多くみられます。とりわけ精神障害の場合には、意見の相違が多くなります。

このような場合には、「②負傷または発病の年月日」および「③災害の原因及び発生状況等」の証明については、「②、③欄の記載内容を除き上記①、④の欄についてのみ証明する」と記載してください。そして、別に意見書を提出し、その中に事業主の見解を具体的に記述してください。

その精神障害の原因及び発生状況について対象従業員と事業主とで認識、意見が異なる場合には、この請求書（意見書を含む）を受理した労働基準監督署長が実態を調査した上で、その精神障害の原因が業務上の事由によるものか否かを判断し決定します。

２　労災給付請求の期限は

ポイント

労災補償給付請求の期限は、障害補償給付と遺族補償給付については、所定の時点から５年間です。

被災労働者の労災補償給付の請求権は、所定の時点から２年（障害補償給付、遺族補償給付については５年）で、時効によって消滅します。つまり、被災労働者はこの期間中に労働基準監督署長に請求しないと、以後請求できなくなります。

消滅時効の起算日は、給付の種類ごとに定められています（**図表18**）。

ただし、傷病補償年金については、政府が職権で支給決定するので、消滅時効の問題は生じません。

図表18　被災労働者の労災補償給付の請求権の消滅時効期間

時効完成年数	項　目	起算日
２年のもの	療養補償給付（療養費払の場合）	療養に要する費用の支出が具体的に確定した日の翌日
	休業補償給付	労働不能の日ごとにその翌日
	葬祭料（葬祭給付）	労働者が死亡した日の翌日
	介護補償給付	介護補償給付の対象となる月の翌月の１日
	二次健康診断等給付	二次健康診断の通知を受けた日
５年のもの	障害補償給付	傷病が治った日の翌日
	遺族補償給付	労働者が死亡した日の翌日

3　精神障害その他の被災従業員が労災補償給付を受給できる期間は

ポイント

業務上のけがや病気が「治癒」するまで受給できます。

1　労災補償給付の受給期間は

労災保険の療養補償給付や休業補償給付は、業務上のケガや病気が「治癒」するまでもらい続けることができます。「給付期間は最長○年まで」という制限規定はありません。

なお、「治癒」とは、けがや病気をする前の状態まで回復することをいうものではなく、次の状態のことをいいます。

①負傷は、創面が治癒した場合

②疾病は、急性症状が消退し、慢性症状は持続しても医療効果を期待できない状態となった場合

給付は、これらの状態になるまで続けられます。

土、日、祝日の休業補償給付については、次の３つの条件がそろっていれば支給されます。

①業務上の負傷、または疾病による療養のため

②労働することができずに

③賃金を受けていない

さらに、現在、退職した労働者であっても、これらの３要件を満たしていれば休業補償給付は支給されます。

休業補償給付が支給されないのは、監獄や労役所等の施設に拘禁されている場合、少年院等の施設に収容されている場合のみです。

また、休業補償給付の請求の回数や頻度に関する制限はなく、たとえば１週間分、１カ月分あるいは３カ月分をまとめて請求することも

できます。通常は、1カ月ごとにまとめて請求することが多いようです。

退院後、半日勤務している者の休業補償給付の金額は、次の計算式によります。

（給付基礎日額 － 一部休業日の労働に対して支払われる賃金の額）×80/100

第4節　セクハラ・パワハラなど業務上の事由で発病した精神疾患者に関する労災補償給付

1　セクハラ・パワハラなど業務上の事由により精神疾患を発病した場合、どのような労災補償給付があるか

ポイント

次の労災補償給付が支給されます。

①　療養補償給付

無料で治療が受けられます。

②　休業補償給付

休業後４日目から平均賃金の８割が支給されます。

休業３日目までは、使用者は平均賃金の６割を支給しなければなりません。

③　障害補償給付

心身に障害が残った場合に支給されます。

④　傷病補償年金

療養開始後１年６カ月を経過した場合に支給されます。

1　療養補償給付は

業務上の事由が原因で従業員がけがをし、または疾病にかかり、指定病院（労災保険が使える病院）で診てもらった場合の労災補償給付は、「療養の給付」として無料で治療が受けられます。

例えば、セクハラ（職場の性的言動による人権・利益の侵害）やパワハラ（職場のいじめ、嫌がらせ等）によるうつ病などの精神疾患も、労災（業務災害）と認められれば対象となります。

療養の給付の内容としては、治療費のほか、入院料や介護の費用等

通常療養で必要な費用も含まれます。また、原則としてけがや病気が治ゆするまで給付を受けることができます。

２　療養補償給付の請求手続きは

業務災害であれば、治療を受けている医療機関（病院等）に「療養補償給付たる療養の給付請求書」を提出します。添付書類は特にありません。

労災保険の指定薬局で薬をもらう場合は、その薬局に、別に「療養補償給付たる療養の給付請求書」を提出する必要があります。

請求書の書き方について不明点等がある場合には労働基準監督署等に相談してください。

３　精神疾患の療養開始後１年６カ月を経過した場合の傷病補償年金

精神疾患の療養開始後１年６カ月が経過し、なおその疾病が治ゆせず、障害の程度が傷病等級の第１級から第３級に該当する場合には、傷病補償年金が支給され、休業補償給付は打ち切られます。

障害の程度によって、給付基礎日額（原則として、災害発生日以前３カ月間に被災した従業員に支払われた賃金総額を、その期間の総日数で割って算出したもの）の245日分～313日分が支給されます。

４　障害が残った場合の障害補償給付

例えば、セクハラやパワハラによる精神疾患で治療を受けた場合、病気が治った（治ゆした）としても、ストレスに関連する一定の障害が残ってしまう場合があります。

また、セクハラやパワハラに限らず、業務上の事由により疾病にかかり、治ゆした後に一定の障害が残ってしまった場合、その障害の程度に応じて支給されるのが障害補償給付です。

「治ゆ」とは、全快ということではなく、傷病の症状が安定して、これ以上治療を行っても症状が良くも悪くもならない状態になったことを意味します。

障害補償給付を請求する場合は、障害補償給付支給請求書を、被災従業員の所属事業場の所在地を管轄する労働基準監督署に提出することになります。

障害補償給付は、障害の程度によって1～14等級の障害等級に分類されます。第1級～第7級の場合は給付基礎日額の313日～131日分の障害補償年金、第8級～第14級の場合は給付基礎日額の503日～56日分の障害補償一時金が支給されます。

また、上述の給付に加えて、障害補償年金が支給される者には障害特別支給金と障害特別年金が支給され、障害補償一時金が支給される者には障害特別支給金と障害特別一時金が、それぞれ支給されます。

② セクハラやパワハラ等で精神疾患を発病した従業員が休業した場合、給付されるものは

ポイント

休業４日目から休業補償給付と休業特別支給金（合計平均賃金の８割）が支給されます。

1　休業補償給付とは

業務中のセクハラやパワハラなど業務上の事由が原因で、うつ病など精神疾患を患った結果、勤務を休み、給料を受けられない場合、対象従業員は労災保険から休業補償給付を受けることができます。この場合、休業した日の４日目から所得補償として休業補償給付と休業特別支給金が支給されます。支給額は次のとおりです。

休業補償給付＝平均賃金（給付基礎日額）の60％×休業日数

休業特別支給金＝同上の20％×休業日数

2　休業補償給付の請求手続き

請求手続きは、**図表19**のとおりです。

図表19　休業補償給付の請求手続きの流れ

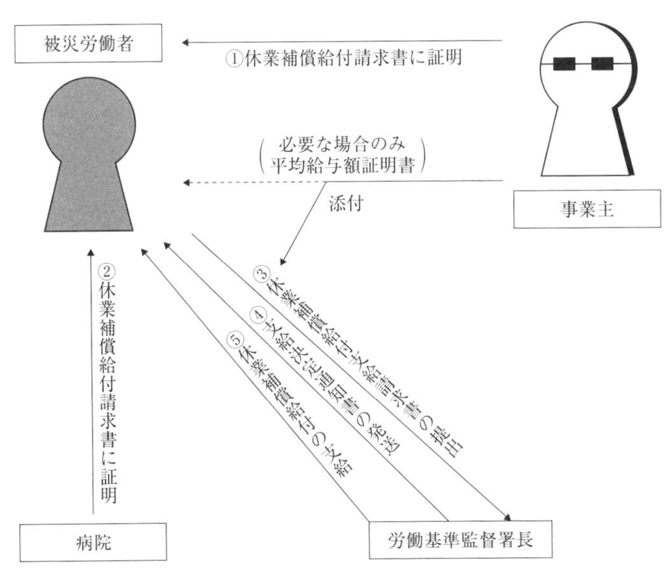

これらの給付を請求する場合には、休業補償給付支給請求書に治療を受けている医師から労務不能であった期間の証明を受け、対象従業員の所属する事業所の所在地を所管する労働基準監督署に提出します。なお、休業特別支給金は、休業補償給付支給請求書と同一の用紙で同時に請求を行うことができます。次の書類を添付します。

①出勤簿の写し

②賃金台帳の写し

休業の期間が長くなる場合には、1カ月ごとに請求します。

3　休業後4日目から休業補償給付を支給

休業してから最初の3日間は待期期間となり、休業補償給付は支給されません。

待期期間については、使用者が対象従業員に平均賃金の6割以上の金額を支払わなければなりません（労基法）。

待期期間の３日間は、連続していても断続していてもかまいません。

休業日の初日は治療を受け始めた日になります。たとえば、けがの発生が所定労働時間内であればその日が休業日の初日ということになります。しかし、けがの発生が所定労働時間外の場合は、その日の翌日が休業日の初日となります。

4　平均賃金算定内訳の書き方は

休業補償給付支給請求書の「平均賃金算定内訳」の計算方法は、原則として、業務中の災害によるけがや病気の原因となった事故が発生した日以前３カ月間に、その従業員に対して支払われた給料の総額をその期間の暦日数で除した金額です。

なお、給料の締切日があるときは、業務災害発生日の直前の給料の締切日からさかのぼった３カ月間になります。

同請求書の㉝欄「負傷又は発病の時刻」については、精神疾患等、発病年月日が明確に分からない場合には記載しなくてもかまいません。

③ セクハラやパワハラなど業務上の事由で従業員が精神疾患を発病して自殺した場合、遺族に対する給付は

ポイント

「遺族補償年金」、「遺族補償一時金」などが給付されます。

1　遺族に対する給付の種類

セクハラやパワハラ等が原因で従業員が精神疾患を患い、自殺に至るケースもあります。

このようなケースにおいて、対象従業員に扶養されていた遺族がいる場合、労災保険の遺族補償給付を請求することができます。実際に業務災害として認められた例もあります。

遺族に対する給付には、次のものがあります。

①原則：遺族補償年金

②特例：遺族補償一時金

③葬祭料

2　原則：遺族補償年金とは

(1)　遺族補償年金をもらえる者は

遺族補償年金をもらえる者（受給権者）は、被災従業員の死亡時にその従業員の収入によって生計を維持していた**図表20**の該当者（受給資格者）のうち、最先順位者、つまり、最も順番の先の者のみです。

図表20　遺族補償年金の受給資格者とそれらの最先順位

順位	受給資格者
1番	妻 60歳以上または一定障害の夫
2番	18歳に達する日以後の最初の3月31日までの間にある子、または一定障害の子
3番	60歳以上または一定障害の父母
4番	18歳に達する日以後の最初の3月31日までの間にある孫、または一定障害の孫
5番	60歳以上または一定障害の祖父母
6番	18歳に達する日以後の最初の3月31日までの間にある兄弟姉妹、もしくは60歳以上の兄弟姉妹または一定障害の兄弟姉妹
7番	55歳以上60歳未満の夫
8番	55歳以上60歳未満の父母
9番	55歳以上60歳未満の祖父母
10番	55歳以上60歳未満の兄弟姉妹

たとえば、業務上のいじめの事由でうつ病となり自殺した従業員に妻がいれば、その妻のみが受給権者となります。

遺族補償年金の受給権者（たとえば妻）が、被災従業員の死亡時にすでに死亡していた場合には、請求権者（受給権者）は死亡した被災従業員の受給資格者のうち、妻の次に最先順位者となる者（２番の子）です。

最先順位者（たとえば子）が２人以上あるときは、その全員が等しく受給権者となります。

遺族補償年金を受ける権利は、その権利を有する遺族が先の受給資格に該当しなくなったときは消滅します。たとえば、この年金をもらっている死亡従業員の妻が婚姻したときは、以後もらえなくなります。

⑵　遺族補償年金の給付額は

給付額は、**図表21**のとおりです。遺族の数に応じて給付基礎日額の153日分から245日分の年金が支給されます。

③ セクハラやパワハラなど業務上の事由で従業員が精神疾患を発病して自殺した場合、遺族に対する給付は

図表21　遺族補償給付の金額

生計維持の人数	遺族補償年金		遺族特別支給金（※2）		遺族特別年金（※2）	
1人	年金	給付基礎日額の153日分	一時金	300万円	年金	算定基礎日額の153日分
		給付基礎日額の175日分（※1）				算定基礎日額の175日分
2人		給付基礎日額の201日分				算定基礎日額の201日分
3人		給付基礎日額の223日分				算定基礎日額の223日分
4人以上		給付基礎日額の245日分				算定基礎日額の245日分

※1　55歳以上の妻、または一定障害の妻の場合の支給日数です。
※2　遺族特別支給金、遺族特別年金というのは遺族補償年金に加えて行われる給付です。遺族特別年金の支給額の単位となる算定基礎日額は、原則として1年間に支払われた月給と賞与の総額を基にして決定されます。

3　特例：遺族補償一時金とは

前述の「遺族補償年金受給資格者である遺族」がいない場合は、被災従業員の死亡時に独立して生計を維持していた者等、その他の遺族に対して「遺族補償一時金」として、給付基礎日額の1,000日分が支給されます。

4　葬祭料とは

死亡した従業員の葬祭を行うと認められる者に対しては、
〈31.5万円＋給付基礎日額の30日分〉
または
〈給付基礎日額の60日分〉
のいずれか高額の葬祭料が支給されます。

5　遺族補償給付の請求手続きは

遺族補償年金をもらう場合には、請求権のある遺族（受給権者）が、死亡診断書と戸籍謄本を添付し、「遺族補償年金支給請求書」に事業主の証明をもらい、これらの書類を、その事業所の所在地を所管する労働基準監督署に提出しなければなりません（**図表22**）。

また、一時金の場合には「遺族補償一時金請求書」を提出します。

図表22　遺族補償年金の請求手続きの流れ

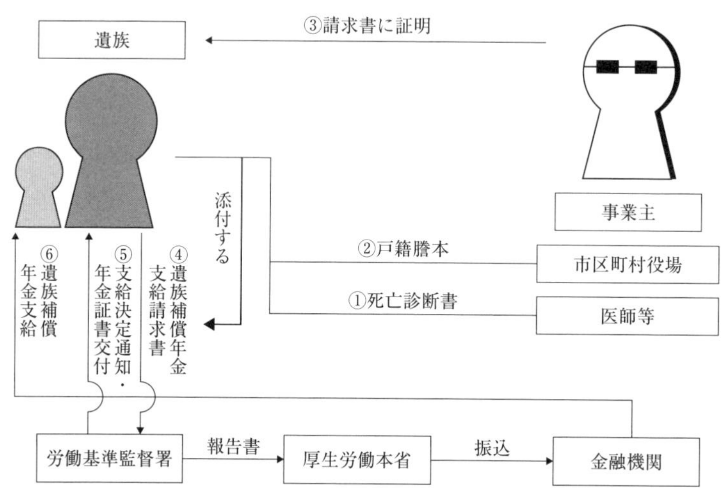

第5節　労災補償給付請求が認められなかった場合の審査請求

1 労働基準監督署長が行った労災補償給付の不支給決定に不服がある場合、どうすればよいか

ポイント

各都道府県労働局内の「労災保険審査官」に審査請求を行うことができます。

労働災害（業務災害）に被災した労働者（またはその遺族）からの労災補償給付の請求を受け、支給または不支給の決定をするのは労働基準監督署長です。

この決定に不服がある場合には、各都道府県労働局内の「労災保険審査官」に審査請求をすることができます。審査官の審査結果にさらに不服があるときは、厚生労働省内の「労働保険審査会」に再審査請求をすることができます。

労働保険審査会の裁決にも不服がある場合は、その決定の取消を求めて、裁判所に行政訴訟を起こすことになります。

これらの手順は、**図表23**のとおりです。

図表23　労災補償給付の審査請求・再審査請求等の手順

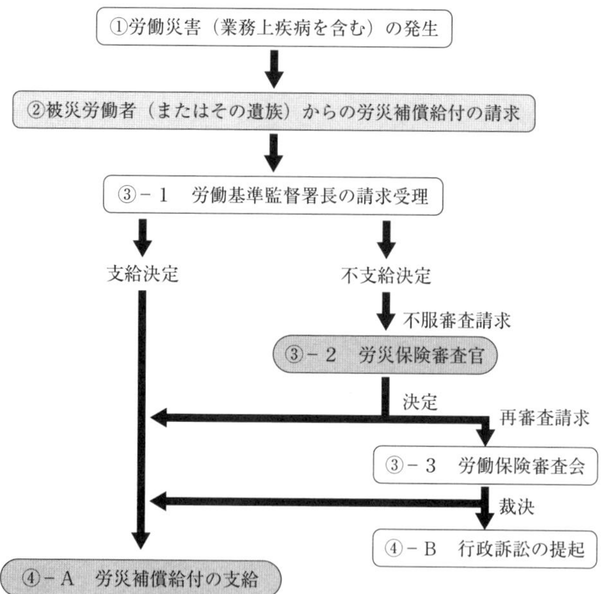

2 自社の被災従業員に対して国が支給した労災補償給付の費用を、自社が負担させられる場合はあるか

ポイント

事業主の故意または重大な過失により、期限内に保険関係成立届を提出していない場合などは自社が負担させられます。

事業主が次の①～③のいずれかに該当する場合には、国が被災労働者（または遺族）に対して支払った労災補償給付の費用の全部または一部を、その事業主が負担することになります。

①故意または重大な過失により、期限内に保険関係成立届を提出していない場合

②概算保険料を期限までに納付していない場合

③会社側の故意または重大な過失により労働災害が発生した場合

第６節　脳・心臓疾患、精神障害についての労災補償の状況

1　脳・心臓疾患についての、労災補償の状況は

ポイント

平成26年度は、平成25年度よりも減少しています。

平成26年度の脳・心臓疾患に関する労災補償給付の請求・支給決定件数を見ると、ともに平成25年度と比べて減少しているものの、依然高い数値にとどまっています（**図表24・25**）。業種としては、「運輸業、郵便業」、「卸売業、小売業」、「製造業」、「建設業」の順に支給決定件数が多くなっています（**図表26**）。

また、『脳・心臓疾患の時間外労働時間数（１カ月平均）別支給決定件数』（**図表27**）を見ると、脳・心臓疾患で「長期間の過重業務」により支給決定された事案のうち、１カ月平均の時間外労働時間数が80時間以上の割合は前年度と同様におよそ９割を占めています。

図表24　脳・心臓疾患の労災補償状況

区分		平成22年度	平成23年度	平成24年度	平成25年度	**平成26年度**
脳・心臓疾患	請求件数	802	898	842	784	763(92)
	決定件数[注2]	696	718	741	683	637(67)
	うち支給決定件数[注3]	285	310	338	306	277(15)
	(認定率)[注4]	[40.9%]	[43.2%]	[45.6%]	[44.8%]	[43.5%] (22.4%)
うち死亡	請求件数	270	302	285	283	242(17)
	決定件数	272	248	272	290	245(14)
	うち支給決定件数	113	121	123	133	121(3)
	(認定率)	[41.5%]	[48.8%]	[45.2%]	[45.9%]	[49.4%] (21.4%)

注1　本表は、労働基準法施行規則別表第１の２第８号に係る脳・心臓疾患について集計したものである。
2　決定件数は、当該年度内に業務上又は業務外の決定を行った件数で、当該年度以前に請求があったものを含む。
3　支給決定件数は、決定件数のうち「業務上」と認定した件数である。
4　認定率は、支給決定件数を決定件数で除した数である。
5　(　)内は女性の件数で、内数である。なお、認定率の(　)内は、女性の支給決定件数を決定件数で除した数である。

図表25　脳・心臓疾患に係る労災請求・決定件数の推移

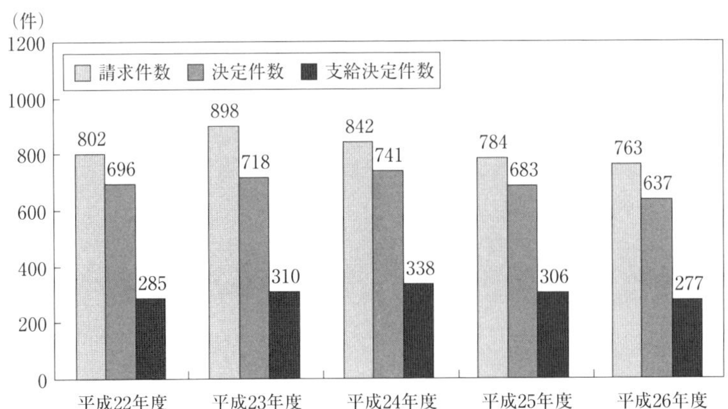

図表26　脳・心臓疾患の業種別請求、決定及び支給決定件数

業種（大分類）＼年度	平成25年度			平成26年度		
	請求件数	決定件数	うち支給決定件数	請求件数	決定件数	うち支給決定件数
農業、林業、漁業、鉱業、採石業、砂利採取業	13	9	2	5（1）	10（1）	5（1）
製造業	103	86	36	77（4）	70（5）	31（2）
建設業	122	91	27	97（1）	88（0）	28（0）
運輸業、郵便業	182	167	107	168（3）	143（2）	92（1）
卸売業、小売業	110	104	38	126（21）	88（19）	35（5）
金融業、保険業	3	1	1	7（2）	7（1）	2（0）
教育、学習支援業	14	13	5	11（2）	13（4）	6（1）
医療、福祉	32	39	8	43（20）	27（11）	6（1）
情報通信業	28	19	7	21（1）	22（2）	9（1）
宿泊業、飲食サービス業	40	32	20	59（15）	44（9）	24（2）
その他の事業（上記以外の事業）	137	122	55	149（22）	125（13）	39（1）
合　　計	784	683	306	763（92）	637（67）	277（15）

注　1　業種については、「日本標準産業分類」により分類している。
　　2　「その他の事業（上記以外の事業）」に分類されているのは、不動産業、他に分類されないサービス業などである。
　　3　（　）内は女性の件数で、内数である。

図表27　脳・心臓疾患の時間外労働時間数（１カ月平均）別支給決定件数

区分＼年度	平成25年度	うち自殺	平成26年度	うち自殺
45時間未満	0	0	0（0）	0（0）
45時間以上～60時間未満	0	0	0（0）	0（0）
60時間以上～80時間未満	31	16	20（0）	10（0）
80時間以上～100時間未満	106	50	105（5）	50（1）
100時間以上～120時間未満	71	28	66（4）	27（0）
120時間以上～140時間未満	21	8	32（1）	14（0）
140時間以上～160時間未満	22	8	23（1）	7（0）
160時間以上	34	13	20（3）	8（2）
その他	21	10	11（1）	5（0）
合　　計	306	133	277（15）	121（3）

注　1　その他の件数は、認定要件のうち、「異常な出来事への遭遇」又は「短期間の過重業務」により支給決定された事案の件数である。
　　2　（　）内は女性の件数で、内数である。

2 精神障害についての労災補償の状況は

ポイント

平成26年度の労災補償の請求件数は1,456件で、過去最高となっています。

平成26年度における精神障害の労災請求件数は1,456件と過去最多となっています。また、支給決定件数は497件で、前年度比61件の増加となり、過去最多となっています（**図表28・29**）。

図表28　精神障害の労災補償状況

区分＼年度		平成22年度	平成23年度	平成24年度	平成25年度	**平成26年度**
精神障害	請求件数	1181	1272	1257	1409	1456（551）
	決定件数[注2]	1061	1074	1217	1193	1307（462）
	うち支給決定件数[注3]	308	325	475	436	497（150）
	（認定率）[注4]	［29.0％］	［30.3％］	［39.0％］	［36.5％］	［38.0％］（32.5％）
うち自殺[注5]	請求件数	171	202	169	177	213（19）
	決定件数	170	176	203	157	210（21）
	うち支給決定件数	65	66	93	63	99（2）
	（認定率）	［38.2％］	［37.5％］	［45.8％］	［40.1％］	［47.1％］（9.5％）

注１　本表は、労働基準法施行規則別表第１の２第９号に係る精神障害について集計したものである。
２　決定件数は、当該年度内に業務上又は業務外の決定を行った件数で、当該年度以前に請求があったものを含む。
３　支給決定件数は、決定件数のうち「業務上」と認定した件数である。
４　認定率は、支給決定件数を決定件数で除した数である。
５　自殺は、未遂を含む件数である。
６　（　）内は女性の件数で、内数である。なお、認定率の（　）内は、女性の支給決定件数を決定件数で除した数である。

図表29　精神障害に係る労災請求・決定件数の推移

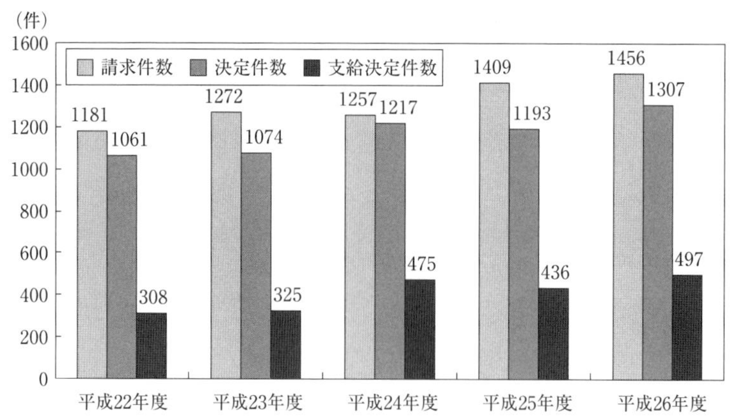

業種別に見ると、「製造業」、「卸売業、小売業」、「運輸業、郵便業」、「医療、福祉」の順に支給決定件数が多くなっています（**図表30**）。

『精神障害の時間外労働時間数（1カ月平均）別支給決定件数』（**図表31**）を見ると、精神障害で「長期間の過重業務」により支給決定された事案のうち、1カ月平均の時間外労働時間数が20時間未満の件数が前年度から約30件増加しています。

図表30　精神障害の業種別請求、決定及び支給決定件数

業種（大分類）＼年度	平成25年度			平成26年度		
	請求件数	決定件数	うち支給決定件数	請求件数	決定件数	うち支給決定件数
農業、林業、漁業、鉱業、採石業、砂利採取業	15	11	7	11 (1)	10 (2)	6 (1)
製造業	249	219	78	245 (56)	228 (51)	81 (17)
建設業	87	68	34	74 (3)	76 (4)	37 (3)
運輸業、郵便業	147	115	45	144 (25)	138 (27)	63 (13)
卸売業、小売業	199	180	65	213 (90)	197 (71)	71 (17)
金融業、保険業	34	42	15	54 (24)	38 (19)	7 (3)
教育、学習支援業	34	33	13	60 (32)	38 (18)	10 (4)
医療、福祉	219	167	54	236 (163)	202 (139)	60 (44)
情報通信業	76	60	22	73 (20)	80 (20)	32 (5)
宿泊業、飲食サービス業	67	51	24	55 (24)	60 (27)	38 (13)
その他の事業（上記以外の事業）	282	247	79	291 (113)	240 (84)	92 (30)
合　　計	1409	1193	436	1456 (551)	1307 (462)	497 (150)

注1　業種については、「日本標準産業分類」により分類している。
　2　「その他の事業（上記以外の事業）」に分類されているのは、不動産業、他に分類されないサービス業などである。
　3　（　）内は女性の件数で、内数である。

図表31　精神障害の時間外労働時間数（1カ月平均）別支給決定件数

区分＼年度	平成25年度	うち自殺	平成26年度	うち自殺
20時間未満	89	5	118 (67)	7 (0)
20時間以上～40時間未満	43	9	37 (9)	12 (0)
40時間以上～60時間未満	31	4	34 (11)	6 (0)
60時間以上～80時間未満	27	7	18 (2)	8 (0)
80時間以上～100時間未満	21	4	27 (4)	11 (0)
100時間以上～120時間未満	46	9	50 (12)	14 (1)
120時間以上～140時間未満	22	4	36 (6)	5 (0)
140時間以上～160時間未満	24	6	21 (0)	5 (0)
160時間以上	31	7	67 (4)	26 (0)
その他	102	8	89 (35)	5 (1)
合　計	436	63	497 (150)	99 (2)

注1　自殺は、未遂を含む件数である。
　2　その他の件数は、出来事による心理的負荷が極度であると認められる事案等、労働時間を調査するまでもなく明らかに業務上と判断した事案の件数である。
　3　（　）内は女性の件数で、内数である。

参考文献

①「精神障害の労災認定」厚生労働省
②「新・精神障害の労災認定」（株）労働調査会出版局編
③「過労死・過労自殺の救済Q&A」大阪過労死問題研究会編、民事法研究会
④「職場のうつと労災認定の仕組み」髙橋健著、日本法令
⑤「安全衛生・労災補償　第4版」井上浩・吉川照芳著、中央経済社
⑥「平成26年度　脳・心臓疾患と精神障害の労災補償状況」厚生労働省

第３章　健康保険の給付 ―傷病手当金ほか―

1　健康保険から給付が行われるのはどのような場合か

ポイント

健康保険からは、業務外で起きた「私傷病」について治療費、生活費等が支給されます。

1　健康保険の概要は

健康保険では、被保険者やその扶養者が、業務外で起きたけがや病気（私傷病）の場合に、治療費や手当金が支給されます。会社を休んだ場合には、最長１年６カ月間、傷病手当金が支給されます。健康保険組合が運営するものが「組合健保」、全国健康保険協会が運営するものが「協会健保」と呼ばれています。

常時５人未満の従業員の事業所、５人以上の農林水産業、サービス業などを営む事業所は、健康保険に加入するか否かは自由です。その他の事業所については、健康保険法により強制的に加入させられます。

対象となるのは、加入事業所に働く人、つまり、社長や役員、部課長、一般社員、継続使用される契約社員、パートタイマー等が加入させられます。社長や役員も加入する点が、雇用保険や労災保険とは違います。パートタイマーは、１日の労働時間と１カ月の勤務日数が一般社員の４分の３以上であれば健康保険に加入できます。

保険料の支払いについては、賃金（標準報酬日額）の一定割合を会社と従業員とで半分ずつ負担し、従業員負担分は、毎月賃金から差し引かれます。

2　短時間労働者に対する社会保険（健康保険、厚生年金保険）の適用拡大（2016年（平成28年）10月施行）とは

⑴　適用拡大の考え方は

被用者（雇用労働者）でありながら被用者保険の恩恵を受けられない非正規労働者に社会保険を適用し、セーフティネットを強化することで、社会保険における「格差」を是正し、制度における働かないほうが有利になるような仕組みを除去することで、特に女性の就業意欲を促進して、今後の人口減少社会に備えることです。

⑵　適用拡大の具体的内容は

現行制度では、労働時間が週30時間以上のパートタイム労働者が社会保険の強制加入対象者となっています。これが、労働時間が週30時間未満であっても、次の①～⑤のすべての要件を満たす場合には社会保険の加入対象となるように改正されました。

改正法が平成28年10月１日から施行されました。

①週の労働時間が20時間以上であること。

②月額賃金が８万8000円以上（年収106万円以上）であること。

③勤務期間が１年以上であること。

④昼間部の学生でないこと。

⑤従業員501人以上の企業に雇用されていること。又は従業員500人以下の企業で社会保険に加入することについて労使で合意がなされていること。

⑶　影響緩和措置とは

短時間労働者など賃金が低い加入者が多く、その保険料負担が重い医療保険者（事業主）に対し、その負担を軽減する観点から、賃金が低い加入者の後期支援金・介護納付金の負担について、被用者保険間で広く分かち合う特例措置を導入し、適用拡大によって生じる保険者

の負担を緩和することとしています。

3　健康保険から支給される給付内容は

健康保険に加入していると、加入している人（被保険者）とその家族（被扶養者）が、業務以外の理由により、死亡やケガ、病気、出産の場合、費用や手当が支給されます（**図表1**）。

図表1　健康保険の主な給付

こんな場合は？	被保険者に対する給付	被扶養者に対する給付
病気やケガで通院した	療養の給付	家族療養費
在宅で看護を受けた	訪問看護療養費	家族訪問看護療養費
病気、ケガで会社を休んだ	傷病手当金	
出産した	出産育児一時金 出産手当金	配偶者出産育児一時金
死亡した	埋葬料 埋葬費	家族埋葬料

風邪で通院した場合、病院に支払った金額のうち７割は健康保険から支払われ、残りの３割のみが自己負担となります。

従業員がうつ病等の精神疾患となった場合、その原因が業務外の事由によるものであれば健康保険から給付が行われ、他方、業務上の事由によるものである場合、労災保険から支給が行われます。その疾患が労災（業務上の事由によるもの）か否かについては、従業員の請求にもとづいて所轄の労働基準監督署長が認定（判断）することになります。この認定は困難で、期間を要します。

その従業員が労災扱いを希望する場合、会社としては、「労災になるか否かの認定は会社ではなく、労基署が行うこと」を説明します。

そして、従業員の労災申請手続きについて助力します。しかし、会社側にメンタルヘルス疾患の原因があると受け取られる発言は避けるべきです。当面は、健康保険の給付で治療費等をまかない、仮に労災認定された場合には、後日精算されることを説明すべきでしょう。

4　精神疾患を発病した従業員に対する給付内容は

「業務外の事由」によるけがや病気等の治療等については、健康保険からの給付が利用できます。うつ病等の精神疾患についても、その原因が業務外の事由によるものであれば、その治療等について健康保険の給付を受けることができます。

うつ病である従業員本人（65歳未満）が健康保険の被保険者である場合に、対象となる給付の種類は、**図表２**のとおりです。

図表２　健康保険の被保険者本人に対する給付

1．療養の場合の通常の給付

⑴　療養（治療）の給付

保険医療機関または保険薬局から治療を受けたり、薬をもらったりした場合には、本人は３割のみ代金を支払い、残りの７割は健康保険から支払われます。

⑵　入院時食事療養費

被保険者が入院した場合の食事代は、１食あたり260円が自己負担となり、残りは健康保険から支払われます。

⑶　入院時生活療養費

特定長期入院被保険者については、一定額の生活費が支給されます。

⑷　療養費

被保険者が、やむを得ず、保険医療機関以外の病院等で診療等を受けた場合には、いったん本人が全額を支払い、後日、払戻金が支給されます。

2．保険外診療・高額医療を受けた場合の給付

⑴　保険外併用療養費

⑵　高額療養費

3．死亡に関する給付

⑴　埋葬料

⑵　埋葬費

2 傷病手当金の支給要件、支給期間、支給金額、受給手続は

ポイント

傷病手当金は、健康保険の被保険者である従業員等が、業務外のケガや病気で休業した場合に、１日当たりの標準報酬日額の３分の２の金額を、１年６カ月間を限度として支給するものです。

1 傷病手当金とは

傷病手当金は、健康保険制度により支給されるもの（健康保険法99条）で、療養のため労務に服することができない従業員・会社役員に対して、療養中の生活費を支援するものです。

傷病手当金は、健康保険の被保険者（任意継続被保険者は除きます）である従業員等に対して、支給開始日から１年６カ月間を上限として、１日当たりの標準報酬日額の３分の２を支給するものです。

2 傷病手当金の支給要件は

傷病手当金の給付を受けるためには、
①療養のために、
②労務に服することができない状態になり、
③その結果、連続した３日間以上休業した
――ことが必要です。

①「療養のために」とは

「療養のために」というのは、病院で療養を受けていた場合に限らず、自宅療養をしていた場合も含まれます。医師の証明が必要です。

②「労務に服することができない状態」とは

まったく働けない場合だけではなく、けがや病気をする前に従事し

ていた仕事ができない状態のことをいいます。「軽い仕事ならできるが、以前のような仕事はできない」という場合も含まれます。

この点についても医師の証明が必要です。

③「連続した３日間以上休業した」とは

傷病手当金の支給を受けるためには、会社との雇用関係を継続した状態で（従業員として在籍した状態のままで）、所定労働日に連続して３日間以上仕事を休んだことが要件となっています。

この３日間をいつから数えるのか（起算日はいつからか）についてですが、原則として、けがや病気で働けなくなった初日からです。

例えば、勤務時間中に、業務とは関係のないことでけがや病気をして働けなくなった場合は、その日が起算日（初日）となります。

一方、勤務時間終了後に、業務とは関係のないことでけがや病気をして働けなくなった場合は、その翌日が起算日（初日）となります。

この３日間は、必ず、連続していなければならず、報酬（賃金等）の支給の有無はどちらでもかまいません。休業には、年次有給休暇や会社の公休日も含まれます。

休業初めの３日間は、傷病手当金は支給されません。４日目から支給されます。

３　傷病手当金の支給期間と支給金額は

同一のけがまたは病気と、けがにより発生した病気について、傷病手当金の支給期間は最長で１年６カ月間で（**図表３**）、支給を開始した日からの暦日数で数えます。

図表３　傷病手当金の支給期間

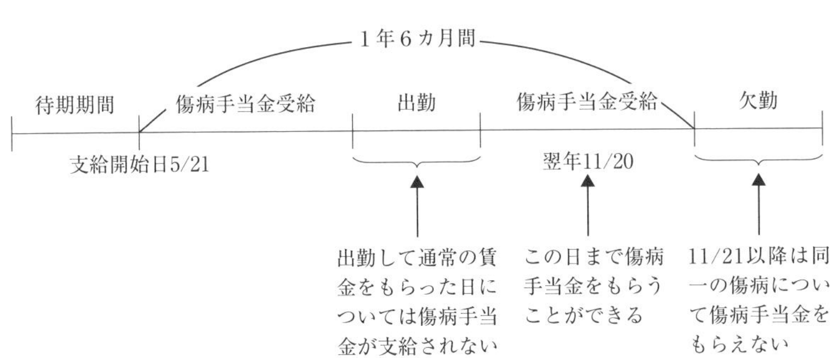

例えば、５月21日から傷病手当金をもらっている場合であれば、翌年の11月20日までの１年６カ月間が最長の支給期間ということになります。１年６カ月間のうち、実際に傷病手当金が支給されるのは、労務不能による休業が終わるまでの期間です。

支給金額については、１日につき、標準報酬日額の３分の２に相当する金額です。

会社から報酬（賃金、役員報酬等）の全部又は一部を受けることができる者に対しては、受けることができる期間は、傷病手当金は支給されません。ただし、受けることができる報酬の額が、傷病手当金の額よりも少ない場合、その差額が支給されます。

4　退職による被保険者資格喪失後の、傷病手当金の継続給付とは

本来、保険給付は、被保険者（従業員、役員）に保険事故が発生した場合に保険給付をするのが原則です。しかし、健康保険の場合には、次の例外が設けられており、この２つを満たせば、資格喪失（退職）後の傷病手当金の継続給付が認められます。

①被保険者の資格を喪失した日（退職日）の前日まで、引き続き１年以上被保険者（任意継続被保険者または共済組合の組合員である被

保険者を除く）であったこと

②被保険者の資格を喪失した（退職した）際に傷病手当金の支給を受けていること

②の「支給を受けている」とは、現に支給を受けている者のみならず、労務不能期間中であっても、会社（使用者）から報酬の全部が支給されているため傷病手当金の支給を一時停止されている者のように、現に支給は受けていなくとも、支給を受け得る地位にある者のことをいいます。

したがって、使用者から報酬を受けているため傷病手当金の支給が停止されている従業員は、会社を退職し、会社から報酬を受けなくなれば、その日から傷病手当金を支給されるべき者となります。

5　傷病手当金の請求手続きは

傷病手当金支給申請書（**図表４**、153頁～156頁に記載）。提出先は、組合健保の場合、勤務する会社の健康保険組合となり、また、協会健保の場合、全国健康保険組合の都道府県支部（勤務する事業所を管轄する支部）となります。

添付書類は、１回目の支給申請の際、賃金台帳と出勤簿の写しが必要です。役員の場合は、「役員報酬を支払わない」とする旨が記載してある取締役会議事録が必要になります。

病院等で診察・治療を受けずに自宅で療養する場合には、病院にかからなかった理由等を記入した申立書の添付を求められることがあります。

請求した人の負傷の原因が、交通事故等第三者の行為によるものであるときは、傷病手当金支給申請書に加えて、別に「第三者の行為による傷病届」を添付しなければなりません。また、けが等の場合は、負傷原因についての届（負傷原因届）を添付する必要があります。

老齢年金や障害年金を受けている人については、これらの給付との支給調整が行われるため、傷病手当金は全額支給されません。

図表4　健康保険傷病手当金支給申請書

健康保険 傷病手当金 支給申請書（第 1 回）　1 2 3 4　被保険者記入用　傷

記入方法および添付書類等については、「健康保険 傷病手当金 支給申請書 記入の手引き」をご確認ください。
申請書は、楷書で枠内に丁寧にご記入ください。　記入見本 0 1 2 3 4 5 6 7 8 9 ア イ ウ

被保険者情報

被保険者証の（左づめ）	記号 71010203　番号 117
生年月日	☑昭和 □平成　58年03月04日
氏名・印	（フリガナ）タナカ イチロウ　田中一郎　印　自署の場合は押印を省略できます。
住所	（〒108－0001）東京 都道府県 港区芝町2－3－4
電話番号（日中の連絡先）	TEL 03（6543）2109

振込先指定口座

金融機関名称	○○○　銀行・金庫・信組・農協・漁協・その他（　）　港　本店・支店・代理店・出張所・本店営業部・本所・支所
預金種別	1　1. 普通　2. 当座　3. 別段　4. 通知
口座番号	1234567　左づめでご記入ください。
口座名義	▼カタカナ（姓と名の間は1マス空けてご記入ください。濁点（゛）、半濁点（゜）は1字としてご記入ください。）　タナカ イチロウ
口座名義の区分	1　1. 被保険者　2. 代理人

「2」の場合は必ず記入・押印ください。（押印省略不可）

受取代理人の欄

被保険者	本申請に基づく給付金に関する受領を下記の代理人に委任します。　平成　年　月　日 氏名・印　印　住所「被保険者情報」の住所と同じ
代理人（口座名義人）	（〒　－　）TEL（　） 住所 （フリガナ） 氏名・印　印
被保険者との関係	

「被保険者記入用」は2ページに続きます。»»

被保険者のマイナンバー記載欄（被保険者証の記号番号を記入した場合は記入不要です）▶

社会保険労務士の提出代行者名記載欄　印

様式番号 601115　協会使用欄 1

受付日付印　(28.10)

全国健康保険協会 協会けんぽ　1/4

1 2 3 4

健康保険 傷病手当金 支給申請書

被保険者記入用

被保険者氏名　田中一郎

申請内容

1 傷病名（1つの記入欄に複数の傷病名を記入しないでください。）	1) うつ病 2) 3)
2 初診日	平成23年9月24日 平成　年　月　日 平成　年　月　日
3 該当の傷病は病気（疾病）ですか、ケガ（負傷）ですか。	1 1. 病気（発病時の状況）私生活での金銭トラブル、離婚により不眠や気力減退といった症状が現れるようになった 2. ケガ → 負傷原因届を併せてご提出ください
4 療養のため休んだ期間（申請期間）	（平成）年 月 日 231001 から 231130 まで 日数 61日間
5 あなたの仕事の内容（具体的に）（退職後の申請の場合は退職前の仕事の内容）	営業

確認事項

1 上記の療養のため休んだ期間（申請期間）に報酬を受けましたか。または今後受けられますか。	2 1. はい 2. いいえ
1-① 「はい」と答えた場合、その報酬の額と、その報酬支払の対象となった（なる）期間をご記入ください。	平成　年　月　日 から 平成　年　月　日 まで 報酬額　円
2 「障害厚生年金」または「障害手当金」を受給していますか。受給している場合、どちらを受給していますか。	3 1. はい 2. 請求中 → □ 1. 障害厚生年金 2. 障害手当金 3. いいえ 「はい」の場合
2-① 「はい」または「請求中」と答えた場合、受給の要因となった（なる）傷病名及び基礎年金番号等をご記入ください。（「請求中」と答えた場合は、傷病名・基礎年金番号をご記入ください。）	傷病名 基礎年金番号　年金コード 支給開始年月日 □昭和 □平成　年　月　日　年金額　円
3 （健康保険の資格を喪失した方はご記入ください。）老齢または退職を事由とする公的年金を受給していますか。	3 1. はい　3. いいえ 2. 請求中 「はい」の場合
3-① 「はい」または「請求中」と答えた場合、基礎年金番号等をご記入ください。（「請求中」と答えた場合は、基礎年金番号のみをご記入ください。）	基礎年金番号　年金コード 支給開始年月日 □昭和 □平成　年　月　日　年金額　円
4 今回の申請は労災保険から休業補償給付を受けている期間のものですか。	3 1. はい　3. いいえ 2. 労災請求中 「はい」の場合
4-① 「はい」または「労災請求中」と答えた場合、支給元（請求先）の労働基準監督署をご記入ください。	労働基準監督署

「健康保険傷病手当金支給申請書記入の手引き」の「添付書類をご用意ください。」および「支給期間と支給額3」をご確認ください。

様式番号
601214

「事業主記入用」は3ページに続きます。

全国健康保険協会
協会けんぽ

2/4

1 2 3 4

健康保険 傷病手当金 支給申請書

事業主記入用

労務に服することができなかった期間を含む賃金計算期間の勤務状況および賃金支払状況等をご記入ください。

事業主が証明するところ

被保険者氏名

勤務状況 【出勤は○】で、【有給は△】で、【公休は公】で、【欠勤は／】でそれぞれ表示してください。

		出勤	有給
平成 23 年 10 月	1 2 3 4 5 6 7 8 9 10 11 12 13 14 15 16 17 18 19 20 21 22 23 24 25 26 27 28 29 30 31 計	0 日	0 日
平成 23 年 11 月	1 2 3 4 5 6 7 8 9 10 11 12 13 14 15 16 17 18 19 20 21 22 23 24 25 26 27 28 29 30 31 計	日	日
平成 年 月	1 2 3 4 5 6 7 8 9 10 11 12 13 14 15 16 17 18 19 20 21 22 23 24 25 26 27 28 29 30 31 計	日	日

上記の期間に対して、賃金を支給しました(します)か？ □はい ☑いいえ

給与の種類 ☑月給 □時間給 □日給 □歩合給 □日給月給 □その他

賃金計算 締日 20日 支払日 ☑当月 □翌月 25日

上記の期間を含む賃金計算期間の賃金支給状況をご記入ください。

支給した(する)賃金内訳 期間／区分	単価	月 日 ～ 月 日分	月 日 ～ 月 日分	月 日 ～ 月 日分
		支給額	支給額	支給額
基本給				
通勤手当				
住居手当				
扶養手当				
手当				
手当				
現物給与				
計				

賃金計算方法(欠勤控除計算方法等)についてご記入ください。

上記のとおり相違ないことを証明します。 平成 23 年 12 月 28 日

担当者氏名 上本和夫

事業所所在地 東京都大田区蒲田１－２－３

事業所名称 山田商事株式会社

事業主氏名 代表取締役 山田二郎 印

電話 03（3721）0123

記入例

被保険者氏名 協会 太郎

		出勤	有給
平成28年 4 月	1 2 3 4 5 6 7 8 9 10 11 12 13 14 15 ○○○ 公 公 ○ △ ／ ／ ／ 公 公 ／ 公 ／ 計	4 日	1 日
平成28年 5 月	／ ／ 公 公 公 ／ ／ ／ 公 公 ／ ○○○ 16 17 18 19 20 21 22 23 24 25 26 27 28 29 30 31 計	3 日	0 日
平成 年 月	1 2 3 4 5 6 7 8 9 10 11 12 13 14 15 16 17 18 19 20 21 22 23 24 25 26 27 28 29 30 31 計	日	日

上記の期間に対して、賃金を支給しました(します)か？ ☑はい □いいえ

給与の種類 ☑月給 □時間給 □日給 □歩合給 □日給月給 □その他

賃金計算 締日 15日 支払日 ☑当月 □翌月 25日

上記の期間を含む賃金計算期間の賃金支給状況をご記入ください。

区分	単価	4 月16日 ～ 5 月15日分 支給額	月 日 ～ 月 日分 支給額	月 日 ～ 月 日分 支給額
基本給	300,000	135,000		
通勤手当	120,000			
住居手当	20,000	20,000		
扶養手当				
手当				
手当				
現物給与				
計	440,000	155,000		

賃金計算方法(欠勤控除計算方法等)についてご記入ください。
基本給:欠勤控除あり
300,000円÷20日×11日
=165,000円
通勤手当:欠勤控除なし
12/25 6か月定期券代
(1月～6月分)として
120,000円支給
住居手当:欠勤控除なし

上記のとおり相違ないことを証明します。 平成 28 年 5 月 21 日 担当者氏名 ○○ ○○

事業所所在地 東京都千代田区△△ 1-1

事業所名称 ○○株式会社

事業主氏名 健保 三郎 事業主印

電話 03（□□□□）□□□□

【被保険者の方へ】

1. お勤め先の事業所に証明を受けてください。資格喪失日以降の期間に関する申請については、空欄でご提出ください。

【事業主の方へ】

2. 労務に服することができなかった期間を含む賃金計算期間（賃金計算の締日の翌日から締日の期間）の勤務状況について、出勤した場合は○で、有給の場合は△で、公休日の場合は公で、欠勤の場合は／で表示してください。
3. 給与の種類について、該当する給与の種類を選んでください。
4. 賃金計算の締日および賃金の支払日をご記入ください。
5. 労務に服することができなかった期間を含む賃金計算期間における賃金支給状況についてご記入ください。また、賃金支給状況がわかるよう、賃金計算方法や欠勤控除計算方法等をご記入ください。

※3か月を超えて証明する場合は、当ページをコピーして超えている部分をご記入ください。

様式番号 6 0 1 3 1 3

「療養担当者記入用」は4ページに続きます。

全国健康保険協会 協会けんぽ

3 / 4

健康保険 傷病手当金 支給申請書

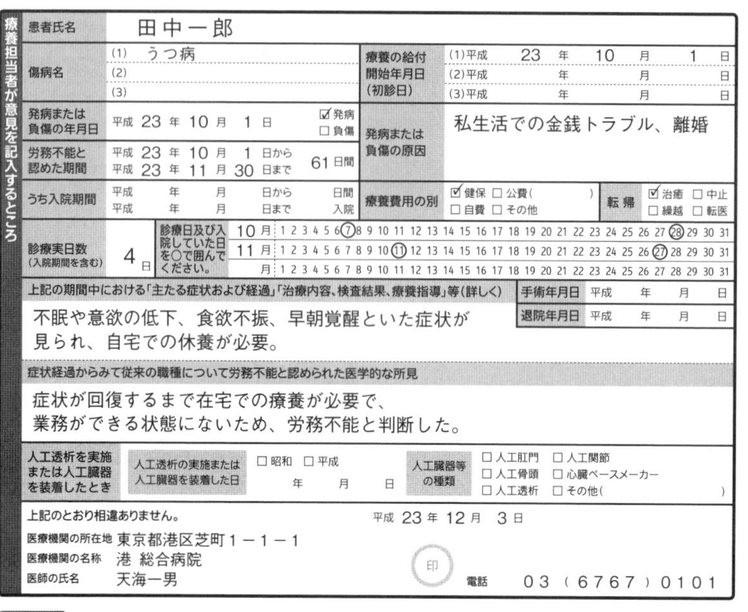

療養担当者が意見を記入するところ

患者氏名	田中一郎		
傷病名	(1) うつ病 (2) (3)	療養の給付開始年月日（初診日）	(1)平成 23 年 10 月 1 日 (2)平成 年 月 日 (3)平成 年 月 日
発病または負傷の年月日	平成 23 年 10 月 1 日　☑発病 □負傷	発病または負傷の原因	私生活での金銭トラブル、離婚
労務不能と認めた期間	平成 23 年 10 月 1 日から 平成 23 年 11 月 30 日まで　61 日間		
うち入院期間	平成 年 月 日から 日間 平成 年 月 日まで 入院	療養費用の別	☑健保 □公費(　　) □自費 □その他
		転帰	☑治癒 □中止 □継続 □転医
診療実日数（入院期間を含む）	4 日	診療日及び入院していた日を○で囲んでください。	10 月 1 2 3 4 5 6 ⑦ 8 9 10 11 12 13 14 15 16 17 18 19 20 21 22 23 24 25 26 27 ㉘ 29 30 31 11 月 1 2 3 4 5 6 7 8 9 10 ⑪ 12 13 14 15 16 17 18 19 20 21 22 23 24 25 26 ㉗ 28 29 30 31 月 1 2 3 4 5 6 7 8 9 10 11 12 13 14 15 16 17 18 19 20 21 22 23 24 25 26 27 28 29 30 31

上記の期間中における「主たる症状および経過」「治療内容、検査結果、療養指導」等（詳しく）

不眠や意欲の低下、食欲不振、早朝覚醒といった症状が見られ、自宅での休養が必要。

手術年月日	平成 年 月 日
退院年月日	平成 年 月 日

症状経過からみて従来の職種について労務不能と認められた医学的な所見

症状が回復するまで在宅での療養が必要で、業務ができる状態にないため、労務不能と判断した。

人工透析を実施または人工臓器を装着したとき	人工透析の実施または人工臓器を装着した日	□昭和 □平成　年 月 日	人工臓器等の種類	□人工肛門 □人工関節 □人工骨頭 □心臓ペースメーカー □人工透析 □その他(　　)

上記のとおり相違ありません。　平成 23 年 12 月 3 日

医療機関の所在地　東京都港区芝町1－1－1

医療機関の名称　港 総合病院

医師の氏名　天海一男　印

電話　03（6767）0101

記入例

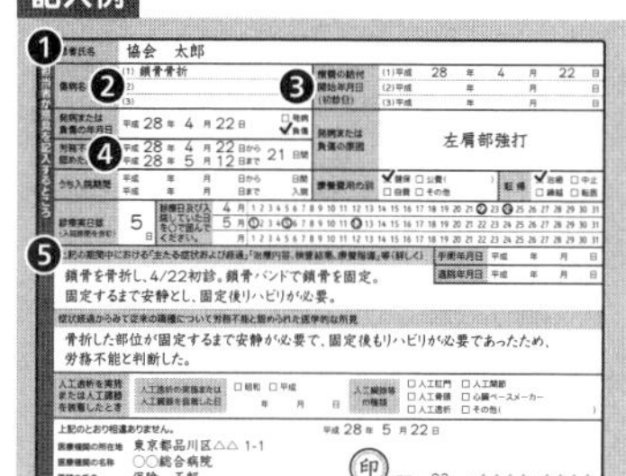

❶ 患者氏名　協会 太郎

❷ 傷病名 (1) 鎖骨骨折

❸ 療養の給付開始年月日（初診日） (1)平成 28 年 4 月 22 日

発病または負傷の年月日　平成 28 年 4 月 22 日　負傷

発病または負傷の原因　左肩部強打

❹ 労務不能と認めた期間　平成 28 年 4 月 22 日から 平成 28 年 5 月 12 日まで　21 日間

療養費用の別　健保　転帰　治癒

診療実日数　5 日

❺ 上記の期間中における「主たる症状および経過」「治療内容、検査結果、療養指導」等（詳しく）

鎖骨を骨折し、4/22初診。鎖骨バンドで鎖骨を固定。固定するまで安静とし、固定後リハビリが必要。

症状経過からみて従来の職種について労務不能と認められた医学的な所見

骨折した部位が固定するまで安静が必要で、固定後もリハビリが必要であったため、労務不能と判断した。

上記のとおり相違ありません。　平成 28 年 5 月 22 日

医療機関の所在地　東京都品川区△△ 1-1

医療機関の名称　○○総合病院

医師の氏名　保険 五郎　印

電話　03（△△△△）△△△△

【被保険者の方へ】

❶ 療養担当者（医師等）の意見を受けてください。

【療養担当者の方へ】

❷ 複数の傷病名がある場合、(1)から主たる病名を順次ご記入ください。

❸ 左の傷病名について、その傷病の初診の日をご記入ください。

❹ 治療期間でなく、療養のため就労できなかったと認められる期間とその日数をご記入ください。また、**証明日以前の期間**をご記入ください。

❺ 症状および経過、労務不能と認められた医学的な所見を詳しくご記入ください。

※3か月を超えて証明する場合は、当ページをコピーして超えている部分をご記入ください。

様式番号

6	0	1	4	1	2

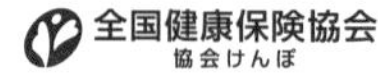

4/4

第4章　雇用保険の失業給付

1 雇用労働者が離職した場合に、雇用保険から基本手当（いわゆる失業手当）が支給される要件は

ポイント

「一般被保険者」について、被保険者期間（勤務期間）が、原則として6カ月間以上あり、会社を離職したのち、「失業状態」にあることが必要です。

1　雇用保険の概要は

雇用保険は、雇用労働者が解雇されたり、退職して、失業状態になった場合に、国が一定期間、失業等給付を行って再就職するまでの間の生活を安定させ、安心して就職活動ができるようにするためのものです。一般に「失業保険」といわれています。

雇用保険は、法人・個人を問わず、従業員を1人でも雇っている事業所には強制的に適用され、定められた保険料を事業主と従業員の双方で負担し、国に支払わなければなりません。

ただし、農林水産業のうち従業員が4人以下の個人事業所については、保険加入は任意となっています。

その事業所に働いている事業主の同居の親族は、雇用保険に加入できません。事業主と同居の親族は、家計が一緒だからです。

一方、別居の親族または一般の労働者である場合、これらの者は雇用保険に加入する義務があります。

また、会社（事業主）は、その事業所で雇用する従業員（70歳未満の者）が次の２要件を満たす場合には、契約社員（期間雇用者）、パートタイマー、派遣労働者を含め、すべて雇用保険に加入させる義務があります。

①　１週間あたりの所定労働時間が20時間以上であること。

②　31日以上の継続雇用が見込まれること。

65歳未満の者は「一般被保険者」、65歳以上の者は「高年齢被保険者」となります。

具体的には、従業員を採用した場合、採用日の翌月の10日までに「雇用保険被保険者資格取得届」を所轄の公共職業安定所（ハローワーク）に提出し、従業員が離職して被保険者でなくなった場合、同様に「資格喪失届」を提出しなければなりません。

派遣労働者の場合、雇用主である人材派遣会社（派遣元事業主）に雇用保険の加入手続きを行う義務があります。学生アルバイト、代表取締役等の役員、個人事業者等は、雇用保険に加入できません。

なお、雇用保険に加入していなかった労働者が公共職業安定所に申請すれば、過去２年間さかのぼって雇用保険に加入することができます。既に会社を離職した後でも可能です。ただし、過去２年間分の雇用保険料（労働者負担分）を、まとめて支払わなければなりません。この手続きにより基本手当をもらえるようになる失業者もいます。

２　離職した場合の基本手当の支給要件は

１）離職した労働者（一般被保険者：高年齢被保険者、季節的労働者、および日雇以外の者。）が、雇用保険の基本手当（いわゆる失業手当）を受給するための要件は、

①65歳未満であること

②離職日以前に、被保険者期間（勤務期間）が原則として、６カ月間以上あること

さらに、「一般受給資格者」の場合は、離職日以前２年間に被保険者期間（雇用保険に加入していた期間）が12カ月以上あれば、基本手当をもらえます。

被保険者期間の数え方ですが、賃金支払いの基礎となった日数（勤務日数）が11日以上の月を１カ月として計算します。被保険者期間を計算する場合、退社日（離職日）の翌日（資格喪失日）から１カ月ずつさかのぼって計算するので、注意してください。１カ月未満の場合、期間が15日以上で、賃金支払基礎日数が11日以上あれば、２分の１カ月として計算されます。

③就職しようとする積極的な意思と、いつでも就職できる能力・環境があり、公共職業安定所で求職の申込みを行っているが、本人や公共職業安定所の努力によっても職業に就けない「失業の状態」にあること

——の③つとなっています。雇用労働者として働くことができない、あるいは積極的な求職活動をしていない離職者には、基本手当は支給されません。

２）なお、次の者については、高年齢求職者給付金（一時金）として、最大、基本手当の50日分が支給されます。

a　高年齢被保険者（65歳以上）で加入した者

b　一般被保険者（65歳未満）として加入したが、65歳以上になって離職した者

② 雇用保険の基本手当の日額、所定給付日数、受給期間、受給手続等は

ポイント

① 基本手当の日額は、離職前６カ月間の賃金の45～80％です。

② 基本手当の所定給付日数は、離職理由、年齢、被保険者期間（雇用保険に加入していた期間）等により90～360日の間のいずれかとなります。

1 基本手当の日額、受給期間、厚生年金との併給禁止は

基本手当の日額は、離職前６カ月間の賃金の45～80％です。年齢区分ごとに上限額が定められていて、賃金が低い失業者ほど高率になります。

受給期間は、原則として、離職日の翌日から１年間に限られています。雇用保険の基本手当と厚生年金との調整として、60歳以上で老齢厚生年金の受給資格もある場合、どちらか１つを受給している間、一方の給付は支給停止となります。まず、雇用保険の基本手当をもらい、その後、老齢厚生年金をもらうのが一般的です。

2 基本手当の受給手順は

離職者が、基本手当を受給するには、会社から離職票をもらい、公共職業安定所（ハローワーク）に、その離職票を持参して、求職の申込みをすることが必要です。これらの手順は**図表１**のとおりです。

図表1　離職者が雇用保険の基本手当をもらうまでの手順

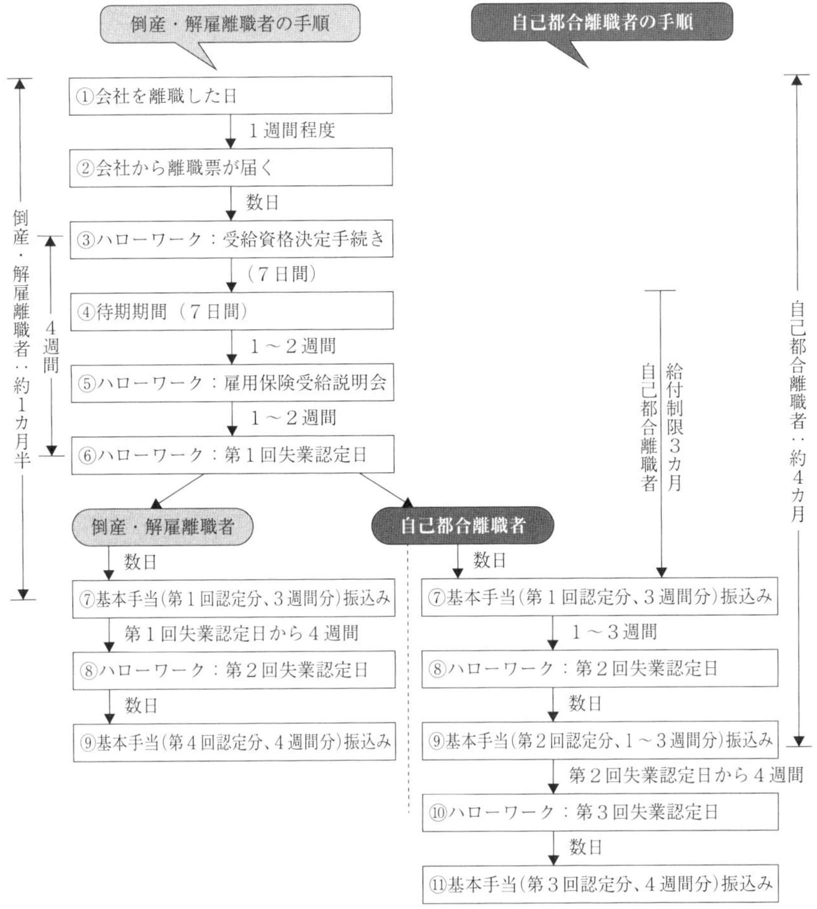

まず、自分の住所地を担当する公共職業安定所に、ⓐ雇用保険被保険者離職票1・2、ⓑ雇用保険被保険者票、ⓒ印鑑、ⓓ住民票等住所と年齢を確認できる官公署発行の書類、ⓔ写真1枚（3cm×2.5cm程度の正面上半身のもの）、ⓕ本人名義の普通預金通帳（外資系金融機関以外のもの）――等を提出し、求職（再就職先をさがすこと）の申込みが必要となります。

3　所定給付日数は離職理由、年齢、被保険者期間によって異なる

基本手当の所定給付日数は、その労働者の離職の理由や離職時の年齢、被保険者期間（雇用保険の被保険者であった期間）等によって決定され、90～360日間と様々です（**図表２**）。「会社を辞めた理由」や「会社で雇用保険に加入していた年数」の違いで、大きく差がつきます。

図表２　雇用保険の基本手当の所定給付日数

<table>
<tr><th>被保険者であった期間
区分</th><th>１年未満</th><th>１年以上
５年未満</th><th>５年以上
10年未満</th><th>10年以上
20年未満</th><th>20年以上</th></tr>
<tr><td colspan="6">1　倒産・解雇などによる離職者（３を除く）：特定受給資格者・特定理由離職者</td></tr>
<tr><td>30歳未満</td><td rowspan="5">90日</td><td>90日</td><td>120日</td><td>180日</td><td>—</td></tr>
<tr><td>30歳以上35歳未満</td><td>120日※</td><td rowspan="2">180日</td><td>210日</td><td>240日</td></tr>
<tr><td>35歳以上45歳未満</td><td>150日※</td><td>240日</td><td>270日</td></tr>
<tr><td>45歳以上60歳未満</td><td>180日</td><td>240日</td><td>270日</td><td>330日</td></tr>
<tr><td>60歳以上65歳未満</td><td>150日</td><td>180日</td><td>210日</td><td>240日</td></tr>
<tr><td colspan="6">2　自己都合、定年退職などによる離職者（３を除く）：一般離職者</td></tr>
<tr><td>全年齢</td><td>—</td><td>90日</td><td></td><td>120日</td><td>150日</td></tr>
<tr><td colspan="6">3　障害者などの就職困難者</td></tr>
<tr><td>45歳未満</td><td rowspan="2">150日</td><td colspan="4">300日</td></tr>
<tr><td>45歳以上60歳未満</td><td colspan="4">360日</td></tr>
</table>

※受給資格に係る離職日が2017年３月31日以前の場合90日

3 業務上疾病離職者等が優遇される「特定受給資格者」、「特定理由離職者」の制度とは

ポイント

① 業務上の理由による精神疾患・セクハラ・パワハラ、倒産・解雇等により会社からの離職を余儀なくされた「特定受給資格者」と、やむを得ない理由により離職した「特定理由離職者」は、より手厚い支給となります。

② 特定受給資格者等に該当するか否かの判断は、公共職業安定所が離職票に記載されている離職理由等に基づき、行います。

1 「特定受給資格者」についての優遇措置の内容は

1）「特定受給資格者」とは、離職理由が**図表3**のいずれかに該当する離職者のことです。

2）「特定受給資格者」については、当初3カ月間の給付制限（支給停止）がありません。さらに、被保険者期間（勤続年数）によっては、一般の離職者（一般受給資格者）よりも給付日数が長くなります（**図表2**の1参照）。

図表３　特定受給資格者に該当する離職理由

□セクハラ・パワハラがあった
□会社が倒産した
□事業所が縮小・廃止となった
□事業所が移転し、通勤困難
□解雇された（重大な自己責任によるものを除く）
□労働契約の内容と実際の労働条件が著しく違った
□２カ月以上、賃金の一定割合以上が支払われなかった
□急激に賃金を引き下げられた
□会社側の事情による休業が続いた
□法定基準を超えた長時間の時間外労働を強いられていた
□健康を害するおそれがある就労状態を改善してもらえなかった
□期間の定めのある雇用契約の更新が繰り返され３年以上勤めていた、あるいは契約の際に更新が明示されていたにもかかわらず、突然契約終了に追い込まれた
□退職勧奨に応じて退職した（「早期退職優遇制度」等に応募して離職した場合を除く）
□違法な業務に就かされた

３）「特定受給資格者」が基本手当をもらうためには、会社を辞めた日（離職日）以前の１年間に、雇用保険の加入期間（被保険者期間）が6カ月以上あることが必要です。

特定受給資格者が転職していた場合ですが、例えば、Ａ社に２カ月間勤務した労働者が倒産・解雇等により離職したとして、この人がＡ社の前にＢ社に４カ月間勤務しており、それらを通算した６カ月間がＡ社を辞めた日からさかのぼって１年以内であれば、基本手当をもらえます。

２　「特定理由離職者」についての優遇措置の内容は

１）「特定理由離職者」とその特例取扱いの内容は、次のとおりです。

①非正規労働者の雇止め（契約不更新）

例えば、６カ月や１年など期間の定めのある雇用契約で、「契約の更新をする場合がある」等と示され、労働者もそれを希望していたに

もかかわらず、契約期間の満了時に契約の更新がなかった

②「正当な理由のある」自己都合による離職者

体力の不足、ケガや病気、家族の介護をはじめとする家庭の事情等、自己都合離職でも「正当な理由がある」として会社都合による離職に準じた離職と認められる場合

2）これらのうちのいずれかに該当すれば「特定理由離職者」となり、特定受給資格者と同様に、当初３カ月間の給付制限（支給停止）がありません。

非正規労働者の雇い止め（雇用契約の不更新）の場合で、受給資格に係る離職日が平成21年３月31日から平成34年３月31日までであれば、所定給付日数が特定受給資格者と同様になります。なお、これは暫定措置とされています。

「正当な理由のある自己都合による離職者」については、離職前１年間の被保険者期間が６カ月以上ある場合、特定受給資格者と同様の給付日数となります。

4　精神疾患で離職し、治療のためにすぐには再就職できない場合、基本手当の支給にどのような措置があるか

ポイント

離職者のハローワークへの申出により、原則として１年間の受給期間を、最長４年間まで延長することができます。

１）雇用保険の基本手当の受給期間は、原則として、会社の離職日の翌日から１年間です。ただし、病気やけが、妊娠・出産・育児、親族の看護専念等のため、30日以上働けない場合、所轄の公共職業安定所長に申し出れば、受給期間を延長することが認められています。

つまり、精神疾患等で会社を離職した場合、離職日から最長４年間まで受給期間を延長することができるのです。

なお、この受給期間延長の申出は、その傷病により職業に就くことができなくなった日から30日経過した翌日から１カ月以内に、所轄の公共職業安定所長に手続を行う必要があります。この点を、会社を離職する従業員に説明しておくと役立ちます。

２）既に再就職先が決まっている人は、失業状態ではないので、基本手当はもらえません。ただし、受給期間中に再就職先を離職する等して再び失業状態になれば、その時点で受給手続きができる場合があるので、離職票は大切に保管しておきましょう。

３）また、離職日の翌日から１年以内に、基本手当をまったく受給せず、再就職し再び雇用保険の被保険者になった場合、前会社の「被保険者として雇用された期間」と再就職後の「被保険者として雇用された期間」が通算されるので、再就職先に「雇用保険被保険者証」を提出してください。

第３部

企業のメンタルヘルス・過重労働防止対策

第１章　企業のメンタルヘルス・過重労働防止対策

1　職場のメンタルヘルス対策の重要なポイントは

ポイント

経営者の理解、上司と部下の関係性が特に重要です。

1　経営者の理解

社内でメンタルヘルス（心の健康）対策を進めていくためには、経営者の方々の、業務を担う従業員の心の健康に関する理解が最も重要です。そのためには、人事労務担当者が社員のメンタルヘルスの状態を把握し、その対策を立てて効果がどのように出ているかを経営者に理解してもらう必要があるでしょう。

2　産業保健スタッフの協力

メンタルヘルス対策を実施していくためには、人事労務担当者に加え、その事業場が委嘱している産業医や看護師・保健師・心理士などの産業保健スタッフの協力が必要です。とりわけ、産業医は医師としての素養があり権威や権限があるので、可能であれば精神科医を産業医あるいは会社の顧問医として迎えると大いに助かると考えられます。

3　従業員、とくに上司の教育

病気は予防することが重要です。そのためには、従業員教育、特に、上司の教育は効果的です。上司は部下に仕事を与えるために業務の進行度合いを見ているので、部下と接触するチャンスの最も多い人です。したがって、上司が部下の心身の状態を観察するのには最適です。観察のポイントは、普段の部下と比較して、話し方や態度が普段と違うと感じたら、気分や体調が悪くないのかと聞いてみることです。それによって異変があれば、医療機関に行くように勧めて、一方で人事労務にも相談をしておくことです。上司が部下の異変に気づいても、１人で抱え込み、人事労務には連絡していない段階で自殺などの重大な事態が発生すると、上司もその責任を問われることにもなりかねません。早期に発見して、早期に治療するように対策をとることを普段から社内で徹底しておくことが重要で、そのための教育は欠かせません。その教育は職場のメンタルヘルスに通じた精神科医に依頼するとよいでしょう。

4　上司と部下の関係性

これまでの職場のメンタルヘルスは、どちらかというと、労働災害（業務上疾病）等のリスクを回避するための対策として位置づけられてきた面があります。単に就業時間が長く過残業が生じることと、精神疾患のリスクは直接的には無関係であることがわかっています。最近ではむしろ、職場における上司と部下との関係性や、業務の評価に対する従業員本人の受け取り方、仕事のやりがい等が発症の要因として重要ではないかと考えられるようになってきました。今後、さらに働きやすい職場を作っていく努力や評価の方法などを工夫し、従業員本人の心身の健康ばかりでなく、会社の生産性向上のためのポジティブな対策をとっていくことにより、メンタルヘルス不全者を減らして、健康に働き続ける努力がはらわれるようになっていく必要があるでしょう。

（注）1の「１」以降は「精神障害者雇用管理ガイドブック」（障害者職業総合センターを一部修正して使用）。

２　過重労働と精神疾患との関係、企業の対応は

ポイント

１カ月に80時間を超える時間外労働は、絶対にさけるべきです。

１　精神障害に関する新労災認定基準の内容は

平成23年12月に策定された精神障害に関する新労災認定基準によれば、極度の長時間労働は、それだけでうつ病等の原因となる場合があるとされています。

また、月100時間程度の長時間労働の下で発生した出来事は、心理的負荷が強いとされ、精神疾患との間の因果関係が認められやすくなると判断されています。

これらのことについて詳しくは、第２部第２章第２節で説明します。

２　長時間労働と精神疾患との関係を認めた判例は

このような判例としては、**図表１**のものがあります。

図表１　長時間労働と精神疾患との関係を認めた判例

判　例	内　　　容
1　電通事件判決	(1)　事案 恒常的な長時間残業を伴う業務に従事していた労働者がうつ病に罹患して自殺した事案 (2)　判決要旨 「労働者が労働日に長時間にわたり、業務に従事する状況が継続する等して、疲労や心理的負荷等が過度に蓄積すると労働者の心身の健康を損なう危険のあることは、周知のことである」とし、使用者は、労働者に従事させる業務を定めてこれを管理する際に、「業務の遂行に伴う疲労や心理的負担等が過度に蓄積して労働者の心身の健康を損なうことがないように注意する義務を負う」とし、上司が、労働者が恒常的に著しい長時間労働を行い、かつ、その健康状態が悪化していることを認識していながら、その負担を軽減する措置をとらなかった過失があると判断した（電通事件＝最二小判平12・３・24判時1707・87労判779・13)。
2　その他の判決	連続して１か月平均100時間超の時間外労働があったことをうつ病発生の主要因とした裁判例としては、スズキ事件（静岡地浜松支判平18・10・30判時1970・82労判927・5)、山田製作所事件（福岡高判平19・10・25判時2012・129労判955・59)、富士通四国システムズ（FTSE）事件（大阪地判平20・５・26判時2032・90労判973・76）等がある。

3　平成28年４月から、月80時間超の残業が疑われるすべての事業場が重点監督の対象

厚生労働省では、平成28年４月１日から、全国の都道府県労働局、労基署の重点監督（立入調査）の対象を、従来の「月100時間超の残業が疑われるすべての事業場」(平成27年１月から年間約１万事業場が対象）から「月80時間超の残業が疑われるすべての事業場」に拡大しました。

4　企業の対応は

企業の対応としては、すべての従業員に対して１カ月間に80時間を超える時間外労働などの過重労働は絶対にさせないようにすることです。

3　経営課題としての過重労働対策の必要性は

ポイント

長時間の残業等は心身の健康を害するなどにより、人材の確保・活用に悪影響をおよぼすため、これらの防止対策が必要です。

企業の経営資源としては、「ヒト・モノ・カネ・情報」の４つが取り上げられます。これらのうち、「ヒト」については、他の経営資源が「ヒト」によって生み出されるものであることから、企業にとっての「最も重要な経営資源」と捉えることができます。従って、優秀な人材の確保・育成・活用を図ることは、企業にとって重要な経営課題といえます。

しかし、職場において長時間の残業等の過重労働が行われると、職場に対する満足感が低下するだけでなく、心身の健康を害することにも繋がりかねず、企業の人材確保に悪影響をおよぼすこととなってしまいます。

平成25年に行われた「従業員の労働時間と休暇に関する調査（労働者調査）」においても、週の労働時間が50時間以上になると過半数の労働者が労働時間に対する不満を感じるようになること（**図表２**）、年次有給休暇の取得率が低いほど休暇に関する満足度が下がること（**図表３**）、週の労働時間が50時間以上になると自身の健康状態について「よい」と感じる割合が低下し、60時間以上では「よくない」と感じる割合が高くなること等が明らかになっています（**図表４**）。（※出典：厚生労働省「働き方・休み方改善指標」パンフレットより）

このように、長時間労働等の過重労働が行われる状況は、従業員の職務に対する満足感を下げ、心身の健康リスクを上昇させてしまう可能性があります。最近は、長時間労働等の過重労働により、脳・心臓疾患や精神障害を発症する例も増加傾向にあります。脳・心臓疾患や

図表２　週労働時間と満足度

■満足　□不満　（%）

	(n)	満足	不満
50時間／週未満	1212	63.9	36.1
50時間～60時間／週未満	200	44.0	56.0
60時間／週以上	69	34.8	65.2

注：１週間の労働時間数別に見た労働時間に対する満足度。

図表３　年次有給休暇取得率と休暇に対する満足度

■満足　□不満　（%）

	(n)	満足	不満
0％	152	29.6	70.4
15％未満	199	38.2	61.8
15％～30％未満	279	44.4	55.6
30％～50％未満	243	60.5	39.5
50％～80％未満	312	63.1	36.9
80％～100％未満	91	69.2	30.8
100％	178	73.0	27.0

注：年次有給休暇取得率別に見た休暇取得状況に関する満足度。

図表４　週労働時間と主観的健康感

■よい　□まあよい　■ふつう　□あまりよくない　■よくない　（%）

	(n)	よい	まあよい	ふつう	あまりよくない	よくない
50時間／週未満	1212	13.5	27.5	40.4	15.2	3.4
50時間～60時間／週未満	200	8.5	24.5	46.5	18.0	2.5
60時間／週以上	69	8.7	18.8	47.8	15.9	8.7

注：１週間の労働時間数別に見た自己の健康状態に対する意識。

精神障害が過重労働によるものであると認定された場合は、業務上の災害として労災保険の補償給付の対象となります。

さらに、このような事例においては、別途企業の「安全配慮義務（健康管理義務を含む。労働契約法第５条）違反」等に伴う民事の損害賠償の請求が行われる例も多く見受けられます。これらは、企業にとって多額の金銭的負担が生じるだけでなく、企業イメージの低下によって人材採用等に悪影響を及ぼすことにもなりかねません。

過重労働は、上記のように、企業にとって最も重要な経営資源である従業員の職務に対する満足感を下げ、最悪の場合には、従業員の心身の健康を害すこととなってしまうので、過重労働の防止対策を人材活用のための重要な経営課題と捉えた上で対策を講じていくことが必要です。

4 事業場で過重労働防止対策を行う場合はどうすればよいか

ポイント

安衛法に基づき各事業場に設けられている「衛生委員会」を活用することです。

過重労働対策に係る計画・実施・評価・改善等について、また、過重労働による心身の健康障害を防止するための方針を事業場内に周知徹底したり、対策の実施手順や担当者等を決めたりする場合にも衛生委員会を活用することが効果的です。ぜひ活用してください。

1 衛生委員会等とは

常時50人以上の労働者を使用する事業場では、労働衛生に係る事項を検討する「衛生委員会」を設置しなければなりません（労働安全衛生法第18条）。衛生委員会は、安全委員会の機能を併せもつ「安全衛生委員会」として設置することもできます。また、常時50人未満の労働者を使用する事業場では、会社の会議の場等において安全面や衛生面に関する事項について「関係労働者の意見を聴くための機会」を設けるようにしなければならないとされています。

ここでは、これらを併せて「衛生委員会等」と称します。

2 衛生委員会等の付議事項は

衛生委員会等で行うことに、「長時間にわたる労働による労働者の心身の健康障害の防止を図るための対策の樹立に関すること」が含まれています。

具体的に調査審議する項目として、以下のようなものがあります。

・過重労働対策として必要な措置の実施計画の策定

・面接指導等の実施方法及び実施体制
・面接指導の実施又は面接指導に準ずる措置の対象者及び措置内容の基準の策定
・面接指導の申し出に伴う不利益な取扱いを排除する方法
・労働者に対する過重労働対策の周知方法

また、衛生委員会等において過重労働対策について調査審議するに当たっては、その構成員である産業医や衛生管理者、衛生推進者等の積極的な関与が重要です。

衛生委員会等で調査審議された結果については、これを基に対策を着実に実施するなど、事業者が当然に尊重すべきものです。

3　議事概要の周知は

事業者は、衛生委員会等の開催の都度、遅滞なく、その議事の概要を労働者に周知しなければならないとされています。衛生委員会等の調査審議状況の透明性を確保するなどの観点から、労働者に対して議事の概要を周知し、関係する情報をその事業場全体で共有することが必要です。

4　過重労働防止の具体策のまとめ

過重労働の防止対策を効果的に進めるためには、経営者・管理者の意識改革をスタートラインとして

①経営トップの強力なリーダーシップの発揮
②過重労働対策推進計画の立案
③現状の把握と対策の立案
④各部門及び担当者の役割の明確化
⑤P（Plan：計画）D（Do：実行）C（Check：評価）A（Action：改善）のサイクルによる継続的な取組の実施

――の手順で対策を講じていくことが必要です。

(注) 3、4の「1」以降は、厚生労働省の広報資料「過重労働を無くするために今できること」による。

第2章　ストレスチェック制度の活用

1　ストレスチェックとその目的は

ポイント

ストレスチェック制度は、各事業所ごとに、労働者がストレスに関する質問票に記入することにより、自分のストレスの状態を把握し、職場の改善につなげることにより、メンタルヘルス（心の健康）状態の不調を未然に防ぐ仕組みです。

1　ストレスチェックとは何か？

「ストレスチェック」とは、ストレスに関する質問票（選択回答）に労働者が記入し、それを集計・分析することで、自分のストレスがどのような状態にあるのかを調べる簡単な検査です。

「労働安全衛生法」が改正されて、常時使用する労働者が50人以上いる事業所では、平成27年12月から、毎年１回、この検査を全ての労働者※に対して実施することが義務付けられました（66条の10）。

※　労働契約期間が１年未満の労働者や、労働時間が通常の労働者の所定労働時間の４分の３（30時間）未満の短時間労働者は義務の対象外です。

2　ストレスチェックは何のためにやるのか？

ストレスチェック制度は、各事業所ごとに、労働者が自分のストレスの状態を知ることで、ストレスをためすぎないように対処したり、ストレスが高い状態の場合は医師の面接を受けて助言をもらったり、会社側に仕事の軽減などの措置を実施してもらったり、職場の改善につなげたりすることで、「うつ」などのメンタルヘルス不調を未然に防止するための仕組みです。

質問票のイメージ

	そうだ	まあそうだ	ややちがう	ちがう
あなたの仕事についてうかがいます。最も あてはまるものに○を付けてください。				
1．非常にたくさんの仕事をしなければならない	1	2	3	4
2．時間内に仕事が処理しきれない	1	2	3	4
⋮				
最近1か月間のあなたの状態についてうかがいます。最もあてはまるものに○を付けてください。				
1．活気がわいてくる	1	2	3	4
2．元気がいっぱいだ	1	2	3	4
⋮				
あなたの周りの方々についてうかがいます。最もあてはまるものに○を付けてください。次の人たちはどのくらい気軽に話ができますか？				
1．上司	1	2	3	4
2．職場の同僚	1	2	3	4
⋮				

2 ストレスチェックでは、何を、どのような手順でやればいいのか？

ポイント

ストレスチェック制度（準備から事後措置まで）は、**図表1**の手順で進めていきます。

ストレスチェックと面接指導の実施状況は、毎年、労働基準監督署に所定の様式で報告する必要があります。

図表1　ストレスチェック制度の実施手順

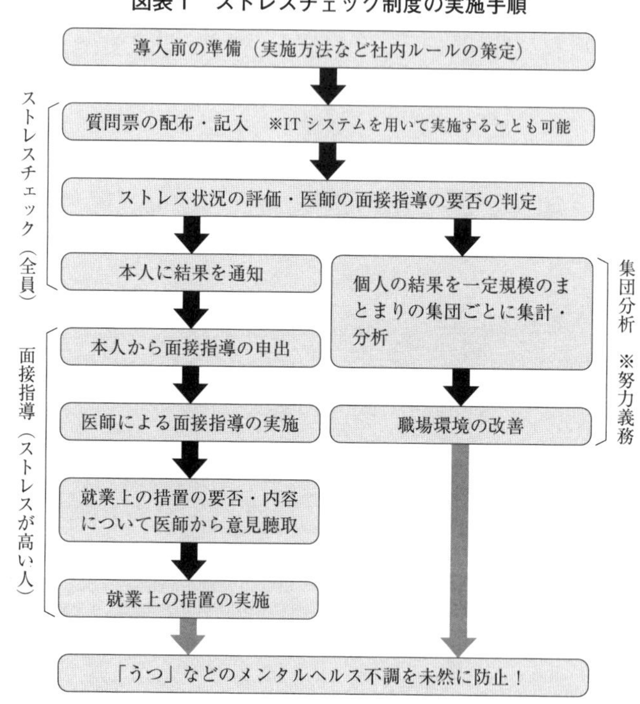

3 ストレスチェック制度導入の前に必要なことは

ポイント

会社が実施の方針を示し、衛生委員会で実施方法を話し合い、規程を定め、全労働者に知らせます。

1 まず、会社として「メンタルヘルス不調の未然防止のためにストレスチェック制度を実施する」旨の方針を示します。

次に、事業所の衛生委員会で、ストレスチェック制度の実施方法などを話し合います。

話し合う必要がある事項（主なもの）

①ストレスチェックは誰に実施させるのか。
②ストレスチェックはいつ実施するのか。
③どんな質問票を使ってストレスチェックを実施するのか。
④どんな方法でストレスの高い人を選ぶのか。
⑤労働者の面接指導の申出は誰にすれば良いのか。
⑥面接指導はどの医師に依頼して実施するのか。
⑦集団分析はどんな方法で行うのか。
⑧ストレスチェックの結果は誰が、どこに保存するのか。

2 話し合って決まったことを社内規程として明文化します。そして、全ての労働者にその内容を知らせます。

3 実施体制・役割分担を決めます。

一人がいくつかの役割を兼ねることも可能です。

実施体制の例

①制度全体の担当者

事業所において、ストレスチェック制度の計画づくりや進捗状況を把握・管理する者です。

②ストレスチェックの実施者

ストレスチェックを実施する者は、医師、保健師・厚生労働大臣の定める研修を受けた看護師・精神保健福祉士の中から選ぶ必要があります。外部委託も可能です。

③ストレスチェックの実施事務従事者

実施者の補助をする者は、質問票の回収、データ入力、結果送付など、個人情報を取り扱う業務を担当します。外部委託も可能です。

④面接指導を担当する医師

④ ストレスチェックの実施方法と活用のしかたを教えてください。

ポイント

労働者に質問票を記入してもらい、これにより高ストレスで医師の面接指導が必要な者を選びます。

1　質問票を労働者に配って、記入してもらいます。

1）使用する質問票は、次の①～③の種類の質問が含まれていれば、特に指定はありません。何を使えばよいか分からない場合は、**図表２**国が推奨する57項目の質問票を使いましょう。

①ストレスの原因に関する質問項目

②ストレスによる心身の自覚症状に関する質問項目

③労働者に対する周囲のサポートに関する質問項目

※ITシステムを利用して、オンラインで実施することもできます。厚生労働省がストレスチェック実施プログラムを無料で公開する予定ですので、活用して下さい。

2）記入が終わった質問票は、医師などの実施者（または、その補助をする実施事務従事者）が回収します。

〔注意！〕　第三者や人事権を持つ職員が、記入・入力の終わった質問票の内容を閲覧してはいけません！

2　回収した質問票をもとに、医師などの実施者がストレスの程度を評価し、高ストレス※で医師の面接指導が必要な者を選びます。

※　自覚症状が高い者や、自覚症状が一定程度あり、ストレスの原因や周囲のサポートの状況が著しく悪い者を高ストレス者として

図表2　国が推奨する57項目の質問票（職業性ストレス簡易調査票）

A あなたの仕事についてうかがいます。最もあてはまるものに○を付けてください。

1. 非常にたくさんの仕事をしなければならない
2. 時間内に仕事が処理しきれない
3. 一生懸命働かなければならない
4. かなり注意を集中する必要がある
5. 高度の知識や技術が必要なむずかしい仕事だ
6. 勤務時間中はいつも仕事のことを考えていなければならない
7. からだを大変よく使う仕事だ
8. 自分のペースで仕事ができる
9. 自分で仕事の順番・やり方を決めることができる
10. 職場の仕事の方針に自分の意見を反映できる
11. 自分の技能や知識を仕事で使うことが少ない
12. 私の部署内で意見のくい違いがある
13. 私の部署と他の部署とはうまが合わない
14. 私の職場の雰囲気は友好的である
15. 私の職場の作業環境（騒音、照明、温度、換気など）はよくない
16. 仕事の内容は自分にあっている
17. 働きがいのある仕事だ

B　最近1か月間のあなたの状態についてうかがいます。最もあてはまるものに○を付けてください。

1. 活気がわいてくる
2. 元気がいっぱいだ
3. 生き生きする
4. 怒りを感じる
5. 内心腹立たしい
6. イライラしている
7. ひどく疲れた
8. へとへとだ
9. だるい
10. 気がはりつめている
11. 不安だ
12. 落着かない
13. ゆううつだ
14. 何をするのも面倒だ
15. 物事に集中できない
16. 気分が晴れない
17. 仕事が手につかない
18. 悲しいと感じる
19. めまいがする
20. 体のふしぶしが痛む
21. 頭が重かったり頭痛がする
22. 首筋や肩がこる
23. 腰が痛い
24. 目が疲れる
25. 動悸や息切れがする
26. 胃腸の具合が悪い
27. 食欲がない
28. 便秘や下痢をする
29. よく眠れない

C　あなたの周りの方々についてうかがいます。最もあてはまるものに○を付けてください。

次の人たちはどのくらい気軽に話ができますか？

1. 上司
2. 職場の同僚
3. 配偶者、家族、友人等

あなたが困った時、次の人たちはどのくらい頼りになりますか？

4. 上司
5. 職場の同僚
6. 配偶者、家族、友人等

あなたの個人的な問題を相談したら、次の人たちはどのくらいきいてくれますか？

7. 上司
8. 職場の同僚
9. 配偶者、家族、友人等

D　満足度について

1. 仕事に満足だ
2. 家庭生活に満足だ

【回答肢（4段階）】
A　そうだ／まあそうだ／ややちがう／ちがう
B　ほとんどなかった／ときどきあった／しばしばあった／ほとんどいつもあった
C　非常に／かなり／多少／全くない
D　満足／まあ満足／やや不満足／不満足

※ストレスチェック指針（平成27年4月15日）より

本人に通知するストレスチェック結果のイメージ

あなたのストレスプロフィール

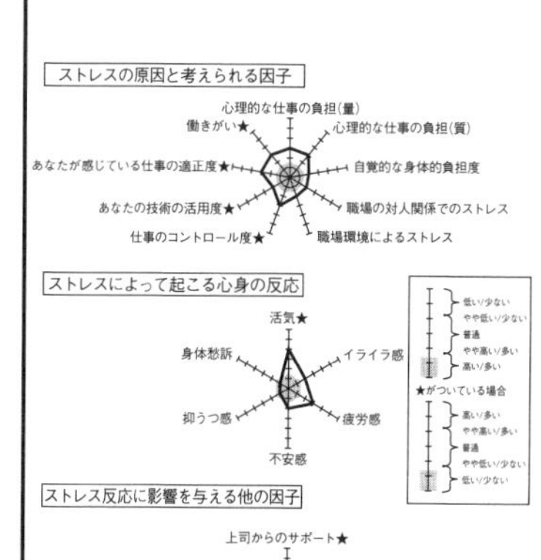

＜評価結果（点数）について＞

項目	評価点（合計）
ストレスの要因に関する項目	○○点
心身のストレス反応に関する項目	○○点
周囲のサポートに関する項目	○○点
合計	○○点

＜あなたのストレスの程度について＞

あなたはストレスが高い状態です（高ストレス者に該当します）。

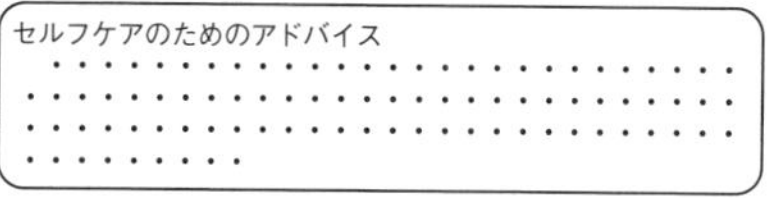

＜面接指導の要否について＞

医師の面接指導を受けていただくことをおすすめします。
以下の申出窓口にご連絡下さい。
○○○○（メール：****@***　電話：****-****）
※面接指導を申出した場合は、ストレスチェック結果は会社側に提供されます。また、面接指導の結果、必要に応じて就業上の措置が講じられることになります。
※医師の面接指導ではなく、相談をご希望の方は、下記までご連絡下さい。
○○○○（メール：****@****　電話：****-****）

選びます。選び方が分からない場合は、以下のURLに掲載されている「ストレスチェック制度実施マニュアル」の40ページに記載されている基準を参考にするとよいです。

URL：http://www.mhlw.go.jp/bunya/roudoukijun/anzeneisei12/

1）結果（ストレスの程度の評価結果、高ストレスか否か、医師の面接指導が必要か否か）は、実施者から直接本人に通知されます。

〔注意！〕 結果は企業には返ってきません。

結果を入手するには、結果の通知後、労働者本人の同意が必要です。

2）結果は、医師などの実施者（またはその補助をする実施事務従事者）が保存します。

※　結果を企業内の鍵のかかるキャビネットやサーバー内に保管することもできますが、第三者に閲覧されないよう、実施者（またはその補助をする実施事務従事者）が鍵やパスワードの管理をしなければいけません。

5　面接指導の実施と就業上の措置は

ポイント

該当労働者から申出があった場合には、医師による面接指導を行い、必要な時短等の措置をとります。

1　面接指導の実施と就業上の措置

(1) ストレスチェックの結果で「医師による面接指導が必要」とされた労働者から申出※1があった場合は、医師に依頼して面接指導を実施※2しましょう。

※1　申出は、結果が通知されてから1カ月以内に行う必要があります。

※2　面接指導は申出があってから1カ月以内に行う必要があります。

(2) 面接指導を実施した医師から、就業上の措置の必要性の有無とその内容について、意見を聴き※、それを踏まえて、労働時間の短縮など必要な措置を実施しましょう。

※　医師からの意見聴取は、面接指導後1カ月以内に行う必要があります。

(3) 面接指導の結果※は事業所で5年間保存しなければなりません。

※　記録を作成・保存してください。次の①～⑤の内容が含まれていれば、医師からの報告をそのまま保存してもかまいません。

① 実施年月日

② 労働者の氏名

③ 面接指導を行った医師の氏名

④ 労働者の勤務の状況、ストレスの状況、その他の心身の状況

⑤ 就業上の措置に関する医師の意見

2　職場分析と職場環境の改善（努力義務）

(1) ストレスチェックの実施者に、ストレスチェック結果を一定規模の集団（部、課、グループなど）ごとに集計・分析※してもらい、その結果を提供してもらいます。

※　集団ごとに、質問票の項目ごとの平均値などを求めて、比較するなどの方法で、どの集団が、どういったストレスの状況なのかを調べます。

注意！　集団規模が10人未満の場合は、個人特定されるおそれがあるので、全員の同意がない限り、結果の提供を受けてはいけません。

原則10人以上の集団を集計の対象とします。

(2) 集計・分析結果を踏まえて、職場環境の改善を行います。

6　面接指導の実施方法は

ポイント

医師は、労働者の勤務の状況、心理的な負担の状況、心身の状況を確認します。

この点については、ストレスチェック指針で、次のように説明しています。

(1)　面接指導の対象労働者の要件

事業者は、高ストレス者として選定された者であって、面接指導を受ける必要があると実施者が認めた者に対して、労働者からの申出に応じて医師による面接指導を実施しなければならない。

(2)　対象労働者の要件の確認方法

事業者は、労働者から面接指導の申出があったときは、当該労働者が面接指導の対象となる者かどうかを確認するため、当該労働者からストレスチェック結果を提出させる方法のほか、実施者に当該労働者の要件への該当の有無を確認する方法によることができるものとする。

(3)　実施方法

面接指導を実施する医師は、面接指導において次の①～③に掲げる事項について確認するものとする。

①　当該労働者の勤務の状況（職場における当該労働者の心理的な負担の原因及び職場における他の労働者による当該労働者への支援の状況を含む。）

②　当該労働者の心理的な負担の状況

③　②のほか、当該労働者の心身の状況

なお、事業者は、当該労働者の勤務の状況及び職場環境等を勘案した適切な面接指導が行われるよう、あらかじめ、面接指導を実施する医師に対して当該労働者に関する労働時間、労働密度、深夜業の回数及び時間数、作業態様並びに作業負荷の状況等の勤務の状況並びに職場環境等に関する情報を提供するものとする。

7　事業者の「面接指導の結果についての医師からの意見の聴取」と「就業上の措置」の進め方は

ポイント

必要に応じて、対象労働者について、就業制限または休業の措置をとります。

1　面接指導の結果についての医師からの意見の聴取

この点について、「ストレスチェック指針」で次のように説明しています。

事業者が医師から必要な措置についての意見を聴くに当たっては、面接指導の実施後遅滞なく、就業上の措置の必要性の有無及び講ずべき措置の内容その他の必要な措置に関する意見を聴くものとする。具体的には、次に掲げる事項を含むものとする。

ア　下表に基づく就業区分及びその内容に関する医師の判断

就業区分		就業上の措置の内容
区分	内容	
通常勤務	通常の勤務でよいもの	—
就業制限	勤務に制限を加える必要のあるもの	メンタルヘルス不調を未然に防止するため、労働時間の短縮、出張の制限、時間外労働の制限、労働負荷の制限、作業の転換、就業場所の変更、深夜業の回数の減少又は昼間勤務への転換等の措置を講じる。
要休業	勤務を休む必要のあるもの	療養等のため、休暇又は休職等により一定期間勤務させない措置を講じる。

イ　必要に応じ、職場環境の改善に関する意見の聴取

2　就業上の措置の決定及び実施は

この点について「ストレスチェック指針」では、次のように述べています。

事業者が労働者に対して面接指導の結果に基づく就業上の措置を決定する場合には、あらかじめ当該労働者の意見を聴き、十分な話し合いを通じてその労働者の了解が得られるよう努めるとともに、労働者に対する不利益な取扱いにつながらないように留意しなければならないものとする。なお、労働者の意見を聴くに当たっては、必要に応じて、当該事業場の産業医等の同席の下に行うことが適当である。

事業者は、就業上の措置を実施し、又は当該措置の変更若しくは解除をしようとするに当たっては、当該事業場の産業医等と他の産業保健スタッフとの連携はもちろんのこと、当該事業場の健康管理部門及び人事労務管理部門の連携にも十分留意する必要がある。また、就業上の措置の実施に当たっては、特に労働者の勤務する職場の管理監督者の理解を得ることが不可欠であることから、事業者は、プライバシーに配慮しつつ、当該管理監督者に対し、就業上の措置の目的及び内容等について理解が得られるよう必要な説明を行うことが適当である。

また、就業上の措置を講じた後、ストレス状態の改善が見られた場合には、当該事業場の産業医等の意見を聴いた上で、通常の勤務に戻す等適切な措置を講ずる必要がある。

8　企業がストレスチェックを行う場合の注意点は

ポイント

プライバシーの保護と不利益取扱いの防止に十分注意することが必要です。

ストレスチェック制度は、労働者の個人情報が適切に保護され、不正な目的で利用されないようにすることで、労働者も安心してストレスチェックを受け、適切な対応や改善につなげられる仕組みです。

このことを念頭において、情報の取扱いに留意するとともに、不利益な取扱いを防止します。

1　プライバシーの保護

(1)　事業者がストレスチェック制度に関する労働者の秘密を不正に入手するようなことがあってはなりません。

(2)　ストレスチェックや面接指導で個人の情報を取り扱った者（実施者とその補助をする実施事務従事者）には、法律で守秘義務が課され、違反した場合は刑罰の対象となります。

(3)　事業者に提供されたストレスチェック結果や面接指導結果などの個人情報は、適切に管理し、社内で共有する場合にも、必要最小限の範囲にとどめましょう。

2　不利益取扱いの防止

事業者が次の①、②の行為を行うことは、禁止されています。

①　次のことを理由に労働者に対して不利益な取扱いを行うこと

・医師による面接指導を受けたい旨の申出を行ったこと

・ストレスチェックを受けないこと

・ストレスチェック結果の事業者への提供に同意しないこと

・医師による面接指導の申出を行わないこと

② 面接指導の結果を理由として、解雇、雇い止め（労働契約の更新拒否）、退職勧奨、不当な動機・目的による配置転換・職位の変更を行うこと

詳細の情報はこちらを確認してください。http://www.mhlw.go.jp/bunya/roudoukijun/anzeneisei12/

不明な点は、最寄りの都道府県労働局、労働基準監督署へ問い合わせてください。

（注） 第2章の説明内容は、主に厚生労働省のパンフレットによる。

第4部

従業員が精神疾患を発症した場合の企業の対応実務

第１章　従業員の採用選考時の対応、個人情報の取扱等

1　採用選考時に、精神疾患に関する既往歴や現在のメンタルヘルス状況に関する質問・検査は可能か

ポイント

応募者の同意を得た上で行うなど、慎重な対応が必要です。

1　企業の採用の自由、調査の自由

企業（使用者）は、誰を、どのような条件で従業員として雇い入れるかについて、法律その他の制限のない限り、原則として、自由に決定することができます（三菱樹脂事件、最大判昭48・12・12判時724・18労判189・16)。

また、使用者には、採用選考の際の判断資料を得るために、応募者から一定の事項を申告させることや質問することも、原則的に、調査の自由として認められています。

2　企業の調査の自由の限界

使用者の調査は、応募者の職業的能力や適格性を判断する上で必要な範囲でのみ認められているものです。

しかし、メンタルヘルスに関しては、事前にどのような調査をすれば、その応募者が精神疾患になることを予見できるということについて、科学的に十分明らかになっていないという意見もあります。

また、メンタルヘルスに関する情報は、応募者のプライバシーとし

て強く保護される性格を持っています。

したがって、採用後の職務内容と関係がない、あるいは関係がはっきりしないプライバシーに関する情報の申告を強要することは、プライバシーの侵害として違法行為となる可能性もあります。

応募者のメンタルヘルスについて調査すること、さらにはこれを採否決定に用いることは、場合によっては、「不当な就職差別」として違法行為とされたり、その企業の社会的信用の失墜につながるおそれもあります。

3 「継続勤務できるか」という目的で調査等を行うことを本人に説明し、同意を得る

したがって、採用後予定されている業務についてきちんと継続勤務できるかどうかを確認するため、面接時に、当人に事前に質問の目的・内容を説明し、きちんと同意を得た上で、最低限必要で合理性のあることについて、精神疾患の既往歴や現在のメンタルヘルスの状況を質問することは認められます。

4 検査も慎重に

さらに、当人に目的・内容を説明し、きちんと同意を得た上でメンタルヘルスに関する合理性のある検査を行うことも認められます。

かつて、会社が労働者の同意を得ることなくHIV（エイズ抗体）の検査を実施したことに労働者が抗議して、それが訴訟になった例があります。この訴訟について裁判所は、「労働者のプライバシーを侵害する行為である」として「会社の行為は不法行為に該当する」と判断しました。同じように、会社が労働者の同意を得ずにメンタルヘルスの検査を行うことは、不法行為になる可能性があります。

5　検査等実施時の同意

応募者に対してメンタルヘルス耐性についての検査等を実施する場合には、あらかじめ、検査等の目的、内容を説明し、同意を得ておくことが必要です。

6　特にメンタルヘルス耐性が強い労働者が求められる職種では、別途の方策を考える

その業界の共通認識等に基づき、とくにメンタルヘルス耐性の強い労働者が必要な職種・業務内容の場合には、一般的な正社員の募集・採用という方法ではなく、次のような方法にしたらいかがでしょうか。

・雇用と就業形態の案につい

A案…当初は契約社員として雇用する方法

①特定の職種に限定した契約社員（例えば契約期間１年）として雇用します。

②賃金は一般社員よりも高くします。

③１年間勤務を体験させた上で、労働者と会社側が合意した場合は、正社員（無期契約労働者）として労働契約を結びます。

④その労働者が適していない場合は、契約を更新しません。

B案…紹介予定派遣を利用する方法（労働者派遣法で認められている制度）

①使用する会社（派遣先）が、人材派遣会社に依頼して紹介予定派遣の労働者として受入れ使用します（**図表１**）。

②紹介予定派遣の場合、派遣労働者は派遣先会社で最長６カ月間勤務を体験することができます。他方、受入使用会社（派遣先）は、その派遣労働者の担当業務への適性、メンタルヘルス耐性、能力等について実質的な試用期間としてチェックできま

す。

③上記②の結果、派遣先会社と派遣労働者の双方が合意した場合には、派遣先会社はその派遣労働者を正社員または契約社員として直接雇用します。

C案…業務委託する方法

①労働契約ではなく、業務委託契約、業務処理請負契約の形で個人就業者に業務を依頼します。

②このようにすることで、雇用調整（解雇、雇止め（契約不更新）等）をはじめとする労働法による規制を受けずに業務を処理することができます。

図表1　紹介予定派遣の流れ

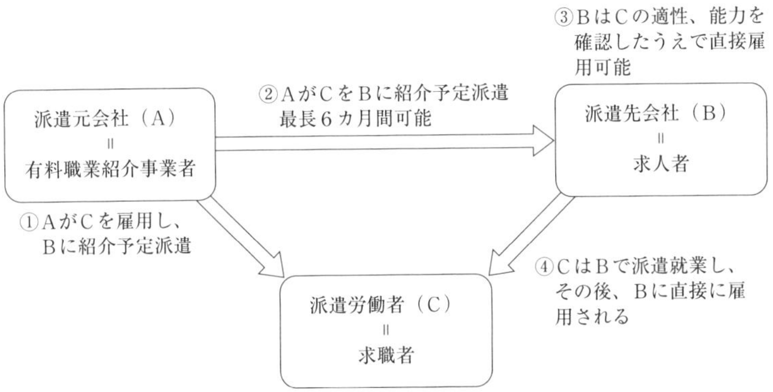

派遣元会社（A）
＝
有料職業紹介事業者

②AがCをBに紹介予定派遣
最長6カ月間可能

派遣先会社（B）
＝
求人者

③BはCの適性、能力を確認したうえで直接雇用可能

①AがCを雇用し、Bに紹介予定派遣

派遣労働者（C）
＝
求職者

④CはBで派遣就業し、その後、Bに直接に雇用される

②　精神疾患を理由に内定取消ができるか

ポイント

その採用予定者について、精神疾患の有無ではなく、採用後、継続的な労務提供ができないことが明らかである場合は、内定取消は可能です。

1　新規学卒者の「採用内定」とは

「採用」とは、使用者が労働者を雇い入れる（両者が合意のうえで労働契約を結ぶ）ことです。企業は、優秀な学生を早く確保したいので、採用したい学生に対して採用内定通知書を出します。内定通知書を受け取った学生は、他社への就職活動をストップします。

ところが、例えば、９月初めに採用内定した場合、学生が学校を卒業して翌年４月に実際に入社するまで、６カ月以上間が空きます。このため、もしも入社直前になって何らかの理由で採用内定を取り消されると、その学生は別に新しい就職先を確保することができなくなります。そこで、

・採用内定は、労働契約成立と認められるものか否か
・労働契約が成立しているのであれば、その取消が認められるのはどのような理由がある場合か

——が問題となるわけです。

2　採用内定の法理とは

採用内定の法的性格について、判例は、採用内定（決定）通知の発信が、使用者による「労働契約の承諾」であって、これにより労働者と使用者の間に「解約権を留保した試用労働契約」あるいは「見習社員契約」が成立すると判断しています（大日本印刷事件、最二小判昭

54・7・20労判323・19）。

つまり、新規学卒者はまだ勤務していませんが、雇用関係は成立しているので、これを取り消すことは解雇をすることになります。したがって、内定者を不適格とする合理的な事由（じゆう―理由、原因となる事実）がないと「解雇権の濫用」となり、その内定取消しは無効となるということです。「権利の濫用」とは、その権利が与えられている趣旨・目的をはずれて権利を用いることです。

このように判決が出された場合、会社（使用者）は、内定取消を行った新規学卒者に対して、損害賠償の支払いなどを命じられます。

3　会社側が、学生側の事由を理由に内定取消できる場合は

前記の裁判例によれば、採用内定通知書等の記載事由だけで判断されるものではなく、そのケースの場合に、客観的に合理的で社会通念上相当として認められる解約事由があるかどうかで適法に内定取消ができるか否かが決まるとしています。

そして、各裁判例における具体的判断は、おおむね使用者の行った内定取消に厳しい態度をとっています。

例えば、採用内定通知書または誓約書の中に「提出書類に虚偽記入があったときは採用内定を取り消す」と記載されていたケースについても、その文言どおりに取消はできず、虚偽記入の内容・程度が重大なもので、それによって従業員としての不適格性あるいは不信義性が判明したことを要するとしています。

例えば、心身の病気その他により、勤務することができないことが明らかになった場合には、内定取消は認められます。

4　採用内定後に判明した精神疾患を理由に内定取消ができるか

例えば、

①現在、精神疾患を発症していることが確実であり、

②主治医や産業医の判断により、採用後、継続的に労務提供を行うことが困難であることが明らか

――であれば、内定を取り消すことが認められます。単に、現在、精神疾患の状態である、あるいは精神疾患の既往歴があるという理由だけでは認められません。

③　試用期間中に精神疾患を発症した場合の会社としての対応は

ポイント

該当従業員の同意を得た上で、試用期間を短期間延長する方法も考えられます。

1　試用期間とは

試用期間とは、従業員を採用するにあたって、はじめから正式な本採用とせずに、３カ月や６カ月等の期間を限定して、「試みに採用する」ことを定め、その期間中に当社社員として適格であるか否かを判定する、試験的な勤務期間のことです。労基法では、試用期間を設けることが認められています（第12条第３項第５号）。

試用期間を設けるか否かは使用者の自由ですが、設ける場合には、就業規則か労働契約書にその目的と期間について明確な規定を設ける必要があります。試用期間の長さの限度については、労基法等に規定はありません。しかし、この期間中は、従業員としての地位は不安定ですから、あまりにも長い期間とすることは労働者に不当な不利益を強いることになります。このため、就業規則の規定や契約行為が公序良俗違反として無効になることもあります（民法第90条：公の秩序または善良の風俗に反する事項を目的とする法律行為は無効とする）。

筆者は、試用期間のねらいが適格性の判断であることからすれば、一般的には３カ月～６カ月程度が妥当ではないかと考えます。

2　試用期間中に精神疾患を発症した場合

Ａ社では、就業規則の規定に基づき、従業員は入社後６カ月間を経て本採用する取扱いにしています。新入社員Ｂが入社後３カ月を経た頃から欠勤をしはじめ、その後、会社に抑うつ状態という診断書を提出してきました。その後は、連続して欠勤することはありませんが、時々、欠勤や遅刻があります。Ａ社が、このような従業員を本採用拒否する場合、どのようなことに注意したらよいでしょうか。

判例の上では、その従業員が、本採用拒否事由に該当するか否かの判断基準は、会社にとって普通解雇する場合よりも若干ゆるやか（会社にとって容易）であるとされています。

しかし、具体的にどのようにゆるやかであるかはその個別事案の判例により異なっています。

したがって、慎重を期するためには、本採用拒否の場合にも、本採用後の普通解雇を行う場合と同程度に、解雇の客観的合理的理由及び社会的通念上の相当性について十分検討、準備した上で行うべきでしょう。

つまり、「第三者の誰が考えても、その従業員はきちんと継続労務提供ができないのであるから、解雇されてもやむを得ない」と思われる状態で行うべきであるということです。

具体的には、このことを根拠づける主治医や産業医の診断書、意見書、対象従業員のこれまでの勤怠状況についての詳細な記録等を用意しておくことが必要です。

３　試用期間を延長する方法もある

慎重を期するため、試用期間を３カ月間程度延長して精神疾患と勤務の状況の観察を続けた上で、同様の状態が続き、明確な改善が見られない場合には、本採用を拒否するという方法も考えられます。試用期間中は身分が不安定ですから、延長する場合は、本人にその理由や延長期間、最終判断基準を説明して、双方納得の上で行うことが必要です。

もし、会社側の判断のみで行うのであれば、あらかじめ、就業規則に「会社の判断により使用期間を延長する場合もある」ことをはっきり規定しておくことが必要です。その場合も、試用期間を延長することについて合理性（誰もが納得できる理由）があるケースに、限定されます。

4　当面、短時間勤務正社員、パートタイマーに切り替える方法も

例えば、当面１年間のみ、
①１日６時間勤務、給与は普通の正社員の6/8とする
②パートタイマー（週５日の１日６時間勤務または週３日の８時間勤務）に労働契約内容を切り替えて働いてもらい、様子をみる
――という方法も考えられます。もちろん、本人の同意が必要です。１年後、フルタイム（１週40時間）勤務の正社員に復帰させるか、または退職するのかは、１年後に、会社と当人が話し合って決めます。

４　身元保証人に従業員の心身の健康を保証してもらうことはできるか

ポイント

原則として、できない

1　身元保証とは

会社が、従業員（特に正社員）を採用するときには、一般的に身元保証書を提出させます。「身元保証」とは、引受け、保証その他名称のいかんを問わず、従業員の行為によって会社が受けた損害を、身元保証人が、その従業員に代わって賠償することを約束する契約のことです（身元保証法第１条）。

身元保証の期間については、その期間を定めても「最長５年間」です。特に期間を定めなかったときは、３年間（商工業見習者は５年間）です。身元保証契約は更新することができますが、更新契約の場合も、１回につき、最長５年間です（第１条、第２条）。

また、身元保証契約の自動更新条項は認められません。

会社は、**図表２**の場合には、すみやかに身元保証人に通知しなければなりません（第３条）。そして、身元保証人が、図表２のことについて会社から通知を受けた時、または自らその内容を知った時は、将来に向かって身元保証契約を解除することができます（第４条）。つまり、今後発生するおそれがある損害について責任を免れるようにすることができます。

図表2 会社が保証人に通知しなければならない場合

> ① 従業員に業務上不適任、不誠実な事実があり、これによって身元保証人に責任が生ずる恐れがある場合
> ② 従業員の職務の内容や就業場所が変更になり、これによって身元保証人にとって責任が重くなり、または従業員の監督が困難になる場合

2 保証人の保証責任の限度は

裁判所が実際に起こった事案について保証人の損害賠償の責任と金額を決める際には、**図表3**の点を考慮します（第5条）。

図表3 裁判所の考慮事項

> ① 従業員の監督に関する会社の過失の有無
> ② 身元保証人が保証をするに至った理由、保証をするときにした注意の程度
> ③ 従業員の任務や身上の変化
> ④ その他一切の事情

3 身元保証人が従業員の心身の健康を保証することは原則できない

先述したように、身元保証契約は、従業員が、不法行為責任または債務不履行責任に基づく損害賠償義務を負う場合に、身元保証人が代わりにその責任を負うものです。

このため、従業員の心身の健康状態が悪化して就労不能となった場合であっても、原則としてその責任を身元保証人に保証させることはできません。

ただし、例えば、精神疾患となった従業員が、故意または重大な過失により業務命令に違反して使用者に損害を与えた場合には、身元保証人が使用者に対して賠償責任を負う可能性があります。

5 メンタルヘルスに関する個人情報の取得・管理についての注意点は

ポイント

従業員の健康状況や診断書の記事内容等は、個人情報保護法で保護されていますので、それらの取扱いはルールにしたがって行ってください。

メンタルヘルスケアを行う際には、心身の健康情報を含む労働者の個人情報の保護に配慮する必要があります。個人情報の保護に関しては、個人情報保護法で規制がなされているので、まずは個人情報保護法の内容をみていきましょう。

1　個人情報保護法とは

この法律は、個人情報を取り扱う事業者の守らなければならない義務等を定めることにより、個人の権利利益を保護することを目的としています（第１条）。

個人情報とは「特定の個人を識別できる情報」のことです。例えば、名前、電話番号、住所、メールアドレス、顔写真その他が該当します。

会社の従業員については、人事、心身の健康状態、病歴、治療歴その他が含まれます。

2　法律を守る義務があるのは個人情報取扱事業者

会社内外の個人データを5,000人分以上持っていれば、個人情報取扱事業者（以下「取扱事業者」という。）に該当します。従業員100人の企業で、各人が名刺など50人分の個人データを持っていれば該当しました。改正個人情報保護法が平成29年５月30日から施行されました。これにより5,000人以下の個人情報を取り扱う場合にも、個人情報保護法が適用されることとなりました。

ほとんどの民間の企業、団体等が取扱事業者として、この法律を守らなければなりません。メンタルヘルスに関していえば、ⓐその従業員を雇用している会社、ⓑ従業員が診察、治療を受けた病院、ⓒ保険給付を行う健康保険組合等も当然該当します。

取扱事業者には、主に次のことが義務づけられています。

(1) 偽りその他不正の手段により個人情報を取得してはなりません（第17条）。

(2) 個人情報を取得した場合は、すみやかにその利用目的を本人に通知し、または公表しなければなりません。ただし、あらかじめ、その利用目的を公表している場合は除かれます（第18条第１項）。

(3) 取扱事業者は、上記(2)の規定にかかわらず、本人から直接書面（電子・磁気による情報を含む。）により本人の個人情報を取得する場合は、あらかじめ、本人に利用目的を明示しなければなりません（第18条第２項）。

(4) 取扱事業者は、その従業員に個人データを取り扱わせるにあたっては、その個人データの安全管理が図られるよう、従業員に対する必要かつ適切な監督を行わなければなりません（第21条）。

(5) 取扱事業者は、個人データの取扱いの全部または一部を、他者に委託する場合は、その取扱いを委託された個人データの安全管理が図られるよう、委託を受けた者に対する必要かつ適切な監督を行わなければなりません（第22条）。

(6) 取扱事業者は、一定の場合を除くほか、あらかじめ、本人の同意を得ないで個人データを第三者に提供してはなりません（第23条）。

3　従業員の健康情報の取扱いは特に要注意

個人情報のうち、労働者の心身の健康情報は、特に「取扱い注意」

の情報とされています。「雇用管理に関する個人情報のうち健康情報を取り扱うに当たっての留意事項について」（平16・10・29基発1029009）には健康情報の具体例が挙げられており、それらは、主として**図表４**のとおりです。

図表４　会社が取扱いに注意の必要な心身の健康管理情報

① 産業医が労働者の健康管理等を通じて得た情報
② 各種健康診断の結果（安衛法第65条の２第１項・第66条第１項～第４項・第66条の２）
③ 労働安全衛生法第66条の４及び第66条の５第１項に基づき使用者が医師等から聴取した意見及び使用者が講じた健康診断実施後の措置内容
④ 健康保険組合等が実施した健康診断等の事業を通じて使用者が取得した情報
⑤ 労働者災害補償保険法第27条に基づき労働者から提出された二次健康診断の結果
⑥ 使用者が医療機関から取得した診断書等の診療に関する情報
⑦ 労働者から欠勤の際に提出された疾病に関する情報
⑧ その他、任意に労働者等から提出された本人の病歴、健康診断の結果、その他健康に関する情報

４　メンタルヘルスに関する情報管理指針の順守

従業員の健康情報の取得・管理等に関しては、新メンタルヘルス指針（平18・３・31基発0331001）においても、メンタルヘルスケアを進める上で健康情報を含む従業員の個人情報保護への配慮が極めて重要であり、使用者は、健康情報を含む従業員の個人情報の保護に関連し、個人情報保護法や関連する指針等を順守し、従業員の健康情報の適正な取扱いを図るべきこととされています。

参考となるメンタルヘルスに関する厚生労働省の指針、通達は次のとおりです。

①「雇用管理に関する個人情報の適正な取扱いを確保するために事業

者が講ずべき措置に関する指針」（平24・5・14厚労告357）

②「雇用管理に関する個人情報のうち健康情報を取り扱うに当たっての留意事項について」（平16・10・29基発1029009）

③「健康保険組合等における個人情報の適切な取扱いのためのガイドラインについて」（平16・12・27保発1227001）

④「労働者の心の健康の保持増進のための指針について」（平18・3・31基発0331001）

第2章　従業員の精神疾患発症時、またはその疑いがある時の対応

1　精神医療の関係機関にはどのようなものがあるか

ポイント

精神疾患を発症した従業員の主治医を含め**図表１**の３つのグループに分類されます。

企業の従業員と管理監督者、人事・労務管理担当者が受診、相談をし、支援を依頼する精神医療の関係機関は、**図表１**の３つのグループに分類されます。

図表１の②ａの産業医については、労働安全衛生法により、常時使用する従業員が50人以上の事業場については、その選任が義務づけられています。

また、「②その企業の産業保健スタッフ」がいない企業の場合は、「③外部の支援機関」に精神疾患従業員への対応について相談し、その支援、研修等を受けることをおすすめします。

なお、企業の管理監督者、人事・労務管理担当者が**図表１**のいずれかの医療関係機関等と精神疾患従業員の対応について相談等を行う場合には、その従業員の「プライバシー」を守ることが必要です。

また、医療関係機関には、法令に基づき「守秘義務」があることに留意しなければなりません。

図表１　精神医療の関係機関

①　精神疾患従業員の主治医	②　その企業の委嘱または雇用している産業保健スタッフ a　産業医 b　精神医療専門医・看護師 c　保健師	③　外部の支援機関 a　地域障害者職業センター（独立行政法人高齢・障害・求職者雇用支援機構） b　保健所 c　精神保健福祉センター d　発達障害者支援センター e　その他

2　精神疾患と思われる従業員がいる場合、会社が今後の対応・配慮を決める際にすべきことは

ポイント

まず、対象従業員から主治医の診断書を提出させ、その詳細確認のため、主治医（または他の精神医療専門医）と面談することが必要です。

1　医師の診断書を提出させる

従業員に遅刻や欠勤の多発、不審な言動等がある場合には、会社は、その従業員に医師を受診させ（あるいは自発的な受診）、主治医の診断書を提出させます。

2　必要に応じて会社関係者が主治医と面談する

そして、会社の対象従業員の上司、人事・労務担当者が主治医に面談します。

診断書には、通常、例えば、「適応障害」、「抑うつ状態」、「自律神経失調症」等と記載されているのみです。会社側として、その従業員に対してどのような配慮をしなければならないのか、さらに、配置転換、業務の軽減等どのような対応をする必要があるのかは分かりません。

このため、必要に応じて、主治医に面談して、

①会社の事業内容、その従業員が担当している職務内容の説明、

②その従業員の遅刻や欠勤、不審な言動等がいつからあったかを説明した上で、

③現在、どのような薬が処方されているのか、

④今後の回復の見通しはどうか、

⑤今後の就労の適否の見通し、業務の軽減・変更など職場における配慮・対応措置は何か、

――について質問します。面談する際は、対象従業員の「プライバシーの侵害」および「医師の守秘義務違反」とならないようにするため、事前に、当人とその主治医の同意を得なければなりません。当該従業員と会社側関係者が同席して主治医と面談するのも１つの方法です。

3　産業医、専門医の意見を聴く

当人または主治医の同意が得られない場合もあります。その場合は、産業医等（産業医が精神疾患の専門医でない場合は精神疾患の専門医）に相談します。

4　会社側関係者が今後の対応措置を協議・決定する

そして、これらの聴取結果を会社に持ち帰り、人事課、その従業員の上司、産業医（産業医が精神疾患の専門医でない場合は、産業医の紹介する精神疾患の専門医等）等と検討し、職場の上司・同僚の配慮事項、さらには職務負担（業務内容・権限・責任）の軽減、残業の禁止、所定労働時間の短縮あるいは配置換え等をするか否かを決めます。

この場合、あらかじめ就業規則に根拠規定を設けておき、必要な場合は、会社の指定する医師の診断書も作成してもらうようにします。

会社側の対応の手順を**図表２**にまとめましたので、ご参照ください。

図表２　会社側（上司や人事・労務担当者等）の対応の手順

1　従業員の遅刻、欠勤の多発、不審な言動等

2－1　対象従業員から自発的に会社に診断書を提出

もしくは

2－2　上司等から対象従業員に医師の受診、診断書の提出を指示

3　診断書の受理、記載内容の検討

4　必要に応じて、会社側関係者（対象従業員の上司や人事・労務担当者）が、主治医と面談

⇩

5　会社側関係者の対象従業員の状況確認、職場の配慮事項・人事上の対応措置方針の協議

6　人事上の対応措置

6－1　職務負担（業務内容・権限・責任）の軽減、残業禁止、所定労働時間の短縮等をして同一の部署・職務を継続

6－2　他部署に配置転換（降格・降職を含む）

6－3　出勤停止（自宅待機）

6－4　休職

6－5　自主退職・解雇・雇止め（契約更新拒否）

（6－1・6－2 → 7）

7　所属・受入部署での対応（6－1、6－2の場合のみ）
・職務（業務内容・責任の程度）の決定
・職場内のコミュニケーション、健康管理・安全確保等の配慮面
・同僚等への精神疾患者に対する配慮事項の周知

③ 従業員に精神疾患によると思われる言動がある場合、会社が医師の受診・診断書の提出を命ずることは可能か

ポイント

医師の受診、診断書の提出を命じることができます。

職場で、周囲の者からみて、その従業員の様子があきらかにおかしく（遅刻や欠勤の多発、不審な言動等）、精神疾患発症が疑われる場合には、当人と職場の安全衛生を確保するために、会社は当人に医師の受診・診断書の提出を命じることができます。

1　就業規則に根拠規定がある場合は

就業規則に、あらかじめ、**図表３**のような根拠規定を設けておいてください。そうすれば、その従業員本人に心身の不調や疾病の自覚がない場合であっても、会社の上司等が医師の受診を命じることができます。会社指定医の受診命令書の書式例は、**図表４**のとおりです。

2　就業規則の根拠規定がない場合の対応方法は

もし仮に、就業規則に、会社が従業員に医療機関の受診を命じる根拠規定がない場合であっても、会社には従業員の安全と健康を守る義務（安全配慮義務）があります（**図表５**）。判例により、この義務には、従業員についての健康管理義務及び職場環境整備義務も含まれると判断されています。したがって、合理的、かつ、相当の理由があれば（従業員に心身の健康上の不安が疑われる場合には）、専門医の受診を勧めることは差し支えありません。

ただし、今後の対応のために必要ですので、労働法令の専門家と相談して就業規則の根拠規定を設けてください。

3　受診医の指定はできるか

医師への受診を命じる場合、受診する医師は、会社の指定医、または精神医療の専門医であることも明確にした方がよいです。ただし、就業規則の中にこの規定があったとしても、労働者が別途自ら選択した医師の診察を受けることまでは妨ぐことはできません。その従業員にはプライバシーがあり、当人の心身の状況、診察記録等はその重要部分であり、保護されるべきものであるからです。

図表3　従業員の受診・診断書提出義務等に関する就業規則の規定（例）

A 案

（従業員の受診・診断書提出義務）
第○○条　会社は、その従業員の出勤・勤務・言動の状況等からみて事業所と当人の心身の安全衛生及び服務規律の確保を図るうえで必要と判断したときは、医療機関等（その必要があると判断した場合には、会社の指定する医療機関等）の受診を命じ、または自宅待機を命ずることができる。
2　従業員は、第1項の命令により医療機関等の診断、検査等を受けた場合には、会社に診断書を提出しなければならない。
3　前二項の命令を受けた従業員がその期限までに医師の診断書を提出しない場合には、会社は、当人と職場の心身の安全衛生及び服務規律を保持するため、必要に応じて出勤停止、就業制限等の措置を講じることができる。

B 案

（受診・診断書提出義務）
第○○条　会社は、従業員が次の各号のいずれかに該当する場合には、その従業員に対して、医師（その必要がある場合には、会社の指定する医師（産業医を含む））の受診を命じることがある。
①　体調不良を理由にたびたび遅刻・早退・欠勤・勤務中の職場離脱等をする場合
②　私傷病により1カ月以上休職した者が、職務に復帰する場合
③　著しい業務能率の低下、勤務態度の変化等により、身体または精神の疾患に罹患していることが疑われると会社が判断した場合
④　配置転換その他の人事異動に伴い必要があると会社が判断した場合
⑤　心身の故障により、職務に堪えられないと会社が判断した場合
⑥　その他会社が必要と判断した場合
2　（A案と同じ）
3　前二項の命令を受けた従業員がその期限までに医師の診断書を提出しない場合には、会社は、当人と職場の心身の安全衛生及び服務規律を保持するため、当人について、必要に応じて出勤停止、就業制限等の措置を講じることができる。

③　従業員に精神疾患によると思われる言動がある場合、会社が医師の受診・診断書の提出を命ずることは可能か

図表４　受診命令書の書式（例）

〇〇年〇〇月〇〇日

営業部
〇〇　〇〇様

〇〇〇〇株式会社
人事課長　〇〇　〇〇

会社指定医の受診命令書

さて、貴殿につきましては、〇〇年〇〇月〇〇日以降、体調不良を理由とする欠勤、遅刻が頻繁にみられ、担当業務への影響が懸念されるところであります。

したがって、当社は貴殿に対し、正社員就業規則第〇〇条に基づき、下記のとおり当社の指定専門医に受診し診断書を提出していただくよう通知いたします。

なお、上記の受診と診断書の提出が指定期日までにない場合は、正社員就業規則第〇〇条の規定により、当社の判断で、必要に応じて自宅待期、就業制限などの措置をとらせていただく場合がありますので、その旨ご了承願います。

記

1　指定医
　〇〇病院〇〇科〇〇医師
2　受診期限
　〇〇年〇〇月まで
　本通知書に関するご質問等につきましては、下記担当者までお問い合わせください。

担当：人事課　〇〇〇〇（TEL：〇〇－〇〇〇〇－〇〇〇〇）

以上

図表５　労働契約法第５条（労働者の安全への配慮）

使用者は、労働契約に伴い、労働者がその生命、身体等の安全を確保しつつ労働することができるよう、必要な配慮をするものとする。

4　従業員に会社への診断書提出義務はあるか

その労働者の心身の健康管理及び他の従業員の安全衛生の確保、職場の服務規律の保持にとって必要性が認められる限り、使用者は、労働者に対して診断書の提出を命ずることができますし、労働者には、使用者への診断書の提出義務があります。

診断書の提出拒否が問題となった裁判例としては、**図表６**の大建工業事件判決があります。

図表６　診断書の提出拒否が問題となった裁判例（大建工業事件、大阪地決平15・４・６労判849・35）

１　事案の概要

この事件は、使用者が休職していた労働者の復職を認めるか否かの判断に関連して医師の診断及び診断書の提出拒否を理由とする使用者による普通解雇の有効性が問題となったものです。

この事件は、うつ状態あるいは自律神経失調症により約６か月間欠勤が続いた労働者について、使用者がその後２か月間長期欠勤扱いにし、さらに病状が回復しなかったため、その後18か月間休職としました。その労働者が休職期間満了直前に「回復したから職務に就く」旨を述べましたが、使用者からの主治医に対する事情聴取への承諾を拒否し、その後、労働組合が紹介した医師の診断書を提出する旨の確認書が交わされましたが、その労働者は、診断書の提出を３回延期し、最終的に診断書を提出しなかったというものです。

２　判断要旨

その労働者の上記の欠勤、長期欠勤、18か月間の休職期間を経たことを前提に、「債務者〔使用者〕が、債権者〔労働者〕の病状について、その就労の可否の判断の一要素に医師の診断を要求することは、労使間における信義ないし公平の観念に照らし合理的かつ相当な措置である」とし、「使用者である債務者は、債権者に対し、医師の診断あるいは医師の意見を聴取することを指示することができるし、債権者としてもこれに応じる義務がある」としています。

④ 精神疾患のある従業員に担当させる業務は

ポイント

納期がきびしい業務、作業の内容・量が急変する業務などは避けるべきです。

1 納期がきびしい業務、作業の内容・量が急変する業務は避ける

精神疾患のある従業員は、初めての職場や場面に適用する力が弱いです。慣れるまでに時間がかかる、臨機応変の対応が苦手で、業務内容や作業量の急な変更にストレスを感じやすいといった人が多くいます。このため、納期がきびしかったり、作業の量や内容が急変したりするような作業は避けることが望まれます。

2 作業をピックアップする

納期や作業の難易度から考えて、現在ある職務に精神疾患のある人をそのまま配置するのは無理がある場合には、多数の部署から対応可能と思われる作業をピックアップし、ひとまとまりの業務を作り出す方法もあります。

5　精神疾患と診断された従業員に対する職場での健康管理面の配慮は

ポイント

通院時間の確保、医療機関との連携その他の配慮が必要です。

1　通院時間の確保

精神疾患のある従業員の多くは通院を必要としています。通院が必要な従業員に対しては、通院時間を確保しなければなりません。本人が通院している医療機関が夜間や休日に診療していない場合には、勤務を休んで通院する必要があります。夜間や休日に診療していても、本人の疲労度や体調管理面を考慮し、勤務を休んで通院することを認めている企業もあります。

勤務を休んで通院する場合には、年次有給休暇などを利用して通院するといった対応が多いようです。なかには、定期的な通院を確保するために、時間単位年休をとれるようにしたり、通院時間を出勤扱いにしたりする制度を設けている企業もあります。

2　普段から本人の様子に気をつけ、早めに体調の変化を把握する

職場では、本人の疾患の状況を踏まえて、通院時間の確保をはじめ、必要な勤務上の配慮をしていくことが望まれます。

しかし、健康管理面については、精神疾患のある従業員が主治医と相談しながら、自己管理していくことが基本です。

ただし、体調に波のある人も多いので、例えば、出勤してきたときに、普段と違う様子が見られたら、「調子はどうか」といったように一声掛けるなど、普段から本人の様子に気をつけて、普段と違った様

子がうかがわれるときには、早期に状況を確認するよう心がけるとよいでしょう。

また、体調不良が想定されるときには、早めに医療機関（主治医、産業医、保健師、外部支援機関（地域障害者職業センター、保健所ほか））に連絡をし、対応策を検討することが望まれます。

3　体調不良で休みを訴えてきたときの対応

「調子の悪いときは無理をしなくてよいと言われています。そのことで気持ちにゆとりがうまれ、体調を崩さず、かえって休まないで出勤できています」という精神疾患のある従業員もいて、体調不良のときにきちんと対応してもらえることが安心感に繋がっているようです。

一方、中には、体調不良で欠勤を連絡してきた場合、無条件に「無理しないで休むように」と対応するのではなく、本人の話を十分に聞いて、まずは出勤するように促す企業もあります。

例えば、ちょっとでも不調を訴えると周囲から無理しないで休むように言われてきた人などは、復職してもすぐに休もうとする場合があり、安易に欠勤すると、欠勤したことでさらに出勤しにくくなるという悪循環におちいってしまうことがあります。このような人に対しては、とにかく出勤してみるように指導するようです。

誰しも調子のよいときもあれば悪いときもあります。これまでの生活パターンから、少々のことでは休まないという姿勢に切り替えることが必要な人がいるかもしれません。

このように、体調不良を訴えたときの対応も、１人ひとりの状況を十分に把握し、個別の対応をすることが求められますが、このような個別対応が必要なときには、本人の体調不良の状況がどのようなものかなど、医療機関の人とも十分に連携をとって対応することが望まれます。

なお、体調不良のときには、全面的に休むという対応以外にも、勤務時間をしばらく短縮するなど緩和勤務の検討も考えられます。

4　調子が落ちてきたときの指示出しの工夫

普段は口頭だけでやりとりができている人でも、調子が低下しているときは、口頭に加えて指示を紙に書いて渡すようにし、作業のチェックも普段に比べて綿密にすることで、本人も安心して仕事ができている企業もあります。

5　主治医・外部医療機関との連携・情報収集

調子を崩したときには、主治医・外部の医療機関からも情報収集するなど、連携を図っている企業もあります。他方、調子を崩したときにどのような対応をすればよいか、主治医から有効な情報が収集できず苦慮している企業も多いようです。

医療機関と連携を図る際には、主治医等には法令に基づき「守秘義務」があることを念頭に入れ、事前に、本人の同意を得たうえで、診察に同行して情報収集している企業もあります。

この企業では、診察に同行する際には、事前に本人から主治医にその旨を伝えてもらい、ある程度面接時間が確保できる日時に診察の予約をしておきます。また、同行した際には、「企業としては本人の職場定着を願っており、本人のためにどのような対応が望ましいのか知りたい」等、本人を辞めさせる材料を把握するために情報収集したいのではないことを明確に医師側に伝えるようにしています。

さらに、主治医が数週間に1回、10分～20分程度の面談しかできないのに対し、企業では本人の状況を職場や仕事での人間関係を通じて毎日把握しているので、職場では普段どのような状況にいるか、調子を崩してからはどのような状況にあるかを分かりやすく報告し、主治医から的確な助言をもらえるよう工夫しています。

6　企業内産業保健スタッフを活用する

自社で産業医や精神医療の専門医、保健師等に業務委託している場合、これらの者は企業の中の数少ない医療保健のスタッフ（専門家）です。精神疾患のある従業員の健康管理や外部医療機関との連携については、これらの企業内産業保健スタッフの有効活用が望まれます。

6　精神疾患と診断された従業員に関する周囲への説明は

ポイント

当人の同意を得たうえで、周囲の従業員に必要な配慮事項を周知しておきます。

1　周囲への周知は必要

その従業員に精神疾患のあることを周囲の従業員に伝えないと、周囲の従業員の協力や配慮を得ることができません。さらに、通院や残業などの配慮が必要な場合には、「なぜあの人は残業しないのか」とか「定期的に休むのはなぜか」といった疑問が出てくることがあります。このため、企業では、必要に応じて同じ職場の他の従業員にある程度の説明を行っているところがほとんどです。

2　どのような説明の仕方をするかについて本人の意向を確認する

勤務時間や業務内容の指示の出し方などで何らかの配慮を必要とする際には、少なくとも、企業として配慮したいと考えていること（例えば、残業の制限、通院日の確保、仕事内容の設定の仕方や指示の出し方など）を周囲の従業員に伝えないと、周囲の配慮が得られないことを、あらかじめ、本人にも十分説明し納得してもらわなければいけません。

ただし、精神疾患の人に、周囲の従業員に疾患のことを伝えるのは抵抗があったり、どのような説明をされるのか不安に思ったりする人もいます。このため、説明内容を企業側が一方的に決めるのではなく、本人の意向を確認しながら、説明の仕方を決めることが大切です。精神疾患のある従業員が利用している外部の支援機関（地域障害者職業センター、保健所ほか）があれば、その支援機関とも相談する方がよいでしょう。

3　社内に精神疾患や精神疾患者雇用に関する基礎的情報を提供する

企業として精神疾患者の勤務管理に初めて取り組む場合には、精神疾患のある人と一緒に働くことになる従業員がいろいろ不安を持つこともあります。これらの不安は、精神疾患のある人と実際に働く中で解消していくことが多いのですが、事前に精神疾患や精神疾患者の勤務に関する基礎的な情報を提供することで、ある程度不安を緩和することもできます。

これらの研修には、地域障害者職業センターなどの支援機関を活用するとよいでしょう。地域障害者職業センターでは企業に対する支援を行うこととされており、日程の調整がつけば、地域障害者職業カウンセラーが無料で企業まで出むき研修を実施します。

4　精神疾患者の勤務に関連して周囲の従業員に不安や悩み事がないか把握する

上記のような基礎的情報を提供する際に、事前に従業員の疑問や不安を把握し、それらに沿って情報提供を行うと効果的です。

また、実際に一緒に働きだしてからも、不安や悩み事が発生していないかどうか、所属長や精神疾患者の勤務管理の担当者などが注意しておき、何らかの不安や悩み事があるときには、なるべく早く対応することが望まれます。

周囲の従業員が精神疾患者の勤務に関して不安や悩み事を抱えていることが判明したときには、どのように対応するか支援機関に相談するのがよいでしょう。

7　精神疾患の従業員が体調を崩したときのサインには、どのようなものがあるのか

ポイント

眠れない、イライラした気分などのサインがあります。

1　体調を崩したときのサインの例は

体調を崩したとき（崩しそうなとき）のサインの一例として、眠れない・眠りすぎる、緊張する、神経質になる、イライラした気分になる、物事に集中できない、理路整然と考えられなくなる、食べる量が増える・減る、自分の能力に対して自信過剰になる、物事に興味がなくなる、外見や服装に無頓着になる、仕事中に手が止まる、ぼうっとする、トイレに行く回数が増えるなどがあげられます。ただし、これらはあくまで一例です。

同じ診断名の人であっても、サインの出方は人によって異なりますので、個別のサインを把握しておくことが重要です。

2　精神疾患従業員の体調管理を考える際に知っておいた方がよいことは

上司・同僚が、当人の体調管理を考えるときには、あらかじめ、当人の「調子を崩すきっかけ・調子を崩すときのサイン・調子を崩したときの対処方法」の視点から情報を整理することが重要です。

当人が調子を崩すきっかけが分かれば、**図表７**の項目のように、調子を崩すきっかけになりそうな場面を避けたり、調子を崩さないための対策をたてることができます。

図表7　精神疾患従業員が調子を崩すきっかけ例

・残業を頼まれると断れずに無理をして調子を崩す
▶残業のない仕事を選んだり、企業側が残業をさせない配慮をする
・年下の人や異性から指示命令されると非常にいやな思いになり、それがたび重なると調子が悪くなる
▶職場の人的環境を十分把握し、本人が苦手とする場面がなるべく発生しないようにする
・生活リズムが崩れると調子を崩す
▶簡単な日課表を書く癖をつけて、生活支援の担当者と定期的に相談する
・薬を自分で勝手に調整し調子を崩した経験がある
▶服薬管理の仕方を学ぶ
・親からあれこれプレッシャーをかけられると調子を崩す
▶家族への心理教育＊を行ったり、SST（社会生活技能訓練、生活技能訓練）などにより本人が対処法を身につける etc…
＊心理教育とは、病気や障害など受容しにくい問題を持つ人たちに、正しい知識や情報を心理面への十分な配慮をしながら伝え、病気や障害の結果もたらされるいろいろな困難に対する対処法を習得してもらい、主体的に問題に対処できるよう援助する方法。

また、例えば、喉が痛くて微熱があれば、風邪の引きはじめのサインだと気づき、暖かくして早めに休む等、風邪をこじらせない対策が早めにとれます。これと同じように、調子を崩しはじめたときのサインに気づくことができれば、早めの対策をとることが可能になります。

3　調子を崩しそうになったときの対処方法を本人が身につける

さらに、精神疾患になった従業員本人が調子を崩しそうになったときの対処方法をある程度身につけているかどうかは、職業生活の継続に大きな影響を与えます。職場の上司などや、本人が、対処方法を身につけているかどうか把握し、対処方法が身についていないときには、どのような対処法が考えられるか検討することが望まれます。

ある企業では、「体調・サイン・対処法のチェックリストの例（**図**

表８)」のような様式を活用し本人の状況を把握しています。ただし、このような対応を日常的に実施できる企業は多くないでしょう。このような疾病管理に関することは、医療機関や就労支援機関が本人と情報整理を行い、企業に分かりやすい形で提示してもらうことが望まれます。

図表８　「体調・サイン・対処法のチェックリストの例」

自分の体調や、そのサインと対処法を客観的に見ることで、自分に合った環境を考えましょう

氏名＿＿＿＿＿＿＿＿＿＿＿＿

調子を崩す「きっかけ」になるかもしれない事 例：予定を入れ過ぎる・家族、友人とけんかする	私の「きっかけ」… （　月　日） ＿＿＿＿＿＿ （　月　日）⇩ 変化はありましたか？
⇩	
自分で気が付いている「注意サイン」 例：イライラする・不安が高まる	私の「注意サイン」… （　月　日） ＿＿＿＿＿＿ （　月　日）⇩ 変化はありましたか？
⇩	
これをすれば乗り切れると思う事 例：１人でゆっくり過ごす・誰かに相談する	私の「乗り切り方」… （　月　日） ＿＿＿＿＿＿ （　月　日）⇩ 変化はありましたか？
⇩	
その時、職場の人に配慮して欲しい事 例：回復するまで一人にしてほしい	配慮して欲しいこと… （　月　日） ＿＿＿＿＿＿ （　月　日）⇩ 変化はありましたか？

職場の人（上司・同僚）に知っておいて欲しい事

また、発症後に、仕事などの経験もなく、ストレスのかかる職場環境に身をおいたことがないので、あまり調子を崩したことがない人の場合は、職場実習などを通じ、本人に向いた労働条件や労働耐性の状況を確認しておくことが望まれます。

いずれにしても、「調子を崩すきっかけ・調子を崩すときのサイン・調子を崩したときの対処方法」の視点から情報整理を行い、本人を支援している外部の支援機関（地域障害者職業センター、保健所ほか）であれば、精神疾患者の就労時の健康管理面での配慮事項も明確に分かりますし、職場適応のための支援も期待できます。

[8] 周囲の者が「精神疾患のある従業員に声をかける際、いろいろ気をつかって疲れてしまう」という場合、どうすればよいか

ポイント

コミュニケーションの基本は、精神疾患のある人もない人も同じです。

精神疾患のある従業員と一緒に仕事をした経験がない上司、同僚の場合、「いろいろ気をつかって疲れてしまう」というのは、ある意味仕方のないことかもしれません。そのように悩むのは、本人のためにあれこれ真摯に考えている証拠であるとも言えます。

はじめのうちはいろいろ気をつかっていても、一緒に働く中で、一人ひとりの個性が分かってきて、自然とコミュニケーションがとれるようになってくるということは、疾患のある従業員の労務管理に長年取り組んでいる多くの企業が指摘することです。

精神疾患のある人とない人とのコミュニケーションで求められることは、いわば当たり前の対応がほとんどです。「いろいろ気をつかって疲れてしまう」ほどコミュニケーションのとり方に注意を払っている方である場合は、本人の個性が分かってくれば、コミュニケーション面で悩むことは少なくなると思います。

なお、事前に、本人の精神疾患の特徴や配慮事項が把握できていれば、一緒に働く中で本人の個性が分かるまでの時間が短縮されます。本人や支援機関から十分情報収集しておきましょう。

「頑張れ」は禁句か

「頑張れ」という励ましの言葉自体は、決して悪い言葉ではありません。

例えば、本人ができたことを見つけ、「大変よくできました。頑張

りましたね」と努力を認め、「この点に注意して仕事をするともっとよくなるので頑張りましょう」と言ったりするのは本人の励みにもなります。

ただし、「頑張れ」という言葉が、「ちゃんと仕事をしてないじゃないか、もっと頑張って仕事をしろ」といった意味で受け止められるような文脈で使われたり、「頑張れと言われても、具体的にどのように仕事をすれば頑張ったことになるのか分からない」と精神疾患のある従業員本人が悩んだりするようでは問題となります。

どのような「声かけ」をすれば効果的な励ましの言葉となるかは、そのときどきの状況で適切に使いわけることが望まれます。このような配慮は、精神疾患のある従業員に対してだけ求められる問題ではないでしょう。

(資料出所) 5～8の記載内容は、「精神障害者雇用管理ガイドブック」【障害者職業総合センター(独立行政法人　高齢・障害・求職者雇用支援機構)】を一部修正のうえ使用。

9　精神疾患と診断された従業員の言動で業務にトラブルが発生している場合の対応方法は

ポイント

当人の状況により、当面、年次有給休暇の付与、出勤停止とし、会社側として、その間にその後の対応措置（休職、自主退職または解雇）について検討します。

1　質問事案の内容は

当社に、職場で、勤務中に大声を上げたり物を投げたり上司に暴行したりするなど精神疾患によると思われる異常な言動を行う従業員がおり、他の従業員の業務に支障をきたしています。この従業員についてどのように対応したらよいでしょうか。

2　対応方法は

その従業員の出勤により、他の業務、他の従業員に支障が出ているようであれば、その従業員の処遇方法を決めるまでの間、数週間の範囲内で年次有給休暇の付与、その後は出勤停止にすることができます。

自社に休職制度が設けられており、その従業員が適用対象となるのであれば、休職にして治療に専念させるのがよいでしょう。

また、医師の判断で、休職させても回復の見込みがないと認められる場合であれば、自主退職または解雇することが認められます。

3　精神疾患による業務妨害従業員の出勤停止とは

出勤停止は、自宅待機、自宅謹慎等とも呼ばれています。

出勤停止は、その従業員の言動が業務の混乱、支障を引き起こしている場合の一時的対応、その従業員の労働能力、不法行為等により休職や解雇、退職するまでの間、当面の措置等として行われます。

出勤停止には、次の２種類があります。上記１の事例では、①のものが該当します。

①業務命令としてのもの

②懲戒処分としてのもの

従業員を出勤停止とするためには、原則として、就業規則の根拠規定が必要です。規定例は**図表９**のとおりです。

図表９　業務命令としての出勤停止等の根拠規定例（就業規則）

（出勤停止等）
第○○条　会社は、次の各号のいずれかに該当する従業員に対しては、当日の会社への出勤を禁止し、又は会社からの退出を命じ、さらに必要に応じ、一定期間、会社への出勤を停止させることがある。
第１号　酒気を帯びる等職場の風紀を乱すと会社が判断した者。
第２号　法令上就業を禁止されている病者その他就業させることが当人及び職場の安全衛生の確保及び健康管理のうえで不適切と会社が判断した者。
第３号　凶器その他職務に必要でない危険物を携帯する者。
第４号　業務の円滑な実施に支障をきたすと会社が判断した者。
第５号　その他会社が出勤停止等の措置をとることが必要と判断した者。
２　前項の場合、勤務しなかった日及び時間帯の賃金は支給しない。

4　出勤停止期間中の賃金支払いは

簡単にいえば、その従業員の出勤停止となった原因がその従業員によるものであれば、無給でさしつかえありません。他方、使用者側に責任があれば有給としなければなりません。

具体的には、**図表10**の労働基準法・民法の規定によって判断されます。

図表10　労基法第26条と民法第536条第２項の違い

	労基法第26条	民法第536条第２項
規定内容	使用者の「責に帰すべき事由」による休業の場合に、使用者は、平均賃金の60％の休業手当を支払う。	債権者（使用者）の「責めに帰すべき事由」による履行不能の場合に、債務者（労働者）は反対給付を受ける権利（賃金請求権）を失わない。
「責めに帰すべき事由」	使用者に故意・過失がある場合のほか、使用者側に起因する経営、管理上の障害を含む。	債権者の故意・過失または信義則上これを同視できる事由がある場合
規定の性格	行政取締法規（罰則を伴う）、強行規定	民事的効力、任意規定
請求できる賃金	60％	100％
履行の提供	不要	原則として必要

（資料出所）「労働問題を読み解く民法の基礎知識378頁」森井利和編著　労働調査会

5　精神疾患によるものと思われる場合の取扱は

精神疾患が原因と思われる言動により他の従業員への暴行や脅迫等の危険性がある場合については、その従業員の不法行為、服務規律・企業秩序違反、債務不履行（正常な労務の不提供等）となるような実質的な理由が認められることから、出勤停止命令中に賃金を支払わない措置をとることは認められると考えられます。

6　出勤停止命令の期間の長さは

この出勤停止の期間は、数週間から１カ月間程度とするのが限度と考えられます。

この出勤停止の期間中①会社が有給としている、②無給だが、会社の共済会から金が支給給付されている、③健康保険から傷病手当金が支給されているなどであれば、当人は当面の生活に困りません。

しかし、無収入である場合には、当人が生活に困るため、命令を無視して出勤してきたり、出勤停止命令についての訴訟リスクが生じることになります。

当人に健康保険の傷病手当金の受給資格がある場合には、ただちに、その手続きをとることが必要です。

この出勤停止の数週間ないし１カ月程度の間に、会社としてのその後の対応方針を決め、病状の程度、長さに応じて、休職や自主退職または解雇のいずれかにすべきでしょう。

第3章　メンタルヘルス不調者の業務軽減措置と人事異動

第1節　企業の人事権、人事異動の種類

1　企業の人事権とは

ポイント

人事権とは、企業が従業員の人事管理を行う際に有する諸々の権利の総称です。

1　企業の人事管理とは

企業は、経営上必要とする人材（従業員）を採用し、各職務に配置し、企業活動の必要に応じて再配置し、あるいは休職・復職を命じ、職場秩序維持のために賞罰を与え、退職・解雇に伴う必要な措置をとります。これら一連の措置を通常、人事管理といいます。

また、人事管理は、その企業・組織の目的を達成するために、従業員の労働効率・意欲を継続的に高く維持し、向上させるための一連の制度・施策を行います。具体的には、人員管理、採用、昇格・昇進、配置・異動、人事考課、賃金管理、教育訓練などがあります。

なお、人事管理は、最も広い意味では、労使関係を中心とした労働条件管理を含む場合もあります。

2　企業の人事権とは

人事権とは、こうした人事管理を行ううえで使用者が有する諸々の

権限の総称です。狭義には、使用者が有する人事管理に関する決定権限を指しています。一般に、労働者は労働契約によって労働力の処分権を使用者に委ねた以上、使用者が有する人事権にもとづく指示・命令に服すべき義務があるとされています（『人事労務用語事典』日本経団連出版より）。

ただし、当然のことですが、人事権は、労働分野の制定法（労基法、労契法、均等法その他）、判例、民法の権利の濫用・公序良俗等の規定により制限を受けます。

②　企業の行う人事異動（広義）とその種類は

ポイント

人事異動には、企業内人事異動（転勤、配置換え、昇進、降格等）と企業間人事異動（出向・転籍）とがあります。

1　企業の行う人事異動（広義）というのは

人事異動（広義）とは、従業員が企業の命令によって、これまで従事してきた職務（担当業務と権限)、地位、勤務場所、所属事業所、会社等とは異なる別の職務、地位、勤務場所、会社等に、相当長期間にわたって従事し、勤務することをいいます。

2　企業の行う人事異動（広義）の内容別種類は

人事異動（広義）の内容別種類は、**図表1**のとおりです。人事異動（広義）は、企業内の人事異動（転勤、配置換え、その他）と企業間の人事異動（出向、転籍等）に二分されます。

さらに、企業内人事異動には、横の異動（転勤、配置換え等：**図表1**の1の①、②）と縦の異動（昇進・昇格、降格・降職：**図表1**の1の③）とがあります。

図表1　人事異動（広義）の種類

項目	説　明
1　企業内人事異動（配置転換）	①　転勤（勤務地変更） 転勤（勤務地変更）とは、継続的に従業員の勤務場所を変更することをいいます。住所の変更を伴うもの（例：東京本店⇒福岡支店）から、生活にほとんど影響のないもの（例：池袋支店⇒新宿支店）まであります。
	②　配置換え 配置換えとは、同一勤務地（事業所）内の勤務箇所の変更をいいます。
	③　昇進・昇格、降格・降職 昇進とは、企業内での労働者の位置づけについて下位の職階から上位の職階への人事異動を行うことです。例えば、課長が部長になることが該当します。 降格(降職)とは、上位の職階から下位の職階への異動のことです。
	④　職種の変更 例えば、総合職から一般職に、また事務職から研究職に変更することです。
	⑤　派遣 ここでいう派遣は、社外派遣（デパートへの派遣店員）または社内の他事業所への派遣のことをいいます。これらは、他社の事業所、または自社の他事業所等に従業員の勤務場所を長期的に変更して勤務させるものです。 ここでいう派遣には、派遣法の許可または届出をして行わせる労働者派遣（人材派遣）は含みません。
	⑥　長期出張・応援 長期出張とは、一時的に従業員の勤務場所を変更して、自己の通常の業務を行わせるものです。応援とは、一時的に勤務場所を変更して、自己の業務以外の業務を行うものです。 長期出張・応援の場合は、従業員の所属事業所は従来と同じです。
	⑦　休職 休職とは、その従業員について、ⓐ就労させることができない、または不適当な場合に、ⓑ雇用関係は続けながら（従業員の身分のまま）、ⓒ就労を免除し、または禁止することです。
2　企業間人事異動	①　出向（在籍出向） 出向（在籍出向）とは、自社の従業員として雇用を継続したままで、他社に雇用され、他社の事業所で、他社の業務に従事させることをいいます。
	②　転籍（移籍出向） 転籍（移籍出向）とは、自社を退職し、他社に雇用され、他社の事業所で、他社の上司の指揮命令に従い、他社の業務に従事させるものです。 出向と転籍は、いずれも自社から他社への企業間の人事異動です。出向は、自社の従業員のまま（自社と従業員は雇用関係を継続したまま）他社と新たに雇用関係を結びますが、転籍は、自社を退職する点が出向とは異なります。
3　海外への転勤、出向、派遣、出張等	企業活動の国際化に伴う海外事業所での業務処理のために行うものです。

第2節　メンヘル不調者の業務負担軽減措置

1　使用者にメンヘル不調者の業務負担を軽減する義務はあるか

ポイント

必要に応じて業務負担の軽減措置、労働時間の短縮等を行う義務があります。

1　電通事件最高裁判決で「業務軽減措置義務」ありとされた

使用者に、メンタルヘルス（以下「メンヘル」と略す。）の不調者の業務軽減措置を行う義務があることについて、電通事件判決（最二小判平12・3・24判時1707・87労判779・13）では、次のように述べています。

> 使用者は、その雇用する労働者に従事させる業務を定めてこれを管理するに際し、業務の遂行に伴う疲労や心理的負荷等が過度に蓄積して労働者の心身の健康を損なうことがないよう注意する義務を負う、また、使用者に代わって労働者に指揮命令する者も同様の注意義務の内容に従って、指揮命令すべきである。

2　具体的に求められる安全配慮義務は

この点について、平成18年に厚生労働省が策定した「新メンタルヘルス指針（平18・3・31基発0331001）では、「ラインによるケア」として、管理監督者に対し、次のように求めています。

> 職場環境等の改善として、個々の労働者に過度な長時間労働、

過度な疲労、心理的負荷、責任等が生じないようにする等、労働者の能力、適性及び職務内容に合わせた配慮を行うこと。

労働安全衛生法の改正により、平成27年12月１日から事業者に実施が義務づけられたストレスチェック制度においては、次のように、事業者は医師の意見を聴いたうえで必要な措置を取らなければならないことになっています。

・事業者は、ストレスチェックの結果の通知を受けた労働者であって、心理的な負担の程度が労働者の健康の保持を考慮して厚生労働省令で定める要件に該当するものが医師による面接指導を受けることを希望する旨を申し出たときは、その甲出をした労働者に対し、医師による面接指導を行わなければなりません（同法第66条の10第１項）。
・事業者は、面接指導の結果に基づき、その労働者の健康を保持するために必要な措置について、医師の意見を聴かなければなりません（同第５項）。
・事業者は、医師の意見を勘案し、その必要があると認めるときは、その労働者の実情を考慮して、就業場所の変更、作業の転換、労働時間の短縮、深夜業の回数の減少等の措置を講ずるほか、その医師の意見の衛生委員会若しくは安全衛生委員会又は労働時間等設定改善委員会への報告その他の適切な措置を講じなければなりません。

２　業務負担の軽減措置を講じる場合の留意点は何か

ポイント

メンヘル不調者本人、産業医等との十分な話し合い、現在の上司、配転先の上司の理解等が大切です。

この点について、「ストレスチェック指針」では次のように説明しています。

就業上の措置の決定及び実施

安衛法第66条の10第６項の規定に基づき、事業者が労働者に対して面接指導の結果に基づく就業上の措置を決定する場合には、あらかじめ当該労働者の意見を聴き、十分な話し合いを通じてその労働者の了解が得られるよう努めるとともに、労働者に対する就業場所の変更、作業の転換、労働時間の短縮、深夜業の回数の減少等の措置を講じなければなりません（同第６項)。

また、安衛法では、健康診断結果への対応措置について、次のように定めています。

第66条の４、第66条の５　要旨

事業者は、健康診断の結果に異常が認められた労働者について、その労働者の健康を保持するために必要な措置について、医師等の意見を聴かなければならないとされ、その意見を参考として、必要に応じて、「就業場所の変更、作業の変換、労働時間の短縮、深夜業の回数の減少等の措置」を講じなければならないとされている。

そして、同法第66条の５第２項に関して厚生労働省が策定した「健康診断結果に基づき事業者が講ずべき措置に関する指針」(平８・10・１健康診断結果指針公示１）では、当該労働者の就業区分及びその内容に関する医師等の意見について、**図表2**のような区分（例）で「就業上の措置」を求めるものとされています。

図表2 「就業上の措置」を求める際の区分（例）

就業区分		就業上の措置の内容
区分	内容	
通常勤務	通常の勤務でよいもの	
就業制限	勤務に制限を加える必要のあるもの	勤務による負荷を軽減するため、労働時間の短縮、出張の制限、時間外労働の制限、作業転換、就業場所の変更、深夜業の回数の減少、昼間勤務への転換等の措置を講じる。
要休業	勤務を休む必要があるもの	療養のため、休暇、休業等により一定期間勤務させない措置を講じる。

なお「就業上の措置」は、当該労働者の健康を保持することを目的とするものであって、必要な措置を超えた措置を講ずるべきではなく、医師等の意見を理由に安易に解雇等をするなど不利益な取扱いにつながらないように留意しなければならないものとする。なお、労働者の意見を聴くに当たっては、必要に応じて、当該事業場の産業医等の同席の下に行うことが適当である。

事業者は、就業上の措置を実施し、又は当該措置の変更若しくは解除をしようとするに当たっては、当該事業場の産業医等と他の産業保健スタッフとの連携はもちろんのこと、当該事業場の健康管理部門及び人事労務管理部門との連携にも十分留意する必要がある。また、就業上の措置の実施に当たっては、特に労働者の勤務する職場の管理監督者の理解を得ることが不可欠であることから、事業者は、プライバシーに配慮しつつ、当該管理監督者に対し、就業上の措置の目的及び内容等について理解が得られるよう必要な説明を行うことが適当である。

また、就業上の措置を講じた後、ストレス状態の改善が見られた場合には、当該事業場の産業医等の意見を聴いた上で、通常の勤務に戻す等適切な措置を講ずる必要がある。

標記２の設問はメンヘル不調者に必須の業務軽減措置であるので、ストレスチェック結果による高ストレス従業員への対応とは異なり、本人にとって不利益となるとしても実施しなければなりません。しかし、この点以外については、上記指針の内容は参考になります。

3 メンヘル不調者を、本人の同意なく、業務軽減措置として配置換えすることは認められるか。

ポイント

十分に合理的な必要性があれば、従業員の同意を得ることなく、使用者の命令により配置換えすることは認められます。

1 配置転換（企業内人事異動）とは

配置転換（略して「配転」、企業内人事異動のこと）とは、同一企業内において従業員の職種、職務内容、職階または勤務場所を相当長期間にわたって変更することをいいます。このうち、同一企業内の他の事業場への配転を「転勤」と呼び、同一事業場内における職種・勤務部署等の変更を「配置換え」などと呼びます。

2 従業員の同意は原則として不要

使用者は従業員に対して、配転を一方的に命じられるでしょうか、それとも従業員の同意が必要でしょうか。

この点について最高裁は、就業規則に配転命令の根拠規定があり、配転が日常的に行われており、勤務地を限定する特約がない場合について会社の転勤命令権を認めています（東亜ペイント事件、最二小判昭61・7・14労判477・6）。

3 配転権（人事権）の制限

使用者は、従業員に対して、無制限に配転命令を出すことができるわけではなく、大きく分けて次の①、②の制限を受けます。

①労働契約による制限

労働契約により職種・勤務地等が限定されている場合は、その従業員の同意なしに配転できません。

②配転権の濫用による制限

権利の濫用になる配転命令は認められません。

前記最高裁判決は、次の場合に権利濫用になると判断しています。

(イ)　業務上の必要がない場合

(ロ)　業務上の必要性があっても、人選が妥当性を欠くとき、不当な動機・目的をもってなされたとき

その従業員が、人事異動とその後の勤務に耐えられない心身の健康状態にあることを知りながら、人事異動命令を出すことは、これらに該当すると思われます。

(ハ)　業務上の必要性があっても、労働者が、通常、甘受（かんじゅ：甘んじて受け入れること）すべき程度を著しく超える不利益を負わせるときなど「特段の事情」がある場合

（上記（ロ）と同じ）

4　使用者側の配転時の留意点

使用者が、従業員を配転させ、業務による心身の負荷を軽減することによりメンヘル不調の状況を改善させようとしても、使用者が配転を強行することによって本人の不調が悪化してしまっては逆効果となります。

したがって、使用者側と本人（場合によっては近親者等）が、産業医等も同席のうえ十分協議し、本人に会社の意図を理解・納得させたうえで配転を行うべきです。配置転換先も、できればこれまで馴染んできた同一事業場内での配置換えとしたほうが、これまでと人間関係、通勤経路が変わらずよいでしょう。

4　メンヘル不調者を降格する場合の留意点は

ポイント

その従業員が、その地位に必要な能力、適性に欠けていること等を客観的に説明できるようにしておくことが必要です。

1　降格（降職）とは

降格とは、現在格付けられている資格（等級）から下位の資格（等級）へ移行することをいいます。

降職とは、現在の職務（担当業務と権限）から低位の職務への移行、例えば、人事部長職から人事課長職というように下位の職務に変わることをいいます。降職は、その職務に求められる役割・責任を全うできないなどの事由により行われます。

降格（降職）には、２つの種類があります。本項で説明するのは、人事異動（配置転換）として行うもののことです。

2　会社が従業員を降格できる法的根拠は

会社は、従業員について人事権を有しています。人事権というのは、企業組織において、使用者の裁量により、配置、異動、人事考課、昇進・昇格、降格等その地位の変動や処遇を決定する権限のことです。

人事権は、労働契約上、通常、「黙示の合意」により、使用者に認められています。裁判例も、「役職者の任免は、使用者の人事権に属する事項であって使用者の自由裁量に委ねられており裁量の範囲を逸脱することがない限り、その効力か否定されることはないと解するのが相当である」（エクイタブル生命保険事件・東京地決平２・４・27労判565・79）と認めています。

3　降格が人事権の濫用になる場合とは

降格命令権については、配転、解雇その他の人事権と同様に、その行使について「権利濫用の法理（民法第１条第３項）が適用されます。

これまでの裁判例、労働法令の規定から、降格が人事権の濫用となるか否かは、**図表３**の点を総合的に判断して決定されるということができます。

なお、明確に同表の②に該当する場合は、男女雇用機会均等法、労働組合法、労働基準法等の違反となり、その降格は無効となります。

4　企業の対応ポイントは

メンタルヘルス不調者であるだけの理由で、人事異動としての降格（降職）をし、給与を引き下げることができるわけではありません。

降格を行う場合には、①その地位に必要な能力、適性に欠けていたこと、②会社側としてその従業員を降格させる業務上の必要性があること、を客観的に説明できるようにしておくことが必要です。

また、降格に伴う給与、手当の取扱いについては、就業規則（給与規程）に明確な根拠規定を設けておくことが必要です。

図表３　降格が人事権の濫用となるか否かの判断要素

①　その降格の会社の組織上・業務上の必要性の有無・程度。

②　男女差別、不当労働行為、人種・思想・信条・社会的身分による差別になるか否か。

③　労働者の能力、適性の欠如、不足、または勤務状況などの事情の有無・程度。

④　労働者のこうむる不利益の内容・程度（権限、責任の減少、管理職手当の減額、廃止、本俸の減額）。

⑤　会社におけるこれまでの降格の運用状況。

第3節　業務軽減に伴う賃金減額

1 メンヘル不調者の業務軽減に伴い、給与を減額することは認められるか

ポイント

その賃金の減額に合理性があれば認められます。

賃金その他の労働条件は、企業と従業員との間の労働契約（双方の合意）で決まります。労働契約というのは、いわば労働力という商品の売買契約のことです。

およそ契約である以上、売買契約であれ委任契約であれ、契約内容を変更する場合には、契約相手方の同意を得ることが必要であるというのが大原則です。

したがって、会社が当人の同意を得ることなく一方的に給与（賃金）を減額することは、原則として、認められません。

ただし、賃金の減額に合理性が認められれば有効となることがあります。

そして、職能給、職務給、歩合給、生活給、年俸等、賃金の性質、制度に応じて賃金減額の合理性の有無が判断されます。

ポスト、職務内容（業務内容、責務）等が評価の高いものから低いものに変更された場合に、それに見合った賃金額に改めることには、合理性があります。

2　無断欠勤や遅刻の多いメンヘル不調者の給与を減額できるか

ポイント

月給制の場合であっても、①遅刻、欠勤分の賃金の控除（差し引き）、②減給の制裁（懲戒処分）、③降格による賃金の引き下げのいずれかの方法により、減給することができます

1　賃金を控除する方法は

(1)　ノーワーク・ノーペイの原則と例外

賃金の支払いについては、「ノーワーク・ノーペイの原則」というものがあります。これは、「賃金は労働に対する報酬として支払われる。したがって、労働しない者には賃金を支払わなくてもよい」というルールです。このルールによれば、遅刻、欠勤等により労働していない分の賃金は、当然、支払わなくてもよいということになります。ただし、この原則を排除する賃金制として完全月給制があります。

このため、遅刻、欠勤分の賃金の控除（カット）についての具体的な取扱方法は、次の(2)〜(4)で説明するとおりとなります。

(2)　給与形態により対応は異なる

給与の支払形態には、ａ時間給制、ｂ日給制、ｃ出来高制、ｄ日給月給制、ｅ完全月給制等があります。

これらのうちａ〜ｄの給与形態の場合には、遅刻、欠勤分については、支払いが予定されていた給与からそれらの時間分を控除して支払うことができます。

しかし、完全月給制の場合には、次の(3)または(4)の賃金控除の根拠が必要になります。

(3) 完全月給制の場合は、就業規則の根拠規定等が必要

イ　完全月給制というのは、１カ月のうちの勤務日数、勤務時間等と関係なく、原則的な基本給が例えば月額30万円と決められている制度です。

ロ　この場合に遅刻、欠勤時間分の給与を控除するためには、就業規則（賃金規程）または労働契約書に「遅刻、欠勤、私用外出等を行った場合には、それらの時間分の給与を控除する（差し引く）」旨の根拠規定が必要です。

ハ　届出欠勤等の取扱いは

労務不提供の場合は、その分の労働者の賃金債権は発生しないので、使用者に賃金支払義務はありません。したがって、事前に上司に届け出て許可を得ていた場合、あるいは交通機関の事故等、労働者に責任のない欠勤等についても、賃金カットして差し支えありません。

ニ　家族手当、住宅手当等もカットできるか

基本給だけでなく、家族手当、住宅手当等も賃金カットできます。

ホ　欠勤に対する賃金カット額の計算方法は

賃金カット額の計算方法を決める場合には、次の点を考慮しなければなりません。

①賃金カットのしすぎにならないようにすること。

②計算方法を複雑にしないこと。

これらを勘案すると、例えば、次の計算方法があります。

Ａ案　欠勤１日につき月給額の22分の１（または30分の１）を控除する方法

Ｂ案　１カ月に欠勤３日までは控除せず、それを超えた場合には、上記Ａ案の金額を控除する方法

ヘ　上記ロの根拠規定がない場合であっても、その事業場で遅刻、欠勤、私用外出等の場合には賃金を控除することが労働慣行として定着している場合には、控除することが認められます。

ト　なお、現在、上記ロの賃金控除規定が設けられていない事業場がこの規定を新たに設け、従業員に適用することは「就業規則の不利益変更」に該当します。このため、その就業規則の変更についての合理性と対象従業員の周知が必要になります（労働契約法９条ただし書き、10条）。

これに代わる方法としては、その就業規則の不利益変更が適用される対象従業員各人から同意の署名を取るという方法もあります。

⑷　懲戒処分として減給制裁する方法

１）従業員に対して懲戒処分を行うためには、次のすべての要件（懲戒処分の有効要件）に該当することが必要です。

①就業規則（または労働契約書）に、懲戒処分の根拠規定があること

②懲戒事由への該当性（精神疾患を理由とした遅刻、欠勤を懲戒処分の対象にできるか）

③懲戒処分の内容（賃金の減額）の相当性

④懲戒処分の手続の相当性（懲戒処分を行う際に就業規則に手続きについて規定されている場合には、その手続きどおりに行っていること）

２）上記②の「懲戒事由への該当性」、つまり、「精神疾患を理由とした無断欠勤、遅刻を懲戒処分の対象とすることができるのか」について検討します。

この点、「豊田通商事件（名古屋地判平９・７・16判タ960・145労判737・70)」では、次のように判示しています。

> 精神疾患によって惹起された可能性がある行為であっても、事理弁識能力（行為の結果を認識できる能力）を有する者によるものである以上、懲戒処分について定めた就業規則の規定の適用を受けるべきである。

この判例の考え方によれば、精神疾患を理由とした無断欠勤、遅刻についても、意識を失って出勤ができなかったなどの事情がない限り、懲戒処分の対象とすることができます。

3）次に、「③懲戒処分の内容（賃金の減額）の相当性」について検討します。この点については、遅刻や無断欠勤の回数にもよりますが、精神疾患により出勤が困難であるという事情を考慮しても、欠勤の連絡くらいはできると思われることから、減給処分が不相当に重いとはいえないと考えられます。

4）最後に、懲戒処分の内容（賃金の減額）の限度額について検討します。

この点、労働基準法91条に減給制裁の上限規定が設けられています。

減給処分には、１回の額が平均賃金の１日分の半額まで、総額が一賃金支払期における賃金の総額の10分の１という制限があります。

つまり、平均賃金の１日分の給与が１万円であった場合、１回の懲戒処分としては5,000円までしか減給することはできません。

遅刻や無断欠勤が複数回ある場合は、それぞれの遅刻、無断欠勤に対して、減給5,000円の懲戒処分を、一賃金支払期における総賃金額の10分の１になるまですることができます。

2　降格による賃金額の引下げ

そのメンタルヘルス不調者が管理監督者である場合には、人事異動、または懲戒処分としての降格（降職）により、賃金額を引き下げることが認められます。

3　企業の対応時の留意点は

メンタルヘルス不調や精神疾患により無断欠勤や遅刻をくり返す者については、賃金控除規定による減給や懲戒処分としての減給制裁を行うだけではなく、その従業員の症状を的確に把握し、それに応じて、業務の軽減、配置転換、休職等の措置を行うべきです。

第4節　定期的等の人事異動の際のメンヘル不調者への対応

1　使用者が、メンヘル不調者であることを認識せずに定期的等の人事異動を行った場合の法的責任（安全配慮義務不履行）の有無は

ポイント

使用者に「予見可能性」と「結果回避義務」がない場合には、法的責任はないものと思われます。

1　「予見可能性」の有無について

使用者が通常の注意を払っても、定期的等の人事異動を行おうとする従業員がメンヘル不調者であることを認識していなかったり、認識することができなかったりした場合には、使用者の「予見可能性」は否定されます。

ボーダフォン事件判決（名古屋地判平19・1・24判時1990・68労判939・61）では、「従業員がうつ病に罹患していることを使用者に報告しておらず、人事異動命令時の従業員の様子に特に不自然な点も認められなかったことから、使用者は、人事異動命令時に、従業員がうつ病に罹患していることを認識していたとはいえず、また、認識することが可能であったともいえない」と判断しています。

2　使用者に精神疾患の有無についての調査義務はあるか

また、同判決では、使用者に対して、「従業員に特に異常な言動が認められないにもかかわらず、精神疾患を発症しているかどうかを調査すべき義務はない」とも述べています。

3　使用者に「予見可能性」がある場合の「結果回避義務」について

同判決では、この点について以下のように述べています。

> 使用者が労働者に人事異動を命ずる場合にも、使用者において、労働者の精神状態や異動の捉え方等から、異動を命ずることによって労働者の心身の健康を損なうことが予見できる場合には、異動を説得するに際して、労働者が異動に対して有する不安や疑問を取り除くように努め、それでもなお労働者が異動を拒絶する態度を示した場合には、異動命令を撤回することも考慮すべき義務があるといえる。
> (注　アンダーラインは筆者)

2 従業員が人事異動後に精神疾患を発症した場合、異動を理由とする業務上疾病（労災）と認定されるか

ポイント

人事異動の態様によっては、業務上疾病（労災）と判断される可能性があります。

1 労災の新認定基準の考え方は

精神障害に関する労災（業務上疾病）の新認定基準（平23・12・26基発1226第１）添付の「業務による心理的負荷評価表」によれば、単なる配置転換（転居を伴うものを除きます。）の心理的負荷の強度は、一般にそれだけでは精神疾患を発症させるものではない「中」とされています。

また、その労働者が以前に経験した業務等、配置転換後の業務が容易に対応できるものであり、配転後の業務の負荷が軽微であったような場合には、心理的負荷の強度は、更に弱い「弱」であるとされています。

他方で、その労働者が過去に経験した業務と全く異なる質の業務に従事することとなったため、配置転換後の業務に対応するのに多大な労力を費やした場合や、配置転換後の地位が、過去の経験からみて異例なほど重い責任が課されるものであった場合、左遷された（明らかな降格であって配置転換としては異例なものであり、職場内で孤立した状況になった）場合には、配転の心理的負荷の強度は「強」になるとされています。すなわち、このような事情があれば、それだけで精神疾患の発症の要因となり得ると判断されるということです。

2　判例の考え方は

「事情によっては、配置転換が精神疾患発症の一因になる」と判示した判例（国・福岡東労基署長（粕屋農協）事件　福岡高判平21・5・19労判993・76）では、長年、人との関わり合いの少ない部署にいた労働者を営業部門に配転したことが、労働者に過度の精神的負担を与え、精神疾患発症の一因となったと認定しています。

3　結論は

上記１、２からすると、従業員が、配転後に精神疾患を発症した場合、

・職種や職務の変化の程度

・配置転換の理由、経過

・配転後の業務の困難度や能力、経験と業務内容のギャップ

・配転後の業務内容、業務量の程度

・配転後の職場の人間関係

――等により、場合によっては、「配置転換を理由として業務上疾病になった」と認定されるおそれがあります。

③　軽度のメンヘル不調者を定期的等の人事異動で重要ポストに起用せざるを得ない場合、留意点は何か

ポイント

対象従業員への人事異動前の十分な説明や主治医等からの意見聴取、異動先での業務負担の軽減措置等が必要です。

1　人事異動の前後に十二分の配慮が不可欠

例えば、使用者側は、ある従業員が軽度のうつ状態であることを承知しています。しかし、他に人材がいないため、この従業員を人事異動させ、重要ポストに起用せざるを得ないケースがあるとします。

このような場合、使用者側としては、どのように対応したらよいでしょうか。

前記①の「ボーダフォン事件判決」では、使用者が労働者へ異動を命じるとき、労働者の精神状態や異動のとらえ方等から、異動を命じることによって労働者の心身の健康を損うことが予見できる場合には、労働者が異動に対して有する不安や疑問を取り除くように努め、それでもなお労働者が異動を拒絶する態度を示した場合には、異動命令を撤回することも考慮すべき義務があるといえる、と判断しています。

既に精神疾患に罹患している、若しくは、メンタル面に不調を抱えている従業員に対して人事異動を命ずる場合は、「人事異動を命ずることによって労働者の心身の健康を損なうことが予見できる場合」に該当しやすいといえるでしょう。

まず、主治医、産業医等専門医の意見を聴くべきです。この結果、人事異動は困難であるという意見であれば、人事異動の対象から外すのが最も安全であり、ベストです。

しかし、会社としては、「この重要ポストに起用できる人材は彼（彼女）しかいない」という場合もあります。また、会社組織で勤務する従業員にとっても10年に１回あるかないかの躍進のチャンスであるという場合もあります。

このような場合であって、さらに専門医が「十分に配慮すれば、人事異動は可能」ということであれば、使用者側としては、一方的な人事異動命令を発するようなことは避けます。使用者側と本人が、事前に、十分に話し合い、本人が異動を希望した場合にのみ人事異動を行うこととします。

そして、人事異動の発令前に、本人から会社側への人事異動同意書を提出してもらいます。人事異動に伴う本人の負担をさけるため、長距離通勤となる事業所への転勤はさける、単身赴任でなく、家族と同伴できるようにするなどの配慮を行うことも必要です。

人事異動後の勤務先での業務負担を軽減するため、担当分野は本人にしかできない業務を中心に限定します。

人事異動後の勤務時には、人事管理部門が本人と連携を密にし、本人のメンタル状況を把握し、状況が悪化したら、ただちに必要な対応をすることも必要です。本社の人事管理部門が人事異動命令を出しているのであれば、命令を出した主体となる本社の人事管理部門が、必要な対応をとることが望ましいです。

4　従業員が、メンヘル不調等の健康問題を理由に、定期的等の人事異動の命令を拒否することは認められるか

ポイント

合理的理由があれば、例外的に、人事異動命令を拒否することは認められます。

1　従業員には人事異動命令に従う義務がある

労働者は、使用者と結んだ労働契約により、使用者の指揮命令に従って誠実に労務提供（勤務）を行わなければなりません。労働者は、その対価として使用者に対し賃金請求権を有することになります。

その場合、労働者は心身ともに健康な状態で労務提供を行えるようにしておかなければなりません。そして、労働契約に基づく労務提供義務には、人事異動命令に従い、配転先で労務を提供することも含まれています。したがって、従業員は、原則として、人事異動命令を拒否することは認められません。

2　使用者には従業員の健康管理・配慮の義務がある

安衛法では、事業者に対して、従業員の健康保持のため、次の(1)、(2)のことを義務づけています。

(1)　定期健康診断を実施し、その結果、必要に応じ、就業場所の変更、労働時間の短縮等の措置を講じること（安衛法第66条、第66条の５、第66条の６）。

(2)　①伝染病にかかった者、②精神病（自他損傷のおそれのある場合）、③労働のため病勢が著しく悪化するおそれのある疾病にかかった労働者については、産業医その他専門の医師の意見を聴いた

うえで、就業を禁止すること（安衛法第68条、安衛則第61条）。

また、労働契約法第５条では「使用者は、労働契約に伴い、労働者がその生命、身体等の安全を確保しつつ労働することができるように配慮するものとする」と安全配慮義務規定を定めており、これには労働者の健康の管理義務も含まれています。

3　人事異動命令を拒否できる場合とは

その従業員が、会社に対して医師の診断書を提出し、その中に病名、病状など人事異動とその後の勤務に耐えられないことなどが明確に記載されており、それが事実であれば人事異動の命令を拒否する合理的理由となります。この場合、会社は、その従業員に人事異動命令拒否を理由として懲戒処分を行うことは認められません。

ただし、当人の病名、病状等により、業務負担軽減のため、管理職等からの降格、私傷病休職、短時間勤務等を命じることは認められます。

4　企業としての実際の対応のしかたは

毎年、定期的（例えば４月）に人事異動を行う大多数の会社の場合、前年の12月頃に各従業員から、例えば、「人事異動等に関する自己申告書」といった形で提出させます。それに、本人と家族の構成、健康状況、本人の人事異動の希望の有無・内容等を記載・提出させます。これに基づいて４月の人事異動の対象候補者を決めます（**図表４、５**）。

図表４　定期人事異動の手順（例）

	手続
人事異動命令の約４カ月前	各社員からの自己申告書の提出 各社員との個別面談（ヒアリング）の実施 人事異動候補者の選出
約３カ月前	定期人事異動の方針決定（於：役員会議等）
約２カ月前	異動対象者の人選開始
約１カ月前	異動対象者の決定 対象従業員への内示（異動の業務上の必要性・人選理由の説明） 関係者への通知 （異動元事業所の管理者 異動先事業所の管理者 労働組合 異動対象社員に内示（新旧社員の業務引継ぎ、転勤手続き）
人事異動の発令日	正式発令 異動社員の新任地への赴任
	異動した社員に対する配転後の状況把握とフォローアップ

この時点で、本人が病名、病状を記載し健康状態に不安があり、人事異動を希望しないことを明確に記載しておけば、人事異動の対象候補者から除外されます。

ただし、大多数の日本企業の正社員の場合、人事異動を重ねて多くの勤務場所、職務を経験して昇進・昇格する人事システムになっているため、人事異動をしなければ昇進・昇格せず、給与も上がらないことになります。このことを、今一度、会社側から当人に説明することが望ましいでしょう。

図表５　人事異動案を作成する前の各従業員の実情と異動希望の把握のしかた

項目	説明
１　従業員からの自己申告書の提出	自己申告制度というのは、従業員の仕事の現状、今後の異動の希望、その他の個人情報を把握し、それを定期人事異動案を作成するための基礎資料、参考資料とすることを目的とする制度です。 個別面談の前に、従業員に所定の「人事異動自己申告書」を記入してもらい、上司を通じて人事担当部署に提出してもらいます。
２　個別面談（ヒアリング）の実施	従業員１人１人について、面談者が自己申告書にもとづいて面談します。 面談者は、人事部社員、直属の部課長その他があたります。 誰が面談を行うかについては、さまざまな考え方があります。 直属部課長は、各従業員の日頃の実情を十分把握していますので、人事案を作成する際に実情が反映されやすいという利点があります。 他方、例えば、従業員が他の部署に異動を希望しているのに、直属部課長がそのままにして異動させたくないと考えている場合には、従業員の希望が人事異動案に反映されにくくなるという問題があります。 人事部社員、その他の者が面談を行うと、従業員は直属部課長に気がねなく本音をいうことができます。しかし、この場合、人事部社員は各従業員の日頃の仕事ぶり、本人の性格、能力を十分把握していません。 このため、各従業員と面談したあとで、それをふまえて直属部課長と面談して上述のことを確認することが必要となります。 以上のようなことから、従業員に人事部社員、直属部課長、外部の人事コンサルタント面談者のうちから選択させるというしくみにしている企業も一部あります。

5 従業員がメンヘル不調と偽り、発出された定期的人事異動命令を拒否した場合の懲戒処分は

ポイント

無給の懲戒休職か出勤停止（自宅待機）が妥当です。

1 懲戒処分の種類は

従業員が会社の服務規律・企業秩序違反行為を行った場合の懲戒処分の種類例には、**図表6**のものがあります。

2 どのような懲戒処分が妥当か

メンヘル不調を偽って、あるいは医師の診断書等を提出せずに人事異動命令を拒否しつづけた従業員を訓戒等の軽い懲戒処分にすると、人事異動を受け入れる不利益よりも訓戒等の処分を受けることによる不利益のほうが小さいことから、人事異動命令を拒否する者がほかにも出てくるおそれがあります。

他方、人事異動命令拒否を理由に、ただちに懲戒解雇にすると、解雇無効の民事訴訟を起こされるおそれがあります。

したがって、当面、無給の懲戒休職、出勤停止等にして、当人の様子をみることにしたらどうでしょうか。休職等の期間中に辞職するケースも多くみられます。

図表６　懲戒処分の種類例

（軽い ↑　↓ 重い）

種類	処分の内容	説　明
①訓戒	将来を戒める処分	訓戒や譴責は最も軽い処分で、それら自体には降格、賃金カットなどの具体的・経済的な不利益はない。ただし、昇給、昇格、賞与の考課査定の際のマイナスポイントになる。訓戒や譴責処分を繰り返し課しても改まらない場合、次回からはより重い懲戒処分を課すことになる。
②譴責（けんせき）	始末書、または業務処理報告書を提出させて将来を戒める処分	
③減給制裁	賃金カット	減給できる金額の上限について労基法91条に制限規定がある。
④昇給停止	一定期間、昇給を停止する処分	
⑤出勤停止（自宅待機）	出勤を停止させ、その間の賃金は支給しない処分	出勤停止にともなう賃金カットについては労基法に制限規定はない。出勤停止の期間についても法規定上の制限はないが、あまり長いと民法１条３項（権利の濫用規定）違反となるおそれがあり、１週間ないし10日程度にとどめるべきである。
⑥降格	職階・職位を、上位の等級から下位の等級に移す処分	
⑦懲戒休職	雇用関係は継続したまま、一定期間就労を禁止する処分	上記⑤出勤停止よりも長期間になる。
⑧諭旨（ゆし）退職	違法・非違行為は懲戒解雇処分に相当するが、情状などを考慮して自発的に退職することを勧告し、即時退職を求めるもの	「退職勧告に応じれば、退職金は全額または一部を支給する。応じない場合は、懲戒解雇に処する」という就業規則の規定をもつ会社が多い。
⑨懲戒解雇	会社が労働契約を一方的に解除して従業員としての身分を奪い、会社から排除するという最も重い懲戒処分	即時解雇、退職金の一部または全部不支給が一般的。非違行為が、悪質、重大または繰り返し行われているような場合で、その従業員を会社から排除しなければ、事業場の秩序、生産性の維持、あるいは信頼関係の維持継続が困難となるような事由でなければ懲戒解雇に処することは認められない。

第4章　精神疾患従業員の私傷病休職についての検討から発令までの取扱い

1　休職制度とその種類は

ポイント

休職とは、会社（使用者）が、従業員との雇用関係は継続しながら勤務を休ませる制度です。私傷病休職その他多種類の休職を設けることができます。

1　休職とは

休職とは、使用者（会社）が、その従業員について、①就労させることができない、または就労させることが不適当であると判断した場合に、②雇用関係（労働契約）は続けながら、③就労を免除し、または禁止する制度のことです。

民間企業の休職制度については、とくに法令による規制はないので、休職制度を設けるか否かは各企業の自由です。制度の種類、内容（休職の対象従業員、対象事由、有給・無給、期間その他）も、一般の法令や権利の濫用、公序良俗（公の秩序または善良な風俗）に反しない限り、会社はどのような制度にしてもよいです。休職制度は、普通は、各企業の就業規則や労働協約（労働組合と締結する文書）により定められます。主に、正社員を対象にして、目的や内容に応じて、さまざまな制度が設けられています。

2　休職の種類と内容は

休職の主な種類とその内容は、次の⑴から⑺のとおりです（**図表１**）。

⑴　私傷病休職とは

1）私傷病休職（傷病休職）は、私傷病欠勤（業務外の病気、ケガにより長期欠勤が一定期間に及んだ場合に行われるものです。この休職期間中に傷病が治癒し就労可能となれば、従業員は復職となります。

2）傷病が治癒せず、職場復帰ができないまま休職期間が満了となれば、その従業員はその事業場の就業規則の規定内容に基づき、ⓐ自動退職、又はⓑ解雇になります。

3）その私傷病休職が、上記2）のⓐの期間満了の際に自動退職となるタイプの場合には、休職とする会社側の意思表示（休職の発令書）が解雇予告の意思表示も含むこととなります。そこで、労基法20条（30日以上前の解雇予告義務規定）との関係で、休職期間を30日以上にしておくことが必要です。

4）他方、その私傷病休職が、上記2）のⓑのタイプで休職期間満了の際に、会社がその休職者に対して改めて解雇の意思表示（予告等）を行うものであれば、労基法20条に定めるとおり行うことが必要になります。

5）上記2）のⓐとⓑのタイプを比べると、ⓐの自動退職とするほうが会社にとって容易です。

このため、最近では、すべての会社で、ⓐの自動退職にするように就業規則に定めています。

⑵　自己欠勤休職とは

自己欠勤休職は、自己都合（傷病を除く）による欠勤が一定期間続いた場合に休職とするものです。この休職期間中に出勤可能となれば従業員は復職となります。しかし、出勤可能とならなければ、就業規則の規定に基づき、ⓐ自動退職、又はⓑ解雇になります。

(3) 出向休職とは

出向休職とは、従業員の他社への出向期間中になされるものです。

(4) 専従休職とは

専従休職とは、従業員の身分のままで労働組合の専従者（役員、事務員等）となる場合の休職のことです。

(5) 自己都合休職とは

自己都合休職とは、公職就任、海外留学の期間中等になされるものです。

(6) 懲戒休職とは

① 懲戒休職とは

懲戒休職とは、制裁（懲戒処分）として、会社との雇用関係（労働契約）は継続しながら、一定期間就労を禁止するものです。

普通、この期間中は賃金が支給されず、勤続年数にも算入されません。

通例、期間が１～３カ月間と長く、従業員の不利益も大きいので、訴訟になれば、その事案の休職事由への該当性、処分の相当性が厳しく判断されます。

② 待機休職とは

待機休職とは、会社がその従業員に対して懲戒解雇等の処分をするか否かについて調査、審議、決定をするまでの間、就労禁止にするものです。この場合、不正行為の再発、証拠いんめつの恐れ等、就労禁止とする実質的理由があるケースを除けば、一事不再理の原則から有給とせざるをえないと思われます。無給の待機休職を行ったのちに懲戒解雇等の処分を行うと二重の処分を行ったと見られる恐れがあるからです。

(7) 起訴休職とは

起訴休職とは、刑事事件に関して起訴された従業員を、一定期間または判決確定までの間、休職とするものです。

普通、起訴休職中は無給扱いとされています。しかし、判例は一致して、単に刑事事件で起訴されたことのみをもって起訴休職処分（＝無給）とはできないとしています。

現業工員が労働組合の抗議行動や過激派デモに参加して公務執行妨害罪、凶器準備集合罪等で起訴された事案では、判例の大勢は、起訴休職にするには、次の２つのうちいずれかの要件を満たすことが必要であるとしています。

(A) その起訴によって職場秩序、企業の社会的信用、その労働者の職務遂行等から就労禁止もやむをえないこと。

(B) 勾留（こうりゅう）、公判期日出頭のために、勤務ができないこと。

そして、この事案については、①労働運動、政治運動がらみであって、破廉恥罪ではないこと、②現業工員であって、企業幹部、管理職ではないことから（A）に該当しない、また拘束されておらず出勤可能であるとして、休職は無効としています。

3　休職の２類型とは

休職には、前記(1)〜(7)のように目的や内容の異なるさまざまな制度が設けられていますが、これらは**図表１**の２つの類型（タイプ）に大別されます。

図表1　休職の2つのタイプ

タイプ	内容、該当する休職の種類
1　解雇(または退職)猶予タイプの休職	本来であれば、ただちに解雇してもよいが、従業員のために猶予期間として休職期間を設けているもの。したがって、休職期間の満了までに休職事由がなくならなければ、期間満了により労働契約を終了させるもの (1)　私傷病休職 (2)　自己欠勤休職
2　契約停止タイプの休職	会社と従業員との雇用関係（労働契約）を継続したままで、就労を免除し、または禁止することをねらいとするもの (3)　出向休職 (4)　専従休職 (5)　自己都合休職 (6)　懲戒休職、待期休職 (7)　起訴休職

２　休職制度を設ける場合の就業規則の規定事項と規定例は

ポイント

就業規則に、休職の種類、期間、休職中の給与、復職時の手続き、復職後の職務・処遇その他について定めることが必要です。

1　就業規則の休職制度に関する規定事項は

対象従業員に対して休職を命ずる前に、あらかじめ、就業規則に**図表２**の事項を定めておくことが必要です。

図表２　休職制度を定める際に就業規則に規定する主な事項

1　休職制度の目的
2　休職制度を適用する従業員の範囲
3　休職の種類（休職に該当する事由）
4　休職期間
5　休職期間中の給与・賞与等の支払の有無、休職者の会社に対する休職状況の報告義務、その他の取扱い
6　休職期間を中止、終了する場合、または延長する場合
7　休職者の復職の手続き
8　私傷病休職者が復職可能とする「治癒」の定義、復職可否の判断方法
9　会社指定医師への受診命令
10　休職者の復職後の職務、処遇
11　私傷病休職者が復職した場合のリハビリ出勤、リハビリ勤務について
12　私傷病休職者が復職後に再発した場合の取扱い（休職期間の通算）
13　私傷病休職者が休職期間満了時に復職できなかった場合の取扱い（自動退職）

2　就業規則の休職制度全般に関する規定例は

これは、**図表３**のとおりです。

図表３　休職規程（例）

正社員休職規程

（目的）

第１条　この規程は、正社員就業規則第○条に基づき、正社員の休職に関する事項について定めることを目的とする。

（休職の事由・種類）

第２条　会社は、勤続１年以上の正社員が次の各号のいずれかに該当するときは、休職を命ずることができる。ただし、試用期間中の者は除く。

(1)　業務外の傷病等により、直近３カ月間に連続若しくは分散して20労働日以上の欠勤（１日５時間未満の勤務をした日を含む。以下同じ。）をしたとき、又は１カ月程度不完全な労務提供が行われているため、休職にすることが必要であると会社が判断したとき（私傷病休職）

　この項の前段において「欠勤」には１日について６時間未満の就労である場合を含むものとする。

(2)　地方自治体等の議員等に就任したとき（公務就任休職）

(3)　刑事事件で起訴されたとき（起訴休職）

(4)　労働協約に基づき労働組合専従者となったとき（労働組合専従休職）

(5)　ボランティア・海外留学等のため職務に就くことができなくなったとき（私事休職）

(6)　他社への出向を命じられたとき（出向休職）

(7)　前各号のほか会社が休職とすることが必要と認めたとき（その他の休職）

（休職の期間）

第３条　前条の休職期間は、次のとおりとする。ただし、（１）の勤続年数は、入社日から休職期間の開始日までの期間により計算する。

(1)　前条第１号の場合

　①勤続１年以上３年未満の者　６カ月間

　②勤続３年以上５年未満の者　１年間

　③勤続５年以上の者　１年６カ月間

(2)　前条第２号の場合は、公職就任期間

(3)　前条第３号の場合は、判決が確定するまでの期間

(4)　前条第４号の場合は、労働協約に定める期間

(5)　前条第５号の場合は、会社が必要と認めた期間

(6)　前条第６号の場合は、出向規程等に定める期間（なお、規程がないときには会社が個別に決める期間）

(7)　前条第７号の場合は、会社が個別に決める期間

（私傷病休職についての期間通算）

第４条　第２条第１号の事由により私傷病休職となった者が、復職後１年以内に同一又は類似の傷病により再び連続若しくは分散して５労働日以上の欠勤をしたときは、直ちにこれを私傷病休職とする。

２　私傷病休職からの復職復職後６カ月以内に再び私傷病休職となった場合は前後

の私傷病休職期間及びその間の欠勤期間を私傷病休職期間として通算する（この場合、前の私傷病休職期間の上限を限度とする）する。

（休職の中止・延長）

第５条　会社は、その休職者の休職事由が消滅した場合その他休職を継続する必要がなくなったと判断したときは、休職期間の中途であっても、休職の中止を命令する。

２　会社は、休職期間の延長が必要であると判断したときは、その延長を命じる。

（復職）

第６条　会社は、休職者の休職事由が休職期間満了までに消滅した場合は、復職を命令する。

２　第２条第１号の私傷病休職者は、復職時において、会社の指示に従って、主治医及び産業医又は産業医の推薦する医師の診断書を提出しなければならない。

３　復職時の職務については、原則として従前の職務に復職させる。ただし、従前の職務に復職させることが困難であるか又は不適当であると会社が判断した場合は、異なる職務に配置する。

４　会社は、第２条第１号の私傷病休職者が復職する場合は、治癒の状況等に応じて、一定期間、軽易業務勤務、短時間勤務、リハビリ通勤等のリハビリ勤務を命じることがある。なお、リハビリ勤務の具体的取扱いの内容については、社内通達で定める。

（自動退職）

第７条　休職期間が満了したにもかかわらず、休職者の休職事由が消滅せず、又は休職者が復職をしなかった場合（休職者が、会社の指示する休職前の職務、又は他の軽減業務等に従事することを拒否した場合を含む。）には、その休職期間満了日をもって当該休職者は自動的に退職とする。

（私傷病休職の場合の処遇）

第８条　第２条第１号の私傷病休職者には、会社は休職期間中賃金を支給しない（無給）。

　なお、賞与査定期間中に休職期間があるときは、その休職期間勤務がないものとして取り扱う。

２　退職金の算定又は永年勤続表彰における勤続年数の計算において、私傷病休職期間は算入しない。

３　私傷病休職期間については、年次有給休暇付与日数の算定の際の継続勤務年数に含める。

（公職就任休職・起訴休職・労働組合専従休職・私事休職の場合の処遇）

第９条　第２条第２号から第５号までの休職者の休職期間中の処遇については、第８条各項の規定を準用して会社が決定する。

（出向休職の場合の処遇）

第10条　第２条第６号の出向休職者の休職期間中の処遇については、出向規程の定めるところによる。

（その他の休職の場合の処遇）

第11条　第２条第７号の休職者の休職期間中の処遇については、個別に会社が決定するものとする。

（休職中の社会・労働保険料の取扱い）

第12条　第２条各号の休職者について、会社が社会・労働保険料の社員負担分を給与から控除できなかった場合には、その社員は、当月末までに会社の指定する銀行口座にその月に控除される予定であった社会・労働保険料の本人負担分を振り込まなければならない。

（休職者の報告義務）

第13条　休職者は、毎月１回、休職期間中の状況（私傷病休職者については、療養、治癒の状況を含む。）についてファクシミリ又は電子メールにより人事課担当社員に報告しなければならない。

２　私傷病休職者については、前項の報告は、当人に代わって家族が行ってもさしつかえない。

（休職・復職の申出、命令、通知等の書式）

第14条　休職・復職についての社員からの申出、及び会社からの社員に対する命令・通知等の際に使用する書式は、書式１から書式５までのとおりとする。

―書式例は、本書の関係箇所に掲載する。―

附則

施行日　この規程は、○○年○○月○○日から実施する。

3　精神疾患従業員を私傷病休職にする場合の、会社側の休職検討から休職期間満了後までの業務手順は

ポイント

会社側（上司、人事・労務担当者等）の対応の手順は、**図表４**のとおりです。）

図表４　会社側（上司、人事担当者等）の私傷病休職（精神疾患ほか）についての対応手順

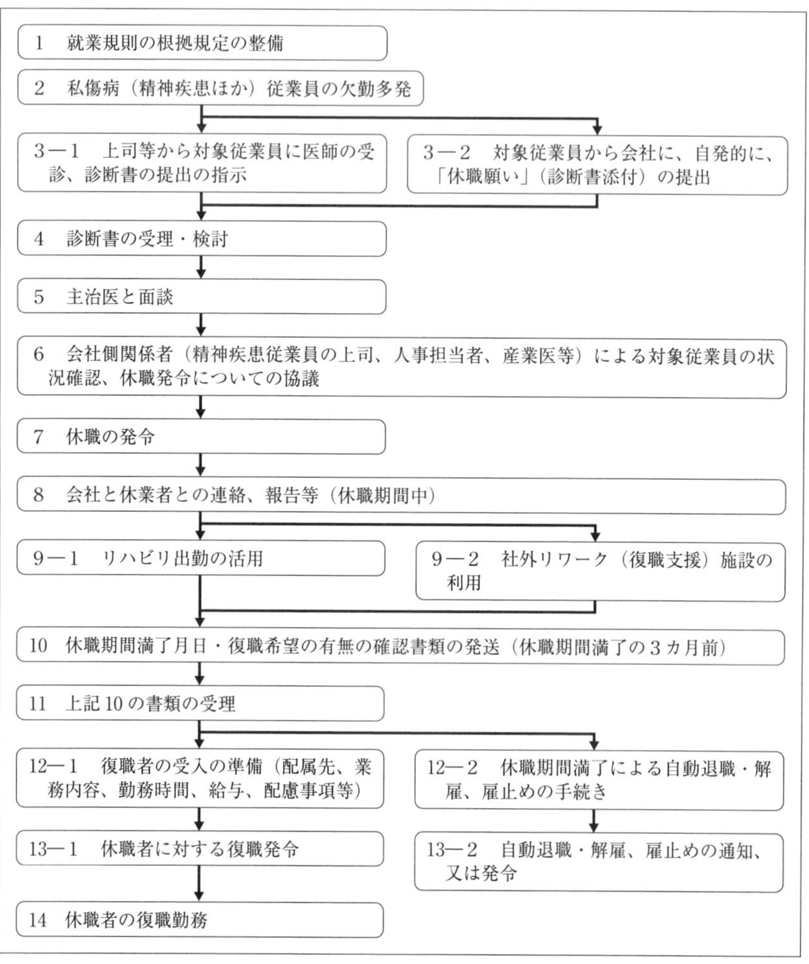

4 精神医学的にみて、うつ病になった従業員を私傷病休職にするタイミングはいつか

ポイント

うつ病になった従業員を私傷病休職にするのは、その従業員が遅刻、欠勤、早退等をするようになった時点です。

図表5に示すように、その従業員がうつ病になり、症状が悪化してくると、遅刻したり早退するようになります。そして、病状がさらに悪化すると、仕事に行けない日が出てきます。休職にすべきタイミングは出社できない日が出てきた時と考えてよいでしょう。朝から気分が憂うつで、目は覚めているものの布団から出て出勤する用意ができないので休むのです。大抵は不眠があり、多くの場合は早朝に目覚めてしまいます。決して怠けて休むのではないのです。その従業員がうつ病の治療を受けていなければ、身体の病気と同じように、医療機関への通院を促します。また、すでに通院していれば、主治医から休職のための診断書をもらい、会社に提供してもらいます（325頁図表4：第1ステップ）。

（注）この4の回答及び図表5は、精神障害者の雇用管理ガイドブック（障害者職業総合センターによる。）

図表５　うつ病の病状の改善と復職準備性

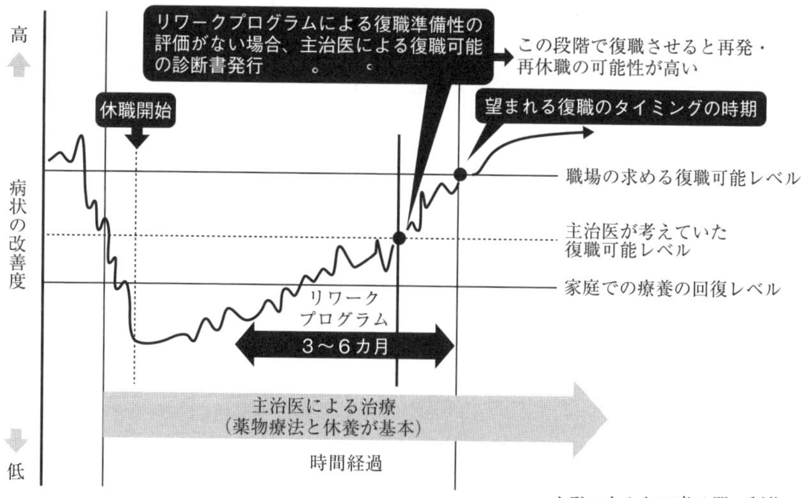

メディカルケア虎ノ門　制作

5 うつ病で自宅療養が必要と診断された従業員が希望すれば、勤務を継続させてもよいか

ポイント

私傷病休職にして、治癒するまでの期間、治療に専念させるべきです。

1 質問事案の概要は

その従業員は、病名がうつ病で「1カ月間の自宅療養が必要」と記載された診断書を会社に提出してきました。ところがその従業員は、「体調が良いときは、通常どおり業務を行うことが可能だ」として、職場に来てしまいます。

会社としては、従業員の希望どおり、仕事をさせてもよいものでしょうか。

2 私傷病休職が必要

この事案のように、主治医の確認、または専門医の診断により「1か月間の自宅療養が必要である」と診断された場合は、出勤が不可能ですので、使用者は、産業医等の産業保健スタッフとも相談のうえ、この診断内容に基づいて、当面の休職期間を決定し、その従業員に対し私傷病休職命令を発令し療養に専念させる対応をとるべきです。

その従業員は、休職中は、出勤を免除される代わりに、休職期間が満了するまでに、復職可能な程度に治癒するよう療養に専念しなければなりません。

3 会社が私傷病休職に決定する手順は

会社は、メンタル不調従業員が欠勤を続けている場合、または勤怠

不良で休職させることが必要と考える場合には、その従業員の主治医の診断書を提出させます。

そして、会社の人事担当者が主治医に面談します。

診断書には、通常「抑うつ状態」、「適応障害」などが記載されているのみで、休職発令したほうがよいか否かはわかりません。

このため、主治医に面談して、**図表6**のことを説明し、質問します。

図表6　会社側担当者の対象従業員の主治医との休職前面談での説明・質問事項

①会社の事業内容、その従業員が担当している職務内容の説明
②いつから通院しているか
③通院頻度はどの程度か
④現在、どのような薬を処方しているか
⑤今後の回復の見通しはどうか
⑥今後の就労の適否の見通しはどうか

会社側担当者が対象従業員の主治医と面談する際は、事前に、対象従業員とその主治医の両者の同意を得ます。

両者の同意が得られない場合には、会社のみの判断で、産業医の紹介する専門医等の意見を聴きます。

なお、可能であれば、業務の軽減や休職命令の判断材料として使用する診断書には、病名、症状、業務軽減、休職の必要性、休職期間等の必要があれば具体的にどのような軽減等が必要かを記載してもらうようにするのがよいでしょう。

そして、これらの聴取結果を会社に持ち帰り、人事課、その従業員の上司、産業医（産業医が専門外の場合は、専門医）等と検討し、休職発令するか否かを決めます。

4　業務軽減、休職など人事発令時の留意点は

うつ病の初期に業務の軽減や私傷病休職の発令を行うと、その従業

員の症状を悪化させることがあります。これを防ぐため、従業員本人に告げる場合には、主治医や産業医を同席させて行うことが望ましいでしょう。

5　当初の私傷病休職期間終了手前での病状確認を

うつ病をはじめ、精神疾患の場合、病状の回復の見通しが立てにくく、病状によっては3か月程度の自宅療養が必要となる等不安定な要素があります。そのため、使用者（会社）は、当初の私傷病休職期間が終わる少し前に、その従業員に対し、主治医又は使用者の指定する医師の診断書を提出してもらい、病状を把握する必要があります。

そして、必要な場合には、私傷病休職期間を延長します。

6　精神疾患従業員を私傷病休職にする場合の注意点は

ポイント

私傷病休職についての就業規則の規定内容、当人の休職要件の該当等を慎重に確認することが必要です。

1　私傷病休職制度のねらいは

私傷病制度は、業務外の病気やケガなどで一定期間（例えば１カ月間）欠勤している従業員（主に正社員）を、そのままでは欠勤を理由に解雇せざるを得ないので、長期間治療に専念すれば復職する見込みのある場合に、従業員の福利厚生と従業員確保の観点から雇用関係を継続したまま労働を免除するという制度です。

したがって、私傷病休職は、復職の見込みのない従業員については認められません。

他方、従業員がうつ病などの精神疾患になった場合、治療に専念することにより一時的に小康状態になるものの、普通勤務に戻ると再び病状が悪化するケースが大多数なのが実情です。

2　私傷病休職を発令する要件は

私傷病（業務外の病気、ケガ等）の従業員を休職にする場合の就業規則に規定されている要件は、一般的には**図表７**のとおりです。

当然のことですが、私傷病休職発令する前には、**図表７**の要件のすべてを形式的、かつ、実質的に満たしていることを確認します。

図表7　私傷病休職の要件

1　その従業員は、一定期間（例えば1カ月間）を超える欠勤、不十分な労務提供等をしていること。（すでに年次有給休暇はすべて取得ずみ）
2　その従業員は、就労が不可能又は不適切な状態であること
3　その従業員は、私傷病休職の期間に療養に専念すれば会社に復職できる見込みがあること。

3　専門医の診断内容の検討は

図表7の3要件のうち2と3については、まず当人から主治医の診断書を提出してもらい、これを会社側で検討します。

主治医からの診断書の記載内容は、多くの場合、当人が主治医に訴えたことをほぼそのまま記述してあります。

このため、会社側としては、必要に応じて産業医（産業医が専門医でない場合は専門医）の意見を聴きます。

4　企業の対応は

精神疾患になった従業員を休職発令すると、当人の上司、人事労務課担当者等は、当人をめぐる職場でのトラブルなどがなくなることから一時的にはわずらわしさから解放されます。

しかし、この後の長期間にわたる復職、退職、解雇をめぐるトラブルの原因をかかえ込むことになります。

私傷病休職発令を検討する時点では、当人と話し合って長い目で見て、①辞職、合意退職、解雇のいずれかにするほうがよいか、②私傷病休職発令するのがよいか、③私傷病休職後、復職、欠勤、再休職をくり返すことになった場合、どのように対応するのかを慎重に検討すべきです。

7　長期間の欠勤はしていない精神疾患従業員を私傷病休職にできるか

ポイント

就業規則に根拠規定を設ければ私傷病休職の発令ができます。

また、根拠規定がなくても、合理性、かつ、相当性があれば私傷病休職の発令ができます。

1　本件質問事案の内容は

精神疾患になった従業員の中には、長期間の欠勤はしないものの、遅刻や欠勤をくり返したり、出勤はするが、そのことによりかえって職場や業務に混乱をもたらす者もいます。

このような者に私傷病休職を命じることができるようにするには、就業規則の私傷病休職事由をどのように定めたらよいでしょうか？

2　従来の私傷病休職事由の規定内容は

多くの会社では、従来、私傷病による休職事由を、例えば、「業務外の傷病により欠勤が引き続き１カ月以上にわたるとき」などといった規定内容にしています。

このような規定では、上記１の質問事案のような精神疾患の従業員に休職を命令することは認められません。

3　新たな私傷病による休職事由の規定内容は

例えば、**図表８**のような規定にすれば精神疾患の従業員に私傷病休職を命ずることが認められます。

図表８　私傷病休職についての就業規則の規定例

（休職事由）
第11条　会社は、正社員が次の各号のいずれかに該当する場合には、休職とする。
① 業務外の傷病等により、直近３カ月間において15労働日以上欠勤した場合、不完全な労務提供が行われていると会社が判断した場合（私傷病休職）。
（以下省略）
⑤ 前各号のほか業務上の必要性または特別の事情があって休職させることが適当であると会社が判断したとき
2　前項第１号の適用において、「欠勤」には、１日について６時間未満の就業をした場合を含むものとする。

4　就業規則に私傷病休職の根拠規定が設けられていない場合は

その従業員を私傷病休職にすることについて、合理性、相当性があれば認められないわけではありません。ただし、会社側としては、合理性、相当性の裏付けに苦労することでしょう。

8　精神疾患従業員加盟の労働組合から会社に団体交渉を要求されたときの対応は

ポイント

会社としては、労働組合との団体交渉に応じる労働組合法上の義務があります。ただし、労働組合からの要求に対しては会社側の考えを回答すればよく、要求を承諾する義務はありません。

1　使用者（会社）には団交応諾義務がある

精神疾患になった従業員が加入している労働組合から会社に対して、その従業員の今後の取扱い（労働条件、休職、退職・解雇等）について団体交渉を求められた場合は、交渉に応じなければなりません。

労働組合法により、使用者には団交応諾義務があり、拒否すると不当労働行為（労組法７条違反）となるからです。

2　労働組合の要求に対する会社側の基本的な回答姿勢は

会社としては、労働組合との団体交渉には応じても、労働組合の要求事項については、事実と会社側の考えを回答すればよいです。

必ずしも要求を受け入れる旨の回答をする必要はありません。

3　多くの労働組合の要求内容とそれに対する会社側の回答は

1）最近、従業員の精神疾患による勤怠不良、休職問題が労働組合と会社との団体交渉の議題となることが、増えてきています。

労働組合の多くは、例えば、次のように会社に要求します。

「その組合員が精神疾患（うつ病など）になったのは会社業務が過重であったことが原因である。会社は、労働基準監督署長に労災（業務上疾病）の認定申請を行うべきである。対象従業員が労基署長に労災申請する際、申請書に『会社業務が原因である』とする事業主証明を行ってほしい」

2）通常の外傷を伴う業務上災害の場合は、原因が業務によるケガ等であるか否かがはっきりとわかります。しかし、うつ病などの精神疾患の場合には、発症原因が不明であることが多く、会社の業務が原因であるかどうかはわかりません。

それに労災認定する法律上の権限を有するのは労基署長です。労基署長が、その精神疾患は業務上疾病であると認めた場合には、国から対象労働者に労災保険の補償給付が支給されます。

さらに、多くの場合、対象労働者が会社に対して損害賠償請求の民事訴訟を起こし、会社は敗訴し、逸失利益（休業中、および将来定年年齢までの賃金）、慰謝料等多大な負担をしなければならなくなります。

3）労働組合の要求に対しては、「業務上疾病であるか否かの判断は、担当行政機関である労基署長に委ねる。労基署長には対象労働者の就労実態を労災給付請求書に記載する」と回答したほうがよいでしょう。

4）労働組合があくまでも対象労働者から労災申請を行わせると主張するのであれば、会社としても、労基署長に意見書を提出すべきです。それには、対象労働者の担当職務内容、実労働時間、これまでの勤怠状況、本人の言動などをできるだけ客観的に記載してください。

精神疾患による休職等が、1回、団体交渉の議題となったあとは、使用者（会社）側は、その後の医師との面談、休職期間の延長などこれに関連する動きを労働組合に通知しなければなりません。

また、さらに、団体交渉を求めてきた場合には、これに応じなければなりません。

9　会社は、非正規社員を精神疾患で私傷病休職にする義務はあるか

ポイント

その非正規社員に適用される就業規則の規定どおりに対応します。

1　質問事案の内容は

当社の有期契約パートタイマーで、労働契約期間１年、週３日、１日の所定労働時間が４時間の者がいます。欠勤が続いていましたが、突然、医師によるうつ病の診断書が提出され、４カ月ほど休職させるのが適当であるという内容でした。会社としては休職扱いにしなければならないものでしょうか。

2　就業規則にパートの休職制度が設けられている場合は

パートタイマーに適用される就業規則に休職制度が設けられている場合、またはその会社で休職が労働慣行として定着している場合には、制度等にそって休職を命令することにします。

3　パートの休職制度が設けられていない場合は

パートなど非正規社員については、大多数が有期労働契約であり、契約期間終了時点で契約を更新しなければ契約期間満了により自動退職になります（**図表９**）。

図表9　有期契約労働者に該当する者と無期契約労働者に該当する者

	A　有期契約労働者	B　無期契約労働者
1　正社員	×	○
2　パートタイム労働者（短時間労働者）	○（大多数）	○（一部）
3　期間雇用者（契約社員）	○	×
4　派遣労働者	○（大多数）	○（一部）

（注）○印は該当する者、×印は該当しない者

私傷病休職制度が設けられている企業の大多数は、その対象を正社員のみとしています。

この場合には、私傷病休職を認めないこととします。

会社としては、本人と話し合ったうえでできれば、本人の辞職または合意退職とするのがよいのではないでしょうか。

10　他社への出向者、転籍者を私傷病休職にする方法は

ポイント

出向者については出向元会社が、他方、転籍者については転籍先会社が、それぞれ、私傷病休職にします。

1　従業員の出向と転籍の違いは

同一企業内での人事異動だけでなく、他の企業での勤務を命じるのも人事異動の１つ。それには、従業員の出向と転籍の２つのタイプがあります（**図表10～12**）。

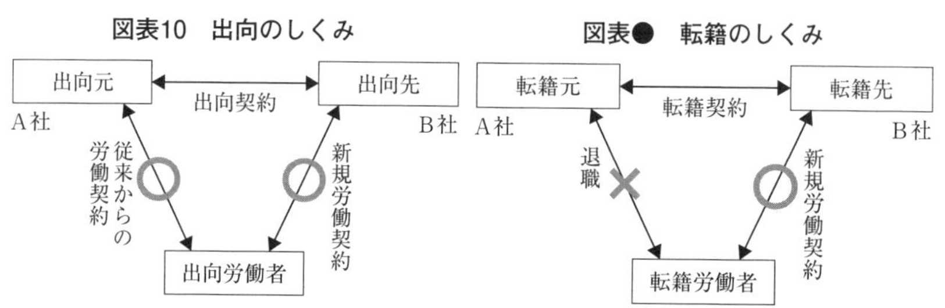

図表10　出向のしくみ　　図表●　転籍のしくみ

図表11　出向と転籍の違い

	出向（在籍出向）	転籍（移籍出向）
雇用主	A社、B社の双方	A社からB社に変わる
対象従業員の個別同意	個別同意がなくてもできる。就業規則等で出向先を限定し、身分、待遇等も保証する規定があれば、同意が得られたものとして取り扱うことができる。また、その出向が慣行化されている場合も同じ	個別同意がなければできない。従業員は転籍を拒否することもできる。A社を退職し、新たにB社の従業員となるので、賃金から社会・労働保険まで、全面的にB社が面倒をみる

図表12　出向者の扱いを明確にしておく

出向者の身分・条件	権限・責任の主体	内　　容
基本的労働関係	ほとんどの場合、出向先	出向先（Ｂ社）の就業規則によって労働時間、休日、休暇等の労働条件が決められる。出向元（Ａ社）の就業規則のうち労務提供に関係ない部分（退職、定年、解雇、福利厚生等）は、引き続き出向後も適用
指揮命令	出向先	出向先（Ｂ社）の指揮命令の下で就労するので、その勤務管理、服務規律に服する
賃金	会社間の契約次第	出向元（Ａ社）と出向先（Ｂ社）の契約で決まる。代表的なものは次の２つ ①出向先（Ｂ社）が支払う。ただし、出向前との差額があれば出向元（Ａ社）が補填（ほてん）する ②出向元（Ａ社）が払い続ける（出向先が分担額を出向元に支払う）
退職金	両社	勤務年数は、Ａ・Ｂ両社通算し、退職金は両社分担するのが一般的
労働基準法上の責任	項目により分担	実質的権限をもつ会社が、義務と責任を負う。たとえば、出向先（Ｂ社）が労働時間管理をおこなうため、時間外・休日労働協定締結、届出の義務を負う
労働安全衛生法、労働災害補償、労災保険法	出向先	出向先（Ｂ社）が労働安全衛生法の事業者、労災保険法の事業主として負担
雇用保険法上の事業主	会社間の契約次第	主として賃金を負担する会社が事業主となる

出向は、出向元会社の従業員の身分のままで同時に出向先会社の従業員となり、勤務するものです。出向の際には、就業規則（出向規則）に必要事項を定め、出向契約書の作成が必要です。

他方、転籍は、転籍元会社を退職して、新たに転籍先会社の従業員になるものです。どちらの形をとるかで、雇用主が大きく変わります。

最近は、本社のスリム化をはかる企業が多く、子会社や関連会社への出向や転籍が増える傾向にあります。

2　出向者を私傷病休職にする方法は

自社の従業員を他社に出向させる目的は、他社でバリバリ働いてもらうことにあります。

出向者が、出向先会社でうつ病など精神疾患になって働けなくなったときは、ただちに出向元会社が出向先会社と協議したうえで出向を解除し、出向元会社に戻します。

その後、本人の健康状態をよく見きわめて、必要な場合は私傷病休職を発令します。

（法律上、出向先会社が休職にすることも可能ですが、ふつうは出向元会社で対応すると思われます。）

3　転籍者を私傷病休職にする方法は

転籍者は、すでに、転籍先会社専属の従業員となっています。このため、必要な場合は転籍先会社が私傷病休職を発令します。

11 私傷病休職の休職願い・休職辞令・休職条件等説明書等の書式例と事前説明は

ポイント

①従業員から会社に提出する「休職願い」及び会社が対象従業員に休職を発令する場合の書式例は、**図表13～16**のとおりです。
②休職発令をする場合の留意点は、次の１、２のとおりです。

1　休職者に対する説明は

休職になる従業員は、初めてのことであり、職場を長期間離れることから不安です。

とりわけ精神疾患の場合は、それらの気持が強くあります。

会社の担当者としては、対象従業員が安心して休職し、治癒に専念できるようにするため、さらにはその後の労使間トラブルを防止するため、ていねいに説明し、十分に納得できるように配慮してください。

2　傷病手当金の支給とは

精神疾患等による休業者に対して、健康保険から支給される傷病手当金についても、該当する者については説明しておくことが必要です。

傷病手当金は、健康保険などの被保険者が業務外の病気やけがの療養のため仕事を休み、かつ給料の支払いがなくなり、さらに連続して４日以上休んだ場合、４日目から支給されます。支給額は、標準報酬日額の３分の２です。最長で１年６カ月間支給されます（詳しくは、149頁参照）。

図表13　私傷病休職願いの書式例

〇〇年〇月〇日

〇〇〇〇株式会社
代表取締役　〇〇　〇〇　様

所　属　第１営業部
氏　名　〇〇　〇〇　㊞

私傷病休職願い

私は、このたび、下記の理由により私傷病休職させて頂きたく、お願いいたします。

休職期間	〇〇年〇月〇日　～　〇〇年〇月〇日まで
休職理由	うつ病により、自宅で療養に専念することが必要と診断されたため
添付書類	主治医及び産業医の診断書　各１通
連絡先	〒×××－×××× 大阪府〇〇市〇〇×－××－× TEL：×××（×××）×××× メールアドレス：〇〇〇〇〇〇@〇〇〇〇. ne.jp

承認印			

図表14　私傷病休職辞令の書式例

○○年○月○日

○○　○○　殿

○○○○株式会社
代表取締役　○○　○○　㊞

辞令（私傷病休職）

会社は、このたび、下記のとおり、貴殿に私傷病休職を命じます。

記

休職期間：○○年○月○日　～　○○年○月○日

休職事由：精神上の疾患により、自宅で療養に専念することが必要であると認められるため

根拠規定：正社員休職規程第○○条第○号

なお、休職期間中の詳細については、別紙「休職取扱通知書」のとおりです。

以　上

図表15　私傷病休職条件等説明書の書式例

〇〇年〇月〇日

〇〇　〇〇　殿

株式会社〇〇〇〇
人事部長　〇〇　〇〇　㊞

私傷病休職条件等説明書

先般、貴殿に発令しました私傷病休職の取扱いについては、当社の正社員休職規程に基づき下記の通りとなりますので、お知らせいたします。

記

1．休職期間	〇〇年〇月〇日～〇〇年〇月〇日まで（〇カ月）
2．休職期間中の給与	正社員休職規程第〇条の規定により、休職期間中は給与を支給しません。
3．健康保険の給付	欠勤および休職期間中の収入については、健康保険の傷病手当金を受けることになります。
4．休職期間中の社会・労働保険料	欠勤および休職期間中の社会保険料の個人負担分については、会社が建て替えた分を毎月〇日までに支払ってください。
5．休職期間中の住民税	休職期間中の住民税については、〇月分以降を普通徴収に切り替えますので、市町村より送付される納付書により、納付してください。
6．復職について	私傷病休職期間満了日（〇〇年〇月〇日）までに治癒し、医師が就業に支障がないと診断した場合は復職することができます。 復職を願い出るときは「復職願い」に医師の証明書を添付し、提出してください。 なお、復職の可否については、当社指定医の意見に基づき、会社が判断します。ただし、状況により、休職前とは異なる職場で勤務する場合があります。
7．休職期間の満了	私傷病休職期間満了日までに復職できない場合は、休職期間満了日をもって自動退職となります。
8．休職期間の連絡について	貴殿またはご家族の方より、毎月１回、休職期間中の療養の状況等について、ファクシミリまたは電子メールにて、人事課〇〇までお知らせいただけますようお願いいたします。 〇〇　TEL：〇〇〇〇—〇〇〇〇 E-mail：××××××@××××．co.jp
9．その他	ご不明な点につきましては、〇〇部〇〇課〇〇（TEL：〇〇〇〇—〇〇〇〇）までお問い合わせください。

以上

一日も早いご回復とご復帰をお祈り申し上げます。

図表16　私傷病休職期間延長通知書

○○年○○月○○日

○○　○○殿

株式会社○○○○
人事部長　○○　○○

私傷病休職期間延長通知書

貴殿には、休職規程第○条第○号該当事由があることから、同第○条第○項第○号の休職期間にて休職を命じてきました。その後、会社では、同休職期間満了時においても、職場復帰が可能なほどの健康回復状態ではなく、同第○条第○項に定める延長事由があると判断し、同項に基づいてさらに2カ月間私傷病休職期間を延長しますので、お知らせいたします。

以　上

第５章　精神疾患従業員の私傷病休職期間中の取扱い

1　私傷病休職中の従業員についての管理・連絡のしかたは

ポイント

うつ病など精神疾患による私傷病休職者については、当人に負担のかからない方法で会社担当者と連絡しあうことが必要です。

1　私傷病休職中の会社と従業員との法律関係は

私傷病休職の場合、その従業員は、休職期間中、労務の提供（勤務）は免除されます。

しかし、会社と従業員との間の雇用関係（労働契約）は休職前と同じく継続しています。

したがって、使用者（会社）には人事権があると同時に、安全配慮義務等を負うことになります。他方、従業員は、企業秩序を順守する義務を負い、会社の人事権・管理権に服することとなります。

2　私傷病休職者についての会社の人事管理の権限は

使用者は、人事権・管理権を行使して休職事由が継続しているか否かを確認すること、具体的には病状経過の報告や使用者の指定医の受診を求めることは認められます。

3 会社から求職者への連絡についての考え方は

うつ病など精神疾患の従業員が休職に入ると、会社側の関係者はその休職者との連絡をしなくなってしまうこともあります。しかし、病気静養中だからといって休職者との接触を敬遠するのではなく、会社側から十分な情報提供をして、精神的な孤独感や復職できるか否かなどの不安感を解消することや連絡・相談できるようにしておくことが重要です。

ただし、これを精神疾患休職者の報告義務としてしまうと休職者にとって大きな負担となりますので、その方法には注意が必要です。

4 会社からの具体的な連絡のしかたは

精神疾患休職者との連絡においては、電話ではなくメールやFAX、手紙を活用します。電話だとタイミングによっては精神疾患休職者にとって苦痛になることもあります。しかし、メールやFAXであれば、体調のよい時に対応できるので、負担が軽くてすみます。しかも、文字として記録が残るという利点もあります。

また、精神疾患休職者との会社側の連絡窓口は一本化することも大切です。会社側の複数の人から接触されるのは精神疾患休職者にとってストレスとなることもあります。また、会社側の連絡窓口となる人は、日頃の仕事の直接の上司、部下、同僚よりも、離れた位置にいる人事・労務担当者の方がよい場合もあります。

[2] 精神疾患休職者についての生活指導の必要性は

ポイント

会社の産業保健スタッフ（産業医、専門医等）が休職中の過ごし方を指導することが必要です。

1　産業保健スタッフの指導が必要

精神疾患従業員が休職するようになったら、会社の産業保健スタッフ（あるいはスタッフがいなければ人事担当者）が、休職中の過ごし方を指導する必要があります。

2　休職中の当人の過ごし方は

1）休職中の過ごし方として大事なことは、第一には規則正しい生活を送るようにすることです。憂うつな時には多くの場合、不眠や過眠などの睡眠障害を伴っています。そして、朝から特に午前中は気分が憂うつな状態がしばらく続くかもしれません。治療を受けるにあたっては、毎日の症状を主治医に正確に伝えることが大事です、症状が正確に主治医に伝わると、治療も自分に合ったものになっていきます。つまり、出勤できなくなった原因となる症状が消えていくことが大事です。そのためには、薬の力も借りながら、生活リズムをなるべく崩さないようにして、朝の気分が改善していくようにします。夜中にインターネット等にふけり、昼夜が逆転しているような生活では、復職はもちろんですが、症状の改善も望めません。

2）治療が進み、よく眠れるようになって症状が和らいでくると、午後の気分がかなり良くなってきます。気分が回復してきたら、少しずつ運動をするようにします。ウオーキング程度でもかまいません。さらに元気になってきたら、スポーツクラブで運動するのも良いでしょう。

3）次の段階として、多少頑張れば朝は一定の時間に起きられて、朝食後に憂うつな気分がほとんどなくなってきたら、例えば、自宅近くの図書館に午前中行くようにすると良いでしょう。そして、午後は運動をしてみます。週５日間、午前中は図書館、午後は運動という生活ができるようになってきたら、だいぶ回復していると考えてよいでしょう。会社勤務は、通常、朝から行い、他人の目のある職場で時間を拘束されます。図書館で作業的なことができるようになっていることは、自分の気分や体調を確認できるばかりでなく、職場のように他人の目のある多少窮屈な環境の中で時間を拘束されたときの集中力の回復や疲労の程度が経験できます。また、通常は午後の方が気分が晴れてきて意欲も出てくるので、運動等は比較的初期からできます。しかも、運動に憂鬱な気分を改善させる効果があることもわかっています。

4）後にふれます精神疾患休職者がリワーク（復職）プログラムを始める基準は、「午前中は図書館通い、午後は運動するという生活が週５日間できる程度の病状の回復」とされています。この段階になれば軽減勤務を認める会社では、その制度を使って午前中会社で過ごすのも良いでしょう。しかし、まずは自分で通勤をしてみて会社の近くの図書館に行き、集中力が回復していることを確認することをお勧めします。新聞等を読み、文字情報が頭に入ってきて内容がよく理解できるようになっていることを確認します。通勤が加わるだけですが、はじめは意外と疲れます。通勤をしての図書館通いが週５日できるようになれば、さらに改善したことになります。そして図書館にいる時間をだんだん延ばしていくと病気の回復度がさらに上がっていることがわかるようになります。このようにして、毎日の生活の過ごし方をチェックすると、病状の回復をある程度は確認できます。

３　従業員の休職中の社会保険の取扱いは

ポイント

①従業員は、休職中も社会保険（健康保険と厚生年金保険）の被保険者であり、就業中と同様に、社会保険料（従業員負担分）の支払義務があります。
②会社としては、対象従業員から、どのような方法で確実に社会保険料の従業員負担分を受けとるかという問題があります。
③他方、私傷病休職期間中には、健康保険から傷病手当金、療養給付等が支給されます。

1　休職中も従業員の社会保険の被保険者資格は継続される

従業員が私傷病休職になった場合、勤務をしないだけで、その会社の従業員としての身分（雇用関係）はそのまま継続されます。

社会保険料（健康保険と厚生年金保険）の被保険者資格は、そのまま継続されます。

2　従業員に社会保険料を確実に支払わせる方法は

(1)　休職中も従業員には社会保険料の支払義務はある

休職中も従業員は社会保険の被保険者であり、有給でも無給でも社会保険（健康保険、厚生年金保険）の保険料は発生します。そして、その保険料の半分は従業員本人の負担分です。

事業主（企業）には、社会保険料の納付義務があるので、たとえその従業員の給与が無給でも、その決まっている保険料を納付する義務があります。企業とすれば自ら負担しなければならない保険料について、いかにしてその半額を休職している従業員に負担させるか（会社に支払わせるか）ということが問題となります。

(2) 従業員に社会保険料（従業員負担分）を支払わせる方法は

会社が従業員から社会保険料（従業員負担分）を受け取る方法としては、次の３つが考えられます。

① その都度、毎月、従業員から会社に、事前に送金させる方法

② 会社が立替払いをして、従業員の勤務復帰後現金で返済させる方法

③ 会社が立替払いをして、従業員の勤務復帰後に賃金（月々の給与・退職金）から控除（天引き）する方法

対象従業員が私傷病休職した後には、職場復帰する場合もあれば、職場復帰できずに自動退職（または解雇）になる場合もあります。したがって、会社が従業員負担分を確実に受け取るためには上記①の方法にしなければなりません。

(3) 賃金（給与・退職金）から社会保険料を控除するためには賃金控除協定が必要

従業員に支払う賃金については、原則として、その全額を直接その従業員に支払わなければなりません（労働基準法24条）。

例外的に、使用者が賃金から何かしらを控除（天引き）して残額のみを支払うようにするためには、あらかじめ、その事業場の従業員の過半数代表者と**図表１**のような「賃金の一部控除に関する労使協定」を結び、これをその事業場に備えつけておかなければなりません。

この天引きの項目の中に「立替金の求償」という項目を記載しておかなければなりません。

図表１　賃金の一部控除に関する労使協定書（例）

賃金の一部控除に関する労使協定書

株式会社○○○○と同社○○○○事業所の全従業員の過半数代表者○○○○とは、労働基準法第24条第１項ただし書の規定に基づき、賃金の一部控除に関し、下記のとおり協定する。

記

1　株式会社○○○○は、従業員に対する毎月の給与又は、賞与、退職金等の支払の際、次に掲げるものを控除して支払うことができる。
- (1)　立替金（社会・労働保険料の労働者負担分、地方税その他）の求償
- (2)　社宅・寮の賃貸料金
- (3)　昼食代
- (4)　労働組合費
- (5)　会社からの貸付金の返済金
- (6)　○○○○○○○

2　この協定は、××年××月××日から、２年間有効とする。

3　この協定は、何れかの当事者が90日前に文書による破棄の通告をしない限り同一内容で更新され、効力を有するものとする。

××年××月××日

株式会社○○○○

使用者職氏名

代表取締役　○○○○　㊞

労働者の過半数代表者　○○○○　㊞

3　私傷病休職者に対する健康保険からの給付は

(1)　傷病手当金

健康保険の被保険者（従業員）が、業務以外の原因で病気やケガをし、４日以上就労せず、賃金が支給されない場合には、傷病手当金として１日当たりの標準報酬日額の３分の２相当額が支給されます。支

給期間は最長１年６カ月間です。支給開始後当人が会社を退職（解雇等も含む。）しても継続して給付されます。

傷病手当金の給付申請のしかたについては第２部第３章（152頁以降）に記載してあります。

(2) 療養（治療）の給付

業務以外の原因による病気やケガの場合、保険医療機関または保険薬局から治療を受けたり、薬をもらったりした場合には、被保険者（休職中の従業員）は３割の代金を支払い、残りの７割は健康保険から支払われます。

4　休職中の従業員の労働保険の取扱いは

ポイント

すでに健康保険給付（傷病手当金その他）を支給されていても、その疾病が業務上災害の場合には、労災認定を受ければ、労災補償給付に切り換えることができます。

1　労働保険の被保険者資格は継続される

労働保険（労災保険と雇用保険）の被保険者資格は、その従業員の休職中も継続されます。

労災保険の保険料は、事業主が全額負担します。

また、雇用保険の保険料は事業主と従業員の双方が負担します。

雇用保険の保険料は、支払賃金額の一定割合と定められています。このため、休職中は無給としている場合には、雇用保険料は徴収されません。

2　休業中の労災補償給付は

業務上の原因による病気やケガについては、休業４日目から、休業補償給付が平均賃金の80％支給されます。また、治療等が無料で受けられます。

労災補償給付については、第２部第２章（88頁以降）で詳しく説明しています。

3　健康保険の給付から労災補償給付への切り替えとは

従業員が休職になっても、その原因が本当に私傷病なのか、それとも業務上疾病（労働災害）なのかの判断が難しいことがあります。その場合は、とりあえずは私傷病休職として健康保険を使い、治療を受け、さらに就労できない場合には傷病手当金が支給されることになります。

その後、その従業員が労基署長に業務上疾病として労災給付請求をしてこれが認められれば、療養補償給付と休業補償給付が支給されます。この場合には、健康保険と労災保険の間での切り替えのための手続が実施されることになります。

5　休業中の従業員の税金の取扱いは

ポイント

従業員が休職中無給であっても、前年度分の地方税は課税されます。

1　所得税の課税は

休職期間中給与が無給であれば所得税は課税されません。

2　地方税の課税は

地方税は、前年度の収入に対して今年度に課税されます。

このため、休職中で無給であっても、前年度の給与に対して今年度課税をされます。

対応方法としては、次の４つがあります。

①　その都度、事前に従業員から会社に送金させる。

②　会社が立替払いをして、休職から復帰後現金で返済させる

③　会社が立替払いをして、休職から復帰後賃金（給与・退職金）から天引きする

④　企業の源泉徴収ではなく、その従業員本人が自分で支払う普通徴収に切り換える

これらのうち③の賃金からの控除の方法をとる場合には、事前に、従業員の過半数代表者と賃金控除協定を締結し、この控除項目の中に「地方税の立替払い分」として入れておくことが必要です（労働基準法第24条ただし書）。

6 従業員が会社への債務を支払わない場合の対応方法は

ポイント

少額訴訟制度を利用するのも１つの方法です。

少額訴訟制度とは、簡易裁判所で取り扱われる民事訴訟です。

その従業員が私傷病休職の間の社会保険料（従業員負担分）、地方税（前年度分）など会社が立替払いしていた金額を支払わないままになっているケースも少なくありません。

このような場合、会社としては、その従業員に対して簡易裁判所に少額訴訟を提起して支払わせるのも１つの方法です。

1 少額訴訟制度というのは

少額訴訟制度は、60万円以下の金銭の支払請求に対して、原則１回の審理で判決が出る「迅速かつ手続きが簡単な」訴訟制度です（**図表２**）。

この制度は、少額の金銭をめぐるトラブルを、すみやかに解決できます。ただし、被告（従業員）が少額訴訟による解決を希望しない場合は、普通の民事訴訟手続きに移行します。

2 少額訴訟のメリット・特徴は

原告（会社側）からすると、少額訴訟のメリットは、①訴状は簡易裁判所に設置してある定型用紙に記入するだけなので、自分で簡単に作成でき、②すべての手続きが原則１日で終わります。また、勝訴判決には必ず仮執行宣言が付くので、すぐに強制執行（裁判所の力を借りて、公権力によって金銭を回収する方法）が可能です。さらに、③訴訟費用は、印紙代（500円～3000円＋切手代）のみです。

また、少額訴訟には、①60万円以下の金銭支払請求に限る、②審理は原則１回、直ちに判決が言い渡される、③証拠書類や証人は、審理の日に調べられるものに限られる、④分割払いや支払猶予の判決もできる、⑤判決については仮執行宣言が付く、⑥少額訴訟判決に対する不服はその裁判所に対する異議申立に限る、⑦被告の申出があったときは、通常の民事訴訟手続に移行する、といった特徴があげられます。

少額訴訟の手続きの流れは、**図表２**のとおりです。

図表２　少額訴訟の手続きの流れ

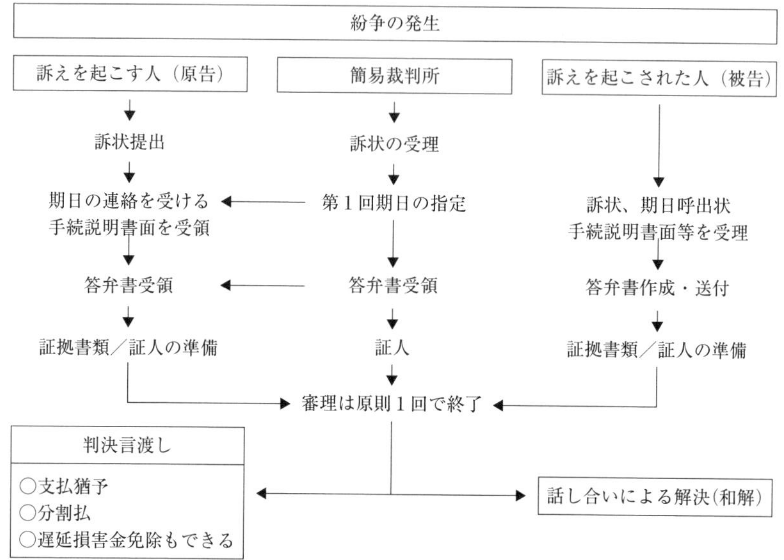

⑦ 精神疾患従業員の休職期間と年次有給休暇付与要件との関係は

ポイント

労基法上、従業員の休職期間は、年次有給休暇付与の要件である「継続勤務期間」に含まれます。しかし、「出勤日」にはなりません。

1 年次有給休暇制度のあらましは

(1) 年休の付与日数、取得要件は

使用者は、労働者に毎年（初年度は6カ月間経過後）、少なくとも**図表3**の日数の年次有給休暇（年休）を付与しなければなりません（労基法39条1～3項、労基則24の3の1～3項）

図表3 年次有給休暇の付与日数

週所定労働時間	所定労働日数		継続勤務した期間に応ずる年休の日数						
	週で定める場合	週以外で定める場合	6カ月	1年6カ月	2年6カ月	3年6カ月	4年6カ月	5年6カ月	6年6カ月以上
週30時間以上			10	11	12	14	16	18	20
週30時間未満	週5日以上	年間217日以上	10	11	12	14	16	18	20
	週4日	年間169～216日	7	8	9	10	12	13	15
	週3日	年間121日～168日	5	6	6	8	9	10	11
	週2日	年間73日～120日	3	4	4	5	6	6	7
	週1日	年間48日～72日	1	2	2	2	3	3	3

年休は20日が上限。6年6カ月以降は勤続年数によらず20日のまま

従業員が、本年中に年休を取得するためには、前年１年間（当初は６カ月間）の「労働日」のうち８割以上の「出勤日」があることが必要です（**図表４**）。

この計算にあたっては、**図表４**の①〜⑤の期間は「出勤日」として取り扱われます。

図表４　出勤率の計算のしかた

次の期間は、出勤したものとみなされます。
①業務上の負傷・疾病（しっぺい）の療養のために休業した期間
②労基法の規定による産前産後休業をした期間
③育児・介護休業法に規定する育児・介護休業をした期間
④年休を取得した日
⑤使用者の責に帰すべき理由によって休業した日

$$\frac{\text{出勤日数}}{\text{所定労働日数}} = \text{８割以上→年休発生}$$

①休日労働した日は、所定労働日数と出勤日数の双方に含めない
②生理休暇、子の看護休暇・介護休暇等の取得日は、出勤日とはみなされない

⑵　年休の取得、時効は

労働者は、原則として、会社に対して時季指定すれば、その日の労働義務は消滅し、年休を取得できます。

年休は、原則として、１日単位で取得できます。

ただし、労使協定を結んだ場合には、１年に５日までは、１時間単位で取得することができます。

年休の時効は２年です。したがって年休を付与された年とその翌年の２年間にわたって取得することができます。

⑶　年休取得日の賃金支払は

従業員が年休を取得した日については、①平均賃金、②所定労働時

間労働した場合に支払われる通常賃金のいずれかが、「就業規則その他」で決めてあるところにより支払われます。また、労使協定で、③標準報酬日額（健康保険法99条）によることも可能です。

2　休職の期間は「継続勤務期間」に含まれる

従業員が休職していても会社に在籍しているので、年休の付与要件である「継続勤務期間」に含まれます。

3　欠勤・出勤停止・休職の期間は「出勤日」に含まれない

例えば、その精神疾患になった従業員が、当該年休年度中、欠勤・出勤停止（自宅待期）、休職の期間があわせて３カ月以上（(12カ月－３カ月)／12カ月＝0.75、８割を下回る）になると、当該年休年度は、年休付与の要件を満たさなくなります。これは、**図表５**で説明すると、平成29年７月１日から欠勤し１カ月後の８月１日に休職命令を発令される例です。他方、**図表５**で、欠勤が８月１日から始まり９月１日休職発令なら、８割以上の出勤が確保され、平成29年10月１日に12日の年休が付与されるでしょう。

図表５　休職期間と年休付与との関係

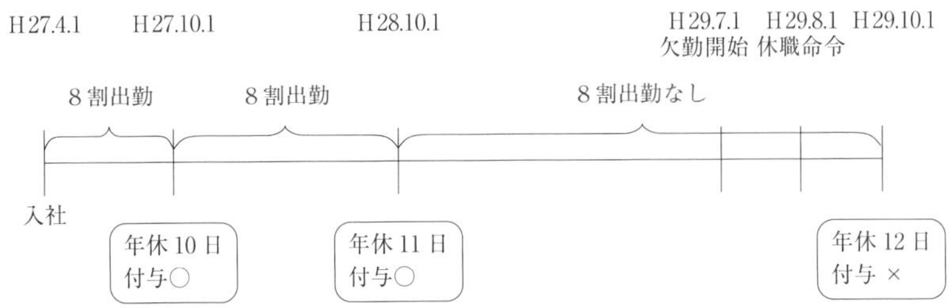

H27.4.1　H27.10.1　H28.10.1　H29.7.1 欠勤開始　H29.8.1 休職命令　H29.10.1

８割出勤　８割出勤　８割出勤なし

入社

年休 10 日 付与○　年休 11 日 付与○　年休 12 日 付与 ×

8　精神疾患従業員の休職中に年次有給休暇を与える義務はあるか

ポイント

私傷病休職の発令により、その間はすでに労働の義務が免除されているので、年休により重ねて労働の免除する必要はないと考えられます。

1　質問事案の内容は

うつ病で休職中の従業員から、４月１日で年次有給休暇（年休）が20日発生したので、休職中に、年休を取得したいと請求がありました。休職中は無給ですが、年休を取得すると有給となるので、年休を請求したものと思われます。これを認めなければなりませんか。

2　私傷病による欠勤・出勤停止（自宅待期）・休職と年休との関係は

私傷病による欠勤・出勤停止・休職の期間中は、大多数の企業では無給としています。これに対して、年休の場合には有給（平均賃金額等の支払義務）があります。

このため、該当従業員としては、残っている（いまだ消化していない）年休の取得（有給）を希望するわけです。

休職等と年休とのこのような問題の調整について判例は見当たりません。

3　分類して考えると

(1)　欠勤・休職前に年休請求権が発生している年休については

この年休については、その従業員が使用者に対して請求することが認められています。

この場合、使用者はその従業員に年休（有給）を付与しなければなりません。

通常は、先に年休（有給）をすべて付与し、それでも欠勤等となる場合は無給の休職とします。

この場合に、その従業員が年休を請求しない場合には、会社側は年休を付与する必要はありません。

(2) 欠勤・休職期間中に請求権が発生した年休の取扱いは

この点については、すでに会社から命令が発せられた「私傷病休職（無給）扱い」が優先し、年休は休職期間が満了し、復職した後に付与するべきと考えます。

その理由は、休職発令によりすでに休職期間中の労働（出勤）の義務は免除されているので、さらに重ねて年休付与により労働義務を免除する必要はないからです。

なお、就業規則の中に「休職期間中については、年休の付与はしない」旨の規定を設けておくこととします。

(3) 上記(2)のうち休職期間満了により退職する場合の取扱いは

この場合については、会社側の裁量により請求された年休を付与、有給にしてもさしつかえないと考えます。

(4) 労基法39条を上回る年休の取扱いは

これについては、労基法の規制はないので、会社の裁量により任意に取扱ってさしつかえありません。

第６章　精神疾患休職者の復職に向けての会社の準備・支援
―いわゆるリハビリ出勤と社外リワーク（復職）支援機関の利用―

1　私傷病休職期間満了まぢかの時点からの会社の対応手順は

ポイント

会社としては、精神疾患休職者本人の復職についての意思の確認から復職等まで、多くの手続きが必要となります。

会社の行う手順は、**図表１**のとおりです。

図表１　休職期間満了まぢかの時点からの手続きの手順

①　会社から本人への「休職期間満了日」の通知文書の発送（休職期間満了日の３カ月前頃）

↓

②　精神疾患休職者から会社に対する連絡（復職希望の場合は、「復職願い」と「主治医の診断書」の提出：休職期間満了日の２カ月前頃）

↓

③　会社の人事担当者が精神疾患休職者、主治医と面談して病気の回復状況、本人の意思等の確認（事前の同意必要）

↓

④　会社の人事担当者が上記③の結果を会社に持帰り、本人の上司、人事部門関係者、産業医（産業医が専門外の場合には、専門医）等に報告し、今後の取扱いを協議する。

↓

⑤　次のいずれかに決定する。
　復職の場合は、当人の復帰後の所属部署、担当業務内容、勤務時間、賃金、その他を決めて、当人に通知する

↓

⑥－１　復職　　⑥－２　自動退職　　⑥－３　解雇

↓

⑦　試し出勤

↓

⑧　リハビリ出勤

↓

⑨　通常勤務

[2] 私傷病休職期間満了まぢかの従業員への対応は

ポイント

会社としては、まず、書面で精神疾患休職者の復職の意思を確認します。

1 私傷病休職期間満了後の選択肢は

うつ病等の精神疾患により私傷病休職になった従業員（正社員等）の場合、休職期間満了後の選択肢には、次の３つがあります。

②と③のいずれにするかは、就業規則に定めておきます。②とするほうが会社としては良いです。

① 復職：本人から会社への「復職願い」と「主治医の診断書」の提出

② 退職：休職期間満了による自動退職、または本人からの「退職願い」の提出

③ 解雇：会社から休職者に対する「解雇予告通知書」の送付等

2 まず、私傷病休職者本人の意思の確認を

会社は、**図表２**の書面により、私傷病休職者本人の意思を書面で確認します。

図表２　私傷病休職期間満了日についての通知文書（例）

○年○月○日

○○○○様

○○○株式会社
人事部長　○○○○　印
電話　　○○－○○○○－○○○○
ＦＡＸ　○○－○○○○－○○○○

私傷病休職期間満了日についてのお知らせ

拝啓

御無沙汰しております。その後、お体の方はいかがでしょうか。

さて、本日お知らせ文書を差し上げましたのは、あなたの私傷病休職期間のことでございます。あなたは○年○月○日に私傷病休職に入り、休職期間は１年６カ月ですので、本日（○○年○月○日）より３カ月後の○年○月○日に休職期間満了となります。

ご承知のとおり、あなたが私傷病休職期間満了までに復職されない場合は自動退職扱いとなります。もし、あなたが復職を希望される場合は、遅くとも休職期間満了日の２カ月前（○○年○○月○○日）までに「復職願い」と「主治医の診断書」を弊職まで提出してください。当社としてもあなたの復職に当たって種々の手続があるために休職期間満了ぎりぎりになって「復職願い」を提出いただいても対応できない場合がありますので、早めに御準備ください。

もし、何か不明のことがありましたら、弊職までご連絡ください。

敬具

③ 精神疾患休職者の復職可否についての会社の判断時の留意点は

ポイント

会社側（上司・人事労務担当者等）として、その精神疾患休職者を復職させるか否かの判断については、慎重に行うことが必要です。

1）会社側としては、その休職者が復職しても何ら問題はないという判断を下すことは、現実的にはかなり難しいことです。なぜなら、主治医は病状の回復は確認できますが、家庭での生活や日中の生活を見ているわけではありません。復職する本人が「大丈夫、復職できます」と主治医に言えば、主治医としては病状が安定していれば“復職可能”という診断書を発行することでしょう（325頁図表４：第２ステップ）。

2）現在、会社、特に人事担当者から、「主治医の復職可能という判断は、あてにならない」といった評価がよく聞かれます。**図表３**に全国のクリニックの350人、精神科病院の2,154人の精神科医の偽らざる声を紹介します。ご覧のとおり、半数以上の精神科医は「復職の判断は困難」と感じており、「復職後に再休職することが多い」という印象を持っているのです。

図表3　主治医が感じる「うつ病休職者の復職時や復職後に困ること」

	クリニック (350/358名)		病院 (2,154/2,174名)	
復職可能な状態かの判断が難しく迷うことが多い	193	55.1%	1,143	53.1%
復職しても短期間で再休職することが多い	185	52.9%	1,246	57.8%
不十分な回復状態だが、本人や家族から強い復職の希望があり、対応に困る	172	49.1%	701	32.5%

出典：五十嵐良雄：日精診誌、104－112、2009

それでも、病状が安定していることは主治医しか確認できません。一方、本人や家族としては家で元気なら仕事に戻れるのではないか、と考えるのも当然かもしれません。

3）職場の環境は、昔よりも格段に厳しくなってきています。このような状況ですから、復職が可能であるかどうかは復職してみなければわからない部分が多いのです。280頁**図表5**に示すように、病状の回復レベルが、職場の求める回復レベルに達しないうちに主治医の「復職可」の判断が出れば、復職は失敗することになります。また、本人が復職の意思を示すと、周囲の仲間や上司は復職直後にはそれなりに配慮して、会社も就業の制限をしますので、はじめはうまくいくかもしれません。

4）そして、復職後に仕事がうまくいき始めると、本人も含め会社や上司も、早く元のレベルの仕事ができるようになることを期待します。そして、時期を経るにしたがい周囲の配慮も減ってきて、本人への期待はさらに高まり業務負荷が増えてきます。その時点で本当に病気が治っていないと、以前と同じような症状が出始めます。もし、その時に薬を飲んでいないと、病状が再燃する危険はとても高くなり再休職へとつながっていきます。

5）薬は必ずしも一生使う必要はありませんが、あまり早く薬を減らしてやめてしまうのは考えものです。復職後に治療を終結する時期を判断することも、豊富な経験のある精神科医にとっても失敗が多く、実はなかなか難しい判断です。再発を繰り返すと、その後の再発を繰り返す可能性はさらに高くなることがよく知られています。休職が2回目以上の人はよほど注意しないと、その後の再休職を回避することはできないかもしれません。

４　厚生労働省作成の「職場復帰支援の手引き」における会社支援の５ステップとは

ポイント

厚生労働省作成の「職場復帰支援の手引き」では、会社が休業従業員に対して行う支援を**図表４**のように５つのステップに分けて説明しています。

1　厚生労働省作成の「職場復帰支援の手引き」とは

厚生労働省では、事業場むけのマニュアルとして、「心の健康問題により休業した労働者の職場復帰支援の手引き」（平成16年10月作成、同21年３月改訂）（以下「職場復帰支援の手引き」という。）を取りまとめ、公表しています。

2　会社の行う職場復帰支援の５ステップとは

この職場復帰支援の手引きでは、会社が休業中の従業員に対して行う職場復帰支援について、**図表４**のように「(第１ステップ）病気休業開始及び休業中のケア」から「(第５ステップ）職場復帰のフォローアップ」まで、５つの段階に分けています。

この手引きは法令ではないので、各企業が必ずこのとおりに行わなければならないものではありません。

各企業は、この手引を目安、参考にして、自社の実情にみあった可能な方法で、うつ病など精神疾患による休職者に対する職場復帰のための支援を行ってください。

4 厚生労働省作成の「職場復帰支援の手引き」における会社支援の５ステップとは

図表４　厚生労働省作成の「職場復帰支援の手引」における会社の支援の５ステップの流れ

〈第１ステップ〉　病気休業開始及び休業中のケア

ア　病気休業開始時の労働者からの診断書（病気休業診断書）の提出
イ　管理監督者によるケア及び事業場内産業保健スタッフ等によるケア
ウ　病気休業期間中の労働者の安心感の醸成のための対応
エ　その他

↓

〈第２ステップ〉　主治医による職場復帰可能の判断

ア　労働者からの職場復帰の意思表示と職場復帰可能の判断が記された診断書の提出
イ　産業医等による精査
ウ　主治医への情報提供

↓

〈第３ステップ〉　職場復帰の可否の判断及び職場復帰支援プランの作成

ア　情報の収集と評価
　(ア)　労働者の職場復帰に対する意思の確認
　(イ)　産業医等による主治医からの意見収集
　(ウ)　労働者の状態等の評価
　(エ)　職場環境等の評価
　(オ)　その他
イ　職場復帰の可否についての判断
ウ　職場復帰支援プランの作成
　(ア)　職場復帰日
　(イ)　管理監督者による就業上の配慮
　(ウ)　人事労務管理上の対応
　(エ)　産業医等による医学的見地からみた意見
　(オ)　フォローアップ
　(カ)　その他

↓

〈第４ステップ〉　最終的な職場復帰の決定

ア　労働者の状態の最終確認
イ　就業上の配慮等に関する意見書の作成
ウ　事業者による最終的な職場復帰の決定
エ　その他

↓

職　場　復　帰

↓

〈第５ステップ〉　職場復帰後のフォローアップ

ア　疾患の再燃・再発、新しい問題の発生等の有無の確認
イ　勤務状況及び業務遂行能力の評価
ウ　職場復帰支援プランの実施状況の確認
エ　治療状況の確認
オ　職場復帰支援プランの評価と見直し
カ　職場環境等の改善等
キ　管理監督者、同僚等への配慮等

5　企業の精神疾患休職者に対する復職支援の方法は

ポイント

①自社で行う「リハビリ出勤」と、②社外で行われている「リワーク（復職）支援」の利用とがあります。

1　自社で行う「リハビリ出勤」とは

リハビリ（リハビリテーション）とは、身体障害者や精神障害者を、再び社会生活に戻れるようにするための療法のことをいいます。職業訓練なども治療とあわせて行います。職業リハビリテーションの場合は、職場への復帰自体を目的とした職業訓練などが主体です。

これは、休職中の従業員が任意で自主的に行うものです。模擬出勤、通勤訓練、試し出勤といわれるものがあります。くわしくは、次の6で説明します。これらを自社で企画、実施する場合には、地域障害者職業センターに相談したり、支援を受けることができます（9337頁参照）。

2　社外で行われている「リワーク（復職）支援」の利用とは

精神疾患休職者の通院している病院、診療所の中には、さまざまな復職支援を行っている所があります（8334頁参照）。

また、地域障害者職業センターでは、休職者と企業に対する支援を行っています（9337頁参照）。

休職者がこのセンターの行う講習を受講したり、支援を受ける方法もあります。

6 リハビリ出勤とは

ポイント

リハビリ出勤には、①模擬出勤、②通勤訓練、③試し出勤といった形があります。リハビリ出勤の実施は、法令上、会社の義務ではありません。ほかに、外部の「リワーク（復職支援）施設」を利用する方法もあります。

1 リハビリ出勤制度の具体例は

厚生労働省作成の「職場復帰支援の手引き」では、リハビリ出勤の具体例として、次の①〜③の３種類を挙げています。

① 模擬出勤

これは、職場復帰以前に、通常の勤務時間と同様の時間帯にデイケア等で模擬的な軽作業やグループミーティングを行ったり、図書館などで時間を過ごすものです。

② 通勤訓練

これは、職場復帰以前に、労働者の自宅から職場付近まで通常の通勤経路で移動し、そのまま、又は職場付近で一定時間過ごした後帰宅するものです。

③ 試し出勤

これは、職場復帰以前に、職場復帰の可能性についての判断等を目的として、本来の職場などに試験的に一定期間継続して出勤するものです。

2 リハビリ出勤のねらいは

リハビリ出勤は、法令上その実施が使用者に義務付けられているものではありません。「職場復帰支援の手引き」によれば、その意義としては、より早い段階で職場復帰の試みを開始することができ、早期の復帰に結び付けることが可能であること、長期休業していた労働者の就業に対する不安の緩和に寄与するとともに、労働者自身が実際の職場において自分自身及び職場の状況を確認しながら、復帰の準備を行うことができるため、より高い職場復帰率をもたらすことが期待できるといわれています。

3　リハビリ出勤と通常勤務（雇用労働）との違いは

リハビリ出勤は、上記１の①～③のいずれも職場復帰後の通常勤務（雇用労働）とは、次の点で異なるものです。

①　リハビリ出勤は雇用労働の提供ではないので、賃金は支払われない。

②　リハビリ出勤は、対象従業員にリハビリ出勤により人身事故や疾病が起きても、会社に補償責任はないし、労災保険の給付も受けられません。

③　上記①、②以外のことについても労基法、労災保険法その他の労働法令は適用されません。

4　リハビリ出勤制度の内容、処遇の明確化が必要

リハビリ出勤を社内制度として導入する場合には、あくまで正式な職場復帰の前段階として復帰の可否を判断し、早期かつ円滑な職場復帰を支援することを目的とする制度であることを念頭において、その内容や処遇を社内規程等で明確化する必要があります。

5　リハビリ出勤制度を導入する上での注意点は

「職場復帰支援の手引き」では、制度を導入する際の注意点を次の⑴～⑶のように挙げています。

(1) リハビリ出勤制度実施期間中の人事労務上の取扱いの明確化

リハビリ出勤制度を社内制度として設ける場合、リハビリ出勤制度実施期間中の処遇や事故、災害が発生した場合の対応、人事労務上の位置付けや処遇等について、あらかじめ、労使間で十分に検討の上明確なルールを設けるべきです。特に、使用者がリハビリ出勤中の当該対象労働者に対し、業務に関する指示や指揮命令を行ったと評価されると、労働基準法が適用され、賃金等の合理的な処遇が必要となるため注意が必要です。

(2) リハビリ出勤制度が必要であり、かつ、療養の支障とならないこと

リハビリ出勤の運用に当たっては、産業医等も含めてその必要性を検討するとともに、主治医からもリハビリ出勤制度の実施が労働者の療養を進める上での支障にならないとの判断を受けることが必要です。

(3) リハビリ出勤制度の運用が制度目的に合致していること

リハビリ出勤制度は労働者・使用者の一方的な都合のみで実施されるべきでないことから、職場復帰支援手引では、労働者の職場復帰を円滑に行うことを目的として運用されることに留意すべきであるとされています。

特に、上記1の③の「試し出勤」については、具体的な職場復帰決定に先立つ判断等を目的とするものであることを踏まえ、その目的達成のために必要な時間帯、態様、時期、期間等に限るべきであり、いたずらに長期にわたることは避けるべきこととされています。

7 「試し出勤」制度を導入する場合の規定事項、規程例は

ポイント

① リハビリ出勤のうち「試し出勤」が会社にとって最も役立つと思われます。

② 自社で「試し出勤」制度を導入する場合には、あらかじめ規程を設け、その中で「試し出勤」は会社に対する「労働の提供（勤務）」ではないため、賃金は支払われず、労基法、労災保険法等の対象にならないことを明記し、この制度の対象者、関係者に周知しておくことが必要です。

1　会社にとっては「試し出勤」が役立つ

前記6（327頁）で説明したようにリハビリ出勤には、①模擬出勤、②通勤訓練、③試し出勤の３つがあります。

これらのうち、③試し出勤は会社が最も確認したい点、つまりその休職者が復職しても問題ないかどうかを直接会社で確認し、判断できるという点で役立ちます。

そこで、ここでは、「試し出勤」制度を自社で導入する場合の規定事項を説明し、規程例を示すこととします。

2 「試し出勤」について規定が必要な事項は

会社が「試し出勤」の制度を設けるか否かはその会社の自由です。

会社がこの制度を設け、実施する場合には、対象となる休業従業員の誤解を防ぎ、会社と対象休職従業員、同じ職場の他の従業員とのトラブルを防ぐために次のことを定めておくことが必要です。

① 「試し出勤」は、休業期間中の従業員のリハビリテーションのた

めの単なる訓練作業であること。

② したがって、賃金支払いの対象となる労務の提供（雇用労働、勤務）ではないこと。

③ 会社から、賃金、出社交通費は支払われないこと。

④ 作業中及び出社・退社時の事故・災害については会社の補償、国の労災保険給付の対象にならないこと。

⑤ 対象者には、会社に対して、「試し出勤」の状況、本人の体調等についての報告義務があること

⑥ 対象者は、産業医等の指示に従わなければならないこと。

3 「試し出勤」の規程（例）は

規程（例）は、**図表５**のとおりです。

図表５　○○株式会社試し出勤規程（例）

（規程の目的）
第○条　この規程は、当社の試し出勤の取扱いについて定めるものである。
（定義）
第○条 「試し出勤」とは、会社が休職中の従業員の職場復帰の可否を判断し、また、当該従業員の円滑な職場復帰の試みを支援することを目的として実施する、職場復帰のためのリハビリテーションの一環としての作業行為をいう。「試し出勤」は、労務の提供（雇用労働）には該当しない。
（試し出勤の申請）
第○条 「試し出勤」を希望する休職中の従業員は、原則として、「試し出勤」開始希望日の１カ月前までに、主治医の診断書を添付の上、所定の様式により会社（人事課）に申し出るものとする。
（「試し出勤」開始決定手続）
第○条　会社は、「試し出勤」の可否を判断するに当たり、休職中の従業員から主治医の診断書の提出を受けるほか、会社の指定する医師の意見を聴き、当該従業員と面談した上で、「試し出勤」の実施の可否を判断する。
２　会社が「試し出勤」の可否の判断に必要と認めたときは、当該従業員は次に定める会社の求めに応じなければならない。
(1) 主治医宛の医療情報開示同意書を提出すること
(2) 会社の指定する医師の診断を受けること
(3) その他会社が必要と認めた資料を提出し、調査に協力すること

（第三者への調査協力義務）
第○条　会社が前条の判断をする目的で、従業員の主治医、家族等の関係者から事情聴取等の調査を行おうとする場合は、従業員は、これに協力しなければならない。
（「試し出勤」期間中の作業内容）
第○条　「試し出勤」期間中に実施する作業内容は、会社及び会社が指定する医師が決定する。
2　前項の作業内容は、職場復帰のためのリハビリテーションの一環としての事実行為であり、労務の提供（雇用労働）には当たらない。
（付添人）
第○条　対象従業員が社内にいる間は、会社の指名した付添人（従業員）が付き添う。
2　付添人は、対象従業員の見守り、相談等を行い、必要に応じて介助を行う。
（「リハビリ出勤」期間の休職期間としての取扱い）
第○条　「リハビリ出勤」期間中は、私傷病休職期間が継続しているものとする。
（「リハビリ出勤」の期間）
第○条　「リハビリ出勤」の期間は、通算３か月の範囲内で、主治医の診断書及び会社が指定する医師の意見を聴いた上で、会社が必要と認める期間を定めるものとする。
2　会社は、「リハビリ出勤」終了日を休職期間満了日以前に設定する。
3　会社は、対象従業員の申出、又は会社が指定する医師の意見を聴いた上で、第１項の期間の範囲内で出社期間の変更を行うことがある。
（「リハビリ出勤」の終了）
第○条　「リハビリ出勤」は、次の各号のいずれかに該当する場合に終了する。
⑴　「リハビリ出勤」期間が終了したとき
⑵　対象従業員が「リハビリ出勤」の終了を求めたとき
⑶　対象社員が「リハビリ出勤」を継続することが困難であると会社が判断したとき
⑷　休職期間が満了したとき
⑸　その他会社が「リハビリ出勤」を終了することが相当と判断したとき
（「リハビリ出勤」期間中の処遇）
第○条　「リハビリ出勤」期間中の給与及び通勤手当は支給しない。
2　「リハビリ出勤」期間中に対象従業員に生じた災害については、労働者災害補償保険法その他の関連法令は適用されないものとする。
（「リハビリ出勤」期間中の報告義務等）
第○条　従業員は、「リハビリ出勤」期間中、会社が指定する医師の指示に従い面談を受け、「リハビリ出勤」期間中の活動結果を、会社所定の様式に記載の上、会社に提出しなければならない。
2　会社は、前項の面談結果、活動結果の記載内容、及び対象従業員の作業状況結果を対象従業員の復職の可否の判断材料として使用する。
第○条　「リハビリ出勤」の担当部署は、総務部人事課とする。

2 産業医の委嘱は、人事課長が行う。
3 付添人の指命及び業務の指揮は、人事課（担当社員）が行う。
4 「リハビリ出勤」に必要な費用は、人事課が支出する

附 則

実施日 この規程は、○○年○○月○○日から実施する

(注) この規程は、「Q&A 精神疾患をめぐる労務管理（編著 外井浩志）313頁の文例を一部修正のうえ使用している。

8　社外の「リワーク施設」の利用とは

ポイント

① 不安障害（うつ病、そううつ病）などによる休職者は、休職期間中、復職にむけて社外の「リワーク（復職支援）施設」の「リワークプログラム」を利用する方法もあります。

② 会社から該当休職者にこれらの利用を勧めてみたらよいでしょう。

1 「リワーク（復職支援）プログラム」の目的は

どの病気でもすべての症状が完全に消えて治るというものではありません。時にはなかなか治らない症状が続くことがあります。うつ病では、億劫感などの症状はなかなか治りにくく、復職後にも相当の期間にわたり残る場合もあります。また、ささいなこともネガティブに受け取るうつ病の方に特有な考え方の癖は、簡単に治るものではなく、そのために再び休みがちになったりします。それに加えて、長期間使わないと衰える機能もあります。そのようなことを防ぎ、より良く回復させてから復職させようとする支援（リワーク）をプログラム化して提供するリワーク（復職支援）施設が増えてきました。**図表6**に示すように、リワークプログラムを利用すると復職させても安全といえる病気の回復度（復職準備性と呼んでいます）に達しているタイミングがより確実にわかります。

2　社外リワーク（復職支援）の種類と目的、内容の違いは

1）リワーク（復職支援）施設で行われているリワーク（復職支援）には大きく分けて病院やクリニックなどの医療機関で行うリワークと、厚生労働省傘下の地域障害者職業センター（平成28年６月時点

で全国52カ所）で実施しているリワークがあります。また、保健機関である、全国の都道府県と政令指定都市にある精神保健福祉センターにおいても、平成23年11月段階で、栃木県、東京都、千葉県、広島県、沖縄県、仙台市、名古屋市の７カ所でリワークが実施されています。いずれのリワークも集団で心理的技法を用いてのリハビリテーションとしては似てはいます。ただし、医療機関や保健施設のリワークは、病気に焦点をあてて症状を回復させて、働ける状態までに回復していることを確認するいわば治療の一環としてのリハビリを行っています。また、障害者職業センターでのリワークは、就労にあたっての準備を行いながら、復職段階で職場との連絡調整を取る職業リハビリを行っています。医療機関のリワークはうつ病リワーク研究会のホームページ（http//www.utsu-rework.org）で実施機関が調べられます。このようなプログラムを現在利用している方々は、何回も休職を繰り返す方や長期間休職している方が多いのですが、再休職を予防することがこのプログラムの最も重要な目的ですので、２回目以降の休職となっている方はぜひ利用されることをお勧めします。

２）医療機関で実際に行われているリワークの要素は**図表６**に示す４点にまとめられます。その内容を簡単に説明すると、各々の医療機関でデイケア等の医療保険でのリハビリテーションが行われていますが、まずは仲間を獲得できることが大事な点です。休職して療養中はせいぜい家族との関係しかありませんが、職場に戻るということは集団で作業することを意味します。ですからリワークプログラムの第一段階の目標は集団に戻ることです。その集団は「うつ状態」で「休職していて、再休職の予防を目指す」という共通性がある集団です。同じ症状、同じ目標の仲間で助け合い、支え合っていくことで確実な回復を感じられます。医療機関で行うリハビリですから症状がよくなっていくという点を多面的に観察しながら負荷をかけていきます。280頁**図表５**に示す職場の求めるレベルになるように業務的なプログラムも入れながら、毎日参加できているという点も確認し、評価も行います。プログラムに携わるスタッフは精神科医の他に保健師、看護師、臨床心理士、作業療法士、精神保健福祉士などの精神科の医療や福祉の専門家たちです。実際に行われているプログラムは、病気のことをよく知るとともに自分の休職した理由も理解し、補うべきことを心理的な手法によって強化し、再発を予防する心理社会療法です。

図表６　医療機関におけるリワークの４要素

集団を対象に	対象を限定した
同じ悩みを持った仲間の存在 対人関係の問題を扱う、いわば実験室	当院では治療中の気分障害圏の休職者 復職および再休職予防が目的
リハビリテーションの要素	**心理社会療法**
治療の一貫 開始条件があり一定のステップに加え中止もある 指標は症状の安定性とその持続 復職準備性の評価基準	疾病教育、セルフマネジメント、服薬アドヒアランス[注1]の向上 発症メカニズムの自己理解 CBT[注2]などの心理療法の実施や応用等

（中央：リワークの４要素）

注１　アドヒアランス：患者が積極的に治療方針の決定に参加し、その決定に従って治療を受けること。

注２　CBT：認知行動療法（Cognitive Behavioral Therapy）。非適応的・非現実的な認知傾向を自己肯定的で機能的な認知に修正していく認知療法に、非適応的な行動パターンを改善する行動療法のアプローチを組み合わせた統合的な心理療法をいう。

出典：五十嵐良雄：日社精医会誌、20：45－52、2011.

⑨ 社外の「地域障害者職業センター」におけるリワーク支援とは

ポイント

このセンターでは、不安障害者（うつ病、そううつ病）による休職者と企業に対して支援を行っています。

1　リワーク（職場復帰）支援とは

リワーク支援は、職場復帰を希望しているうつ病等で休職している労働者（以下、「休職者」という。）と企業の双方を対象に、復職に向けたさまざまなサービスを行うものです。全国52カ所の地域障害者職業センター（以下、「地域センター」という。所在地、電話番号等は**図表８**のとおり。）で無料で実施されています。

リワーク支援を利用するためには、休職者がリワーク支援を受けられる状態にあり、かつ、リワーク支援を受けることが望ましいと、休職者、企業、主治医の３者が考えていることが前提になります。精神障害者保健福祉手帳の有無に関わらず利用が可能です。

休職者、企業、主治医のいずれかからリワーク支援に関する要望があると、まずは相談等を通じて３者の意思や意見を確認し、職場復帰に向けた目標や取り組み方について調整が行われています（**図表７**の「１　職場復帰のコーディネート」の段階）。

図表７　リワーク（職場復帰）支援の流れ

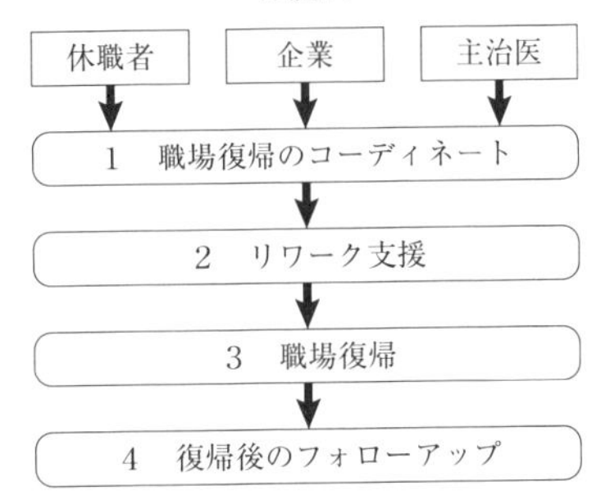

2　リワーク（職場復帰）支援の内容は

リワーク支援の利用を含めた職場復帰に向けた目標や取り組み方につ

いての3者の合意形成が図られた段階で、主治医の意見、地域センターでの面接・調査などにより、休職者の状況が把握されます。あわせて、企業訪問などにより職場の状況が把握され、支援内容や実施期間などの具体的な計画が策定されます。支援期間は、休職者の体調や企業側の復職受入れの準備状況を勘案しながら個別に設定されています（標準的な期間は12～16週間程度）。主な支援内容は**図表9**のとおりです。また、必要に応じて、職場復帰予定の職場に通い実際に作業体験などを行う、リハビリ出勤なども設定されています。

平成17年10月の事業開始以降、平成22年度末までに約5,500人が利用し、8割を超える人が職場復帰を果たしています。詳細については、最寄りの地域センターに問い合わせてください。

図表8 地域障害者職業センター所在地・連絡先一覧

センター名	郵便番号	所在地	電話番号	FAX番号
北海道障害者職業センター	001-0024	札幌市北区北二十四条西5-1-1 札幌サンプラザ5F	011-747-8231	011-747-8134
〃 旭川支所	070-0034	旭川市四条通8丁目右1号 ツジビル5F	0166-26-8231	0166-26-8232
青森障害者職業センター	030-0845	青森市緑2-17-2	017-774-7123	017-776-2610
岩手障害者職業センター	020-0133	盛岡市青山4-12-30	019-646-4117	019-646-6860
宮城障害者職業センター	983-0836	仙台市宮城野区幸町4-6-1	022-257-5601	022-257-5675
秋田障害者職業センター	010-0944	秋田市川尻若葉町4-48	018-864-3608	018-864-3609
山形障害者職業センター	990-0021	山形市小白川町2-3-68	023-624-2102	023-624-2179
福島障害者職業センター	960-8135	福島市腰浜町23-28	024-522-2230	024-522-2261
茨城障害者職業センター	309-1703	笠間市鯉淵6528-66	0296-77-7373	0296-77-4752
栃木障害者職業センター	320-0865	宇都宮市睦町3-8	028-637-3216	028-637-3190
群馬障害者職業センター	379-2154	前橋市天川大島町130-1	027-290-2540	027-290-2541
埼玉障害者職業センター	338-0825	さいたま市桜区下大久保136-1	048-854-3222	048-854-3260
千葉障害者職業センター	261-0001	千葉市美浜区幸町1-1-3	043-204-2080	043-204-2083
東京障害者職業センター	110-0015	台東区東上野4-27-3 上野トーセイビル3F	03-6673-3938	03-6673-3948
〃 多摩支所	190-0012	立川市曙町2-38-5 立川ビジネスセンタービル5F	042-529-3341	042-529-3356
神奈川障害者職業センター	252-0315	相模原市南区桜台13-1	042-745-3131	042-742-5789
新潟障害者職業センター	950-0067	新潟市東区大山2-13-1	025-271-0333	025-271-9522
富山障害者職業センター	930-0004	富山市桜橋通り1-18 住友生命富山ビル7F	076-413-5515	076-413-5516
石川障害者職業センター	920-0856	金沢市昭和町16-1 ヴィサージュ1F	076-225-5011	076-225-5017
福井障害者職業センター	910-0026	福井市光陽2-3-32	0776-25-3685	0776-25-3694
山梨障害者職業センター	400-0864	甲府市湯田2-17-14	055-232-7069	055-232-7077
長野障害者職業センター	380-0935	長野市中御所3-2-4	026-227-9774	026-224-7089
岐阜障害者職業センター	502-0933	岐阜市日光町6-30	058-231-1222	058-231-1049
静岡障害者職業センター	420-0851	静岡市葵区黒金町59-6 大同生命静岡ビル7F	054-652-3322	054-652-3325
愛知障害者職業センター	453-0015	名古屋市中村区椿町1-16 井門名古屋ビル4F	052-452-3541	052-452-6218
〃 豊橋支所	440-0888	豊橋市駅前大通り1-27 三菱UFJ証券豊橋ビル6F	0532-56-3861	0532-56-3860
三重障害者職業センター	514-0002	津市島崎町327-1	059-224-4726	059-224-4707
滋賀障害者職業センター	525-0027	草津市野村2-20-5	077-564-1641	077-564-1663
京都障害者職業センター	600-8235	京都市下京区西洞院通塩小路下る 東油小路町803	075-341-2666	075-341-2678
大阪障害者職業センター	541-0056	大阪市中央区久太郎町2-4-11 クラボウアネックスビル4F	06-6261-7005	06-6261-7066
〃 南大阪支所	591-8025	堺市北区長曽根町130-23 堺商工会議所5F	072-258-7137	072-258-7139
兵庫障害者職業センター	657-0833	神戸市灘区大内通5-2-2	078-881-6776	078-881-6596
奈良障害者職業センター	630-8014	奈良市四条大路4-2-4	0742-34-5335	0742-34-1899
和歌山障害者職業センター	640-8323	和歌山市太田130-3	073-472-3233	073-474-3069
鳥取障害者職業センター	680-0842	鳥取市吉方189	0857-22-0260	0857-26-1987
島根障害者職業センター	690-0877	松江市春日町532	0852-21-0900	0852-21-1909
岡山障害者職業センター	700-0821	岡山市北区中山下1-8-45 NTTクレド岡山ビル17F	086-235-0830	086-235-0831
広島障害者職業センター	732-0052	広島市東区光町2-15-55	082-263-7080	082-263-7319
山口障害者職業センター	747-0803	防府市岡村町3-1	0835-21-0520	0835-21-0569
徳島障害者職業センター	770-0823	徳島市出来島本町1-5	088-611-8111	088-611-8220
香川障害者職業センター	760-0055	高松市観光通2-5-20	087-861-6868	087-861-6880
愛媛障害者職業センター	790-0808	松山市若草町7-2	089-921-1213	089-921-1214
高知障害者職業センター	781-5102	高知市大津甲770-3	088-866-2111	088-866-0676
福岡障害者職業センター	810-0042	福岡市中央区赤坂1-6-19 ワークプラザ赤坂5F	092-752-5801	092-752-5751
〃 北九州支所	802-0066	北九州市小倉北区萩崎町1-27	093-941-8521	093-941-8513
佐賀障害者職業センター	840-0851	佐賀市天祐1-8-5	0952-24-8030	0952-24-8035
長崎障害者職業センター	852-8104	長崎市茂里町3-26	095-844-3431	095-848-1886
熊本障害者職業センター	862-0971	熊本市大江6-1-38 4F	096-371-8333	096-371-8806
大分障害者職業センター	874-0905	別府市上野口町3088-170	0977-25-9035	0977-25-9042
宮崎障害者職業センター	880-0014	宮崎市鶴島2-14-17	0985-26-5226	0985-25-6425
鹿児島障害者職業センター	890-0063	鹿児島市鴨池2-30-10	099-257-9240	099-257-9281
沖縄障害者職業センター	900-0006	那覇市おもろまち1-3-25 沖縄職業総合庁舎5F	098-861-1254	098-861-1116

図表９　地域障害者職業センターのリワーク（職場復帰）支援の主な内容

<table>
<tr><td rowspan="7">休職者に対する支援</td><td colspan="2">・生活リズムの構築に向けた支援</td></tr>
<tr><td colspan="2">・作業に対する集中力や持続力向上のための作業課題の設定</td></tr>
<tr><td>・ストレス対処の講習</td><td>ストレス場面での対処法やストレスに対する自己管理を学ぶ</td></tr>
<tr><td>・コミュニケーション講習</td><td>場面に応じたコミュニケーション方法の習得や対人対応力を高める</td></tr>
<tr><td>・グループミーティング</td><td>自分と同じ境遇の人たちと話し合うことで、自分自身がどのように行動すればよいか理解を深める</td></tr>
<tr><td>・キャリアプランの再構築</td><td>復職する職場や職種、キャリアプラン等に関する検討・整理を行い、キャリアプランの再構築や復職後の職業生活への適応を促進する</td></tr>
</table>

<table>
<tr><td rowspan="4">企業に対する支援</td><td>・職場復帰に伴う労働条件や職務内容の設定に関する助言</td></tr>
<tr><td>・職場復帰受け入れのための上司、同僚の理解の促進に関する助言・援助</td></tr>
<tr><td>・職場復帰後の支援対象者の状況把握や適切な対処方法に関する助言・援助</td></tr>
<tr><td>・家族や主治医との連携に関する助言・援助</td></tr>
</table>

⑽　気分障害（うつ病、そううつ病）以外の精神疾患の復職支援の注意点は

ポイント

その精神疾患の種類、症状により対応のしかたは異なっています。

1　「うつ状態」がある場合の対応のしかたは

気分障害（うつ病、そううつ病）以外の精神疾患で「うつ状態」がみられる場合には、「うつ状態」が出てきた背景を考える必要があります。医師による診断が大切ですが、医師によっても判断の異なる場合があり、現場は混乱します。病気が発生してくる環境要因を重視すると「適応障害」という診断が下る場合もありますが、本人要因を重視すると「うつ病」という診断が下る場合もあります。どちらが正しいかを決めるのは困難な場合も多く、事件を起こした精神障害者の精神鑑定をすると、医師同士の意見が異なる場合もけっして珍しくはありません。このような診断を迷う場合には、症状をあらわす「うつ状態」という表現の診断書などが提出されることが多いのです。また、統合失調症や発達障害であっても、症状として「うつ状態」があると、精神疾患名は使わずに「うつ状態」という診断書が発行されることもあります。これを状態像診断といいますが、あからさまな診断名を避けて表現されている主治医の配慮とも理解できます。しかし、「うつ状態」が主要な症状であればこれまで述べた気分障害への配慮を行えばよいと考えられます。

2　統合失調症への対応のしかたは

統合失調症については、第１部（16頁）で説明しています。統合失

調症の中核的な症状である幻覚や妄想などの「陽性症状」が激しくなった結果、休職している社員が復職を希望してきた場合にまず大事なことは、休職することになった「陽性症状」が改善していることを確認する必要があることです。とくに、他人からの言動を被害的に受け取る、幻聴に左右された行動がある、などの症状が業務中に出現すると業務がうまく遂行できなくなるばかりか、社内ばかりでなく社外の人々とのコミュニケーションもとれなくなり、さらに症状が悪化してきます。そして、自分が体験している症状が確かに病気によるものだという意識、「病識」といいますが、しっかりと保たれているのを確認することが重要です。症状をうまくコントロールするためには治療薬は不可欠です。「病識」がなければ服薬も怠りがちとなり、復職させても職場でのささいなストレスから容易に症状が出てきます。したがって、「陽性症状」があまりないことと「病識」のあること、そして服薬がきちんとなされていること、が復職の要件となるでしょう。

３　発達障害への対応のしかたは

　実際に雇用されて働いている従業員に発達障害がある場合には、多くの場合は知的には問題ないか、あるいは大変に優れた能力を持つ場合も決して珍しくありません。しかし、バランスのとれた発達をしていないので、特に対人関係上でのコミュニケーションが下手です。文字で書かれた指示は理解できても、口頭で言われた指示はうまく理解できず、一見指示を意図的に守っていないように見えたりもします。また、会議の中での発言がその場の雰囲気にそぐわない表現があったりして、コミュニケーションがとりづらいと周囲から思われています。周囲のそのような雰囲気を本人は敏感に感じとりますので、周囲の人から受け入れられていない、阻害されている状況に対し「怒り」をあらわにすることもあります。また、前記１に述べた「うつ状態」を呈することもしばしばあります。このような場合の復職は、本人がどのような点を理解できないのかということを、周囲が理解することが重要です。例えば、口頭での指示をしてもうまく理解できないのであれば、書面で指示を細かく出すようにするなどの工夫で、スキルを上げていくことができます。また、本人もどのようなことが自分の理解として劣っているかを自覚していくことも必要です。このような周囲の社員の地道な根気のいる配慮があると、対人関係も回復していき、本人の受け入れられているという意識に繋がり「怒り」も減ってきます。

(注) ③、⑧～⑩の記載内容は、「精神障害者雇用管理ガイドブック」(障害者職業総合センター) による。

第７章　雇用労働者としての職場復帰の受入れ

第１節　精神疾患休職者の職場復帰支援の進め方

1　復職を希望する精神疾患休職者の取扱いは

ポイント

その精神疾患休職者を復職させるか否かは、私傷病休職にする理由である精神疾患が「治癒」しているか否かで、取扱いが異なります。

私傷病休職制度は、業務外の傷病によって働けなくなった労働者が療養に専念することを可能とするために、当面、雇用関係を継続したまま休職とし、解雇を回避するものです。

このため、その精神疾患休職者を復職させるか否かについては、その疾患が「治癒」したかどうかによって、次のような取扱いとなります。

①　職場復帰を求める時点で、「治癒」している場合
　→復職を認める

②　「治癒」していない場合
　→休職期間が満了するまで療養に専念させる

③　休職期間満了時点で、「治癒」していない場合
　→退職させる

2　会社の精神疾患休職者についての職場復帰支援の実施手順は

ポイント

325頁**図表４**のとおりです。

厚生労働省作成の「職場復帰支援の手引き」によれば、「〈第２ステップ〉主治医による職場復帰可能性の判断」から「(第５ステップ）職場復帰後のフォローアップ」までの間の支援の実施手順は、325頁**図表４**のとおりです。

各社としては、この手引きを参考にしながら、自社の支援体制の実情に応じて復職者の支援を行っていくことになります。

なお、その会社で、すでに上述した支援を行ってきた場合には、不要な事項を省略することができます。

３　精神疾患休職者の復職時の手順は

ポイント

その会社の実情に応じて、①主治医との面談による情報収集、②「試し出勤」の実施、③社外の「リワーク（復職支援）施設」の利用により、自社として、当人の休職の原因となった精神疾患が一定程度回復しているか、復職可能かどうかを判断してください。

1　精神疾患休職者本人の復職についての意思の確認は

会社での復職の手続きは本人の復職の意思があってはじめて開始されます（325頁**図表４**：第２ステップ）。本人の復職の意思が固まっていないのに、会社が本人に要請して復職手続きを始めるのは、安全配慮義務（健康配慮義務）を欠いているといえます。

2　主治医からの診断書の提出、詳細の確認は

当人の復職の意思を確認したら、会社としては主治医の診断書を提出するように本人に伝えます。そもそも休職が必要であると診断した医師から、「復職が可能である」という診断書が提出される必要があるからです。

ただし、主治医の判断どおり復職させても、就労が続かないケースが多くあり、復職時の大きな課題となっています。

そこで、会社としては休職中に治療を担当していた主治医から病気とその治療経過に関してなるべく詳しい情報を得る必要があります。単に病状だけでなく、生活状況も含めて業務に耐えられる状態となっているか否かを判断する情報を得る必要があります。

ただし、医師からの情報は患者の個人情報ですので、あらかじめ、

本人の承諾を得ることが必要です。

また、このような医学的な情報は、主治医から、医師である産業医には提供されますが、人事担当者などには提供できません。したがって、産業医のいない職場では、このような情報を得ることは不可能です。産業医のいない会社が主治医から情報を得る方法としては、本人の承諾を得て、あるいは、本人が同席して、人事担当者や上司が主治医に直接面談を申し込むのが適切です。このような面談を断る医師もいるかもしれませんが、会ってくれる医師もこの頃では増えてきました。そこで、具体的な会社の復職に関する制度や本人の業務に関して説明して、主治医の考えも聴くのです。そのように主治医とのコミュニケーションをとる中で、例えば、診察には毎回遅れず来ていたか、そのような診察時の様子や家庭での過ごし方をみて、会社での継続的な業務が可能と考えるかというような情報を得ていくのです。

3　会社が「試し出勤（リハビリ出勤）」を実施する場合の注意点は

「試し出勤制度」を設けている会社もあります（327頁参照）。「リハビリ出勤」といったりしますが内容的には大差ありません。休職という扱いは続きます。「試し出勤」とは、会社に出勤して社内で業務に類似することを一定期間行い、その遂行度をみるものです。

このような制度を導入する際に、会社にはいくつかのリスクがあることを知っておくべきです。まず、制度を規程等で明文化しておく必要があります。さらに、出勤させた社員を一人のままにしておくわけにいかないので、「試し出勤」を引き受ける現場にも責任と負荷がかかります。また、私傷病休職中の身分ですので、業務はさせられません。出社させることになりますので、交通費は会社が支払うとしても、通勤途上での交通災害等があれば事実上出社しているので、当人が労基署に請求した場合には、「通勤災害」と認定される恐れもあります。

4　社外の「リワーク（復職支援）施設」の利用という方法もある

職場で前記３のような「試し出勤」を実施するかどうかは会社の考え方にもよります。しかし、職場は仕事をする場所ですので、「試し出勤」は本来の会社の業務外のことでもあります。したがって、この「試し出勤」も必ずしも利用しやすい制度とはいえません。このため、復職を認めるには十分な回復をめざすリハビリテーションを行っていることが重要であるとの認識が広まりつつあり、第６章⑧で説明した「リワーク（復職支援）施設」の活用が期待されています。

④　精神疾患休職者の復職可否についての会社の判断ポイントは

ポイント

会社が産業医の意見を聴き、その精神疾患休職者の回復の度合いを確認したうえで決定します。

1　質問事案の概要は

長期にわたって私傷病休職中である従業員から休職期間の満了日の近くなってから復職したいという申し出がありました。

会社として休業中の従業員の復職を認めるか否かを判断する際のポイントを教えてください。

2　主治医ではなく、産業医の判断を尊重すること

主治医は、基本的に患者の治療に最善を尽くす立場ですから、病気が治ったかどうかの判断はできても、実際に、職場でどの程度まで働けるか否かといった判断までするのは難しいでしょう。やはり、『職場で実際に仕事ができるかどうか』といった視点から、客観的な立場で復職が可能かどうかを判断するのは産業医になると思います。ですから、もし主治医と産業医との間で判断結果が違っていたときには、産業医の判断を尊重するするほうがよいでしょう。

もっとも、復職を認めるかどうかの最終的な判断は、人事権を有する会社が行うことになります。

3　産業医の意見書の受理は

産業医からは、**図表１**のような意見書を提出してもらいます。

図表１　職場復帰に関する産業医の意見書

年　　月　　日

人事労務責任者　様

職場復帰に関する意見書

○○事業場

委嘱産業医　　　　　印

<table>
<tr><td rowspan="2">事業場</td><td rowspan="2"></td><td rowspan="2">所属</td><td rowspan="2"></td><td>従業員番号</td><td>氏　名</td><td rowspan="2">男・女</td><td rowspan="2">年齢　歳</td></tr>
<tr><td></td><td></td></tr>
<tr><td colspan="2">目　　的</td><td colspan="6">（新規・変更・解除）</td></tr>
<tr><td colspan="2" rowspan="2">復職に関する意見</td><td colspan="2">復職の可否</td><td colspan="4">可　　条件付き可　　不可</td></tr>
<tr><td colspan="6">意　見</td></tr>
<tr><td colspan="2">就業上の配慮の内容（復職可又は条件付き可の場合）</td><td colspan="6">・時間外勤務（禁止・制限　H）
・休日勤務（禁止・制限）
・出張（禁止・制限）
・配置転換・異動
・その他：
・今後の見通し
・交替勤務（禁止・制限）
・就業時間短縮（遅刻・早退　H）
・作業転換</td></tr>
<tr><td colspan="2">面談実施日</td><td colspan="6">年　　月　　日</td></tr>
<tr><td colspan="2">上記の措置期間</td><td colspan="6">年　　月　　日～　　年　　月　　日</td></tr>
</table>

4　その従業員を復職させるか否かの会社の判断基準は

復職の可否を判断するにあたって、最も重要なのは「回復の度合い」です。

私傷病による休職の場合、復職の条件は「傷病か治癒していること」が原則です。

この場合の「治癒」とは、「休職前に行っていた通常の業務を遂行できる程度に回復したこと」をいいます。つまり、労働契約で定められている労務提供義務を十分に果たせることを指します。

したがって、職種や職務内容を限定して雇用した者の場合には、原則として、元の職務に復帰することができなければ、復職させなくてもよいこととなります。

一方、職種や職務内容を限定せずに雇用した従業員の場合には、元の職務に復帰させることができない場合であっても、他に担当できる業務があって、復職希望者本人がその業務に就くことを申し出ている場合には、復職を拒否できないものとされています。

5　産業医等による精神疾患休職者に関する主治医からの意見収集は

ポイント

可能であればぜひ行うべきです。

この点について、「職場復帰支援手引き」では次のように述べています。

(イ)　産業医等による主治医からの意見収集

診断書に記載されている内容だけでは十分な職場復帰支援を行うのが困難な場合、産業医等は労働者の同意を得た上で、下記(ウ)のａ及びｂの判断を行うに当たって必要な内容について主治医からの情報や意見を積極的に収集する。この際には、「職場復帰支援に関する情報提供依頼書」（**図表２**）等を用いるなどして、労働者のプライバシーに十分配慮しながら情報交換を行うことが重要である。

(ウ)　労働者の状態等の評価

ａ　治療状況及び病状の回復状況の確認

(a)　今後の通院治療の必要性及び治療状況についての概要の確認

(b)　業務遂行（自ら自動車等を運転しての通勤を含む。）に影響を及ぼす症状や薬の副作用の有無

(c)　休業中の生活状況

(d)　その他職場復帰に関して考慮すべき問題点など

ｂ　業務遂行能力についての評価

(a)　適切な睡眠覚醒リズムの有無

(b)　昼間の眠気の有無（投薬によるものを含む。）

(c)　注意力・集中力の程度

(d)　安全な通勤の可否

(e)　日常生活における業務と類似した行為の遂行状況と、それによる疲労の回復具合（読書やコンピュータ操作が一定の時間集中してできること、軽度の運動ができること等）

(f)　その他家事・育児、趣味活動等の実施状況など

図表２　産業医から主治医に対する職場復帰支援に関する情報提供依頼書

年　　月　　日

職場復帰支援に関する情報提供依頼書

病院
クリニック　　　　　先生　御机下

〒
株式会社　　　　事業場
産業医　　　　　　　　印
電　話　○　―　○　―　○

下記１の弊社従業員の職場復帰支援に際し、下記２の情報提供依頼事項について任意書式の文書により情報提供及びご意見をいただければと存じます。

なお、いただいた情報は、本人の職場復帰を支援する目的のみに使用され、プライバシーには十分配慮しながら産業医が責任を持って管理いたします。

今後とも弊社の健康管理活動へのご協力をよろしくお願い申し上げます。

記

１　従業員
　氏　名　○○　○○（男・女）
　生年月日　　年　　月　　日

２　情報提供依頼事項

(1)　発症から初診までの経過
(2)　治療経過
(3)　現在の状態（業務に影響を与える症状及び薬の副作用の可能性なども含めて）
(4)　就業上の配慮に関するご意見（疾患の再燃・再発防止のために必要な注意事項など）
(5)
(6)
(7)

（本人記入）
私は本情報提供依頼書に関する説明を受け、情報提供文書の作成並びに産業医への提出について同意します。
　年　　月　　日　　　　　氏名　　　　　　　　　　印

6　会社による「精神疾患休職者の職場復帰支援プラン」の作成は

ポイント

精神疾患による休職者について職場復帰が可能と判断された場合には、「職場復帰支援プラン」を作成します。

「職場復帰支援の手引き」では、この「職場復帰支援プラン」の作成について次のように述べています。

> ウ　職場復帰支援プランの作成
>
> 職場復帰が可能と判断された場合には、職場復帰支援プランを作成する。通常、元の就業状態に戻すまでにはいくつかの段階を設定しながら経過をみる。職場復帰支援プランの作成に当たってはそれぞれの段階に応じた内容及び期間の設定を行う必要がある。また、各段階ごとに求められる水準（例えば、定時勤務が可能、職場内での仕事に関する意思疎通が可能、顧客との折衝が可能など）も明記する。
>
> 労働者には、きちんとした計画に基づき着実に職場復帰を進めることが、職場復帰後に長期に安定して働けるようになることにつながることの十分な理解を促す。
>
> また、本人の希望のみによって職場復帰支援プランを決定することが円滑な職場復帰につながるとは限らないことに留意し、主治医の判断等に対する産業医等の医学的な意見を踏まえた上で、総合的に判断して決定するよう気をつける必要がある。
>
> なお、職場においてどの程度までの就業上の配慮をすべきかの判断材料として、産業医等はその職場で求められる業務遂行能力を見極めた上で、主治医からの情報等に基づき、労働者がどこま

で業務遂行能力を回復しているか判断することも求められる。

職場復帰支援プラン作成の際に検討すべき内容について下記に示す。

(ア) 職場復帰日

復帰のタイミングについては、労働者の状態や職場の受入れ準備状況の両方を考慮した上で総合的に判断する必要がある。

(イ) 管理監督者による就業上の配慮

a 業務でのサポートの内容や方法

b 業務内容や業務量の変更

c 段階的な就業上の配慮（残業・交替勤務・深夜業務等の制限又は禁止、就業時間短縮など）

d 治療上必要なその他の配慮（診療のための外出許可）など

(ウ) 人事労務管理上の対応等

a 配置転換や異動の必要性

b 本人の病状及び業務の状況に応じて、フレックスタイム制度や裁量労働制度等の勤務制度変更の可否及び必要性

c その他、段階的な就業上の配慮（出張制限、業務制限（危険作業、運転業務、高所作業、窓口業務、苦情処理業務等の禁止又は免除）、転勤についての配慮）の可否及び必要性

(エ) 産業医等による医学的見地からみた意見

a 安全配慮義務に関する助言

b その他、職場復帰支援に関する意見

(オ) フォローアップ

a 管理監督者によるフォローアップの方法

b　事業場内産業保健スタッフ等によるフォローアップの方法（職場復帰後のフォローアップ面談の実施方法等）

c　就業制限等の見直しを行うタイミング

d　全ての就業上の配慮や医学的観察が不要となる時期についての見通し

(カ)　その他

a　職場復帰に際して労働者が自ら責任を持って行うべき事項

b　試し出勤制度等がある場合はその利用についての検討

c　事業場外資源が提供する職場復帰支援サービス等の利用についての検討

7 会社の「復職判定委員会」とは

ポイント

会社の「復職判定委員会」とは、各会社が任意で、休業中の従業員に対する復職の適切な判定や円滑な職場復帰を組織的に行うことを目的として、会社内に設置するものです。

1 「職場復帰支援の手引き」における「復職判定委員会」の位置付けは

復職判定委員会の設置は、法令で義務付けられているものではありません。

厚生労働省作成の「職場復帰支援の手引き」では、職場復帰に関して検討・留意すべき事項の一つとして、「復職判定委員会」について次のように記述されています。

> **(5) 職場復帰に関する判定委員会（いわゆる復職判定委員会等）の設置**
>
> 職場復帰に関する判定委員会（いわゆる復職判定委員会等）が設置されている場合、職場復帰支援の手続きを組織的に行える等の利点があるが、委員会決議についての責任の所在の明確化、迅速な委員会開催のための工夫、身体疾患における判定手続きと異なることについての問題点等について十分検討しておく必要がある。

2 復職判定委員会を設置する場合の注意点は

(1) 会社規則の作成

復職判定委員会を設置・運営する場合には、あらかじめ、次の事項を会社の規則に定めておくことが必要です。

①　委員会の構成メンバー

②　どのような場合に開催するのか

③　どのような事項を決議するのか

④　開催・決定の手続きなど

⑵　構成メンバー

復職判定委員会は、次のメンバーで構成します。

①　人事労務部門の担当部長

②　産業医または会社の指定するメンタルヘルス関係の医師

③　産業保健スタッフ（事業場内の衛生管理者等、保健師等）

④　復職時に配置される予定の部署の管理監督者（上司その他労働者を指揮命令する者）

⑤　その他必要な者

⑶　委員会で決議すべき事項

次の事項です。

①　職場復帰の可否の判断

②　職場復帰支援プランの作成

この職場復帰プランとは、職場復帰をする労働者について、労働者ごとに具体的な職場復帰日、管理監督者の就業上の配慮及び人事労務管理上の対応等の支援の内容を、当該労働者の状況を踏まえて定めたものをいいます。

③　復職後の支援等

3　外部支援機関の活用

自社内に復職判定委員会を設けることがむずかしい場合であっても、次の外部専門機関の助言を受ける方法もあります。

①　地域障害者職業センター

②　障害者就業・生活支援センター

③ 保健所
④ 精神保健福祉センター
⑤ 発達障害者支援センター
⑥ 地域産業保健センター
⑦ 都道府県産業保健推進センター
⑧ 労災病院勤務者メンタルヘルスセンター
⑨ 中央労働災害防止協会

8　産業医から主治医に渡す「精神疾患休職者に関する情報提供と協力の依頼書」とは

ポイント

産業医から、精神疾患休職者の主治医に対して、**図表３**のように患者（精神疾患休職者）についての情報を提供し、協力を依頼することが必要です。

この情報提供書は、精神疾患休職者本人を通じて、直接、主治医に手渡してもらうことが必要です。

図表３　職場復帰及び就業上の配慮に関する情報提供書

年　　月　　日

職場復帰及び就業上の配慮に関する情報提供書

病院
クリニック　　　　　　先生　御机下

〒
○○株式会社　○○事業場
産業医　　　　　　　　印
電話　○　－　○　－　○

日頃より弊社の健康管理活動にご理解ご協力をいただき感謝申し上げます。
弊社の下記従業員の今回の職場復帰においては、下記の内容の就業上の配慮を図りながら支援をしていきたいと考えております。
今後とも、ご指導の程どうぞよろしくお願い申し上げます。

記

氏名	（生年月日　　年　　月　　日　　年齢　　歳）	性別 男・女
復職（予定）日		
就業上の配慮の内容	・時間外勤務（禁止・制限　H） ・休日勤務（禁止・制限） ・出張（禁止・制限） ・配置転換・異動 ・その他： ・今後の見通し ・交替勤務（禁止・制限） ・就業時間短縮（遅刻・早退　H） ・作業転換	
連絡事項		
上記の措置期間	年　　月　　日　～　　年　　月　　日	

〈注：この情報提供書は労働者本人を通じて直接主治医へ提出すること〉

9　会社の職場復帰支援に関する面談記録票とは

ポイント

企業内の関係者が打合せをした際には、標記の記録票を作成することが望ましいです。

厚生労働省作成の「職場復帰支援の手引き」では、「面談記録票」について次のように述べています。

職場復帰の可否及び職場復帰支援プランに関する話し合いの結果については、「職場復帰支援に関する面談記録票」（**図表４**）等を利用して記録にまとめ、事業場内産業保健スタッフ等や管理監督者等の関係者がその内容を互いに確認しながらその後の職場復帰支援を進めていくことが望ましい。

図表４　職場復帰支援に関する社内関係者面談記録票

職場復帰支援に関する面談記録票

記録作成日　　年　　月　　日　記載者（　　　　　）

事業場		所属		従業員番号	氏　名	男・女	年齢　歳

面談日時：　　年　　月　　日　　時 出席者：管理監督者（　　　）人事労務担当者（　　　） 産業医等（　　　）衛生管理者等（　　　） 保健師等（　　　）他（　　　）	
これまでの経過のまとめ	
主治医による意見	医療機関名：　　主治医：　　連絡先： 治療状況等 就業上の配慮についての意見

現状の評価問題点	・本人の状況 ・職場環境等 ・その他
職場復帰支援プラン作成のための検討事項 (復職時及びそれ以降の予定も含めて)	・職場復帰開始予定日：　　年　　月　　日 ・管理監督者による就業上の配慮 ・人事労務管理上の対応事項 ・産業医意見 ・フォローアップ ・その他
職場復帰の可否	可・不可（理由：　　　　　　　　　　）
次回面談予定	年　　月　　日　　時　　面談予定者：

⑩　復職後の精神疾患従業員に対する職場における注意点は

ポイント

復職した従業員の業務負荷を徐々に増していくように、周囲の者が配慮することが必要です。

１　復職後の職場における注意点は

復職した従業員は、休職期間というブランクがありますので、通常は復職してもすぐに元気な時の業務遂行能力が戻るとは限りません。したがって、復職の最初の段階では職場に慣れることを目標とし、徐々に業務負荷を増やしていくように配慮をします。

そのために、復職後の一定の期間は軽減勤務にしたり、残業を禁止しますが、業務としても出張などの社外業務を含め急な結果を求められる業務は、残業が発生する可能性があるため避けた方が安全です。このような安全配慮義務（健康管理義務）は労働安全衛生法にうたわれているもので、雇用主の義務となっており、従業員からの労働災害（業務上疾病）による損害賠償の請求事由の根拠ともなりえますので、会社として十分に配慮しておくべき事項といえます。

また、復職後には一定期間ごとに産業医による面談を実施し、就業状況を観察し症状や治療の推移も考慮しながら、復職時の就業制限を半年から１年をかけて段階的に解除していく措置を取るのが良いでしょう。

しかしながら、そのような経過を見ているうちに、業務制限の解除がうまくいかないケースがときどきあります。定時勤務としているにもかかわらず復職後年月を経ても病状経過が不安定で、勤務に支障があり勤怠が整わず欠勤となる場合には、病状の回復が思わしくないと判断せざるを得ない場合もしばしばあります。

このような場合には、十分に病状を回復をさせてもらうことが必要で、そのための再休職をすすめることが必要となります。

2　職場復帰後の精神疾患従業員に対する会社のフォローアップ事項は

厚生労働省作成の「職場復帰支援の手引き」では、**図表5**のことについてフォローアップが必要であるとしています。

図表5　職場復帰後従業員についての会社のフォローアップ事項

ア　疾患の再燃・再発、新しい問題の発生等の有無の確認
イ　勤務状況及び業務遂行能力の評価
ウ　職場復帰支援プランの実施状況の確認
エ　治療状況の確認
オ　職場復帰支援プランの評価と見直し
カ　職場環境等の改善等
キ　管理監督者、同僚等への配慮等

第2節　精神疾患休職者の職場復帰に関しての判例と就業規則・書式の作成

1　軽い業務であれば復職が可能な場合は、会社は復職を認める法的義務があるか

ポイント

裁判例では、元の業務への復帰を原則としながらも、使用者は、軽減業務への復帰の可能性があるか否かについても検討することが必要であるとされています。

1　会社が私傷病休職者の職場復帰を認めるための「治癒（ちゆ)」とは

使用者が、私傷病休職中の従業員の復職を認めるか否かは、その従業員の精神疾患が「治癒」したといえるかどうかによります。このため、その具体的な判断基準いかんが重要です。

特に、従前の業務を遂行できるレベルまでは回復していないが、軽減業務であれば復帰可能であるという場合でも、「治癒」したといえるのかどうかが問題になります。

2　従来の裁判例の考え方は

従来の裁判例では、元の職務への復帰が可能な場合を「治癒」とする。この点について「治癒」とは「従前の職務を通常の程度に行い得る健康状態にあたること」と解されていました（アロマカラー事件：東京地決昭54.3.27労経速101025労判317速報カード23)。

3 その後、軽減業務への従事が可能な場合も「治癒」と認める裁判例が出されています。

図表6の1、2は、職種・職務の内容を限定しない労働契約について判断されたものです。

また、**図表6**の3・4は、職種・職務の内容が限定されている労働契約について判断されたものです。

さらに、同**図表6**の5は、精神疾患従業員の復職は認めなかったものの、条件があえば軽易業務への転換を認めるべきであると判断しています。

図表6 軽減業務への従事可能な場合も「治癒」と認めた裁判例

判決名	判決の概要
1 片山組事件判決(最一小判平10・4・9判時1639・130労判736・15)	(1) 事案 休職からの復職ではなく、自宅療養命令の可否が争われたもの。職種・職務内容を限定しない労働契約の場合についてのもの (2) 判断の要旨 職種・職務内容を限定しない労働契約の場合は、従前に現に行っていた職務について労務提供が十分にできない場合であっても、能力経験、地位、企業規模、業種、労働者の配置、異動の実情、及び難易等に照らして当該労働者が配置される現実的可能性があると認められる業務について労務の提供をすることができ、かつ申し出ている場合には債務の本旨に従った履行の提供があると解すべきである。
2 東海旅客鉄道事件(大阪地判平11・10・4労判771・25)	休職からの復職の事案で、上記1の事案と同様の判断をしたもの。
3 カントラ事件(大阪高判平14・6・19労判839・47)	(1) 事案 職種・職務内容が限定されている労働契約の場合についての判断 (2) 判決要旨 職種を特定して雇用された労働者が従前の業務を通常の程度に遂行することができなくなった場合には、原則として労働契約に基づく債務の本旨に従った履行の提供はできない状況にあ

	ると解されるとしながらも、他に現実に配置可能な部署ないし担当できる業務が存在し、会社の経営上もその業務を担当させることが可能な場合は、債務の本旨に従った履行の提供ができない状況にあるとはいえないとして他の職務への配置可能性に言及している。
4　エールフランス事件（東京地判昭59・1・27判時1106･147労判423･23)、全日本空輸事件（一審：大阪地判平11・10・18労判772・9、控訴審：大阪高判平13・3・14労判809・61)	(1)　職種が限定された労働契約の場合の事案 (2)　判決要旨 職種が限定されている場合であり、復職時に従前の業務が遂行できる程度に回復したとまではいえないときであっても、当初軽作業に就かせれば比較的短期間で通常業務に復帰できる程度に回復している場合には使用者が復職のための配慮措置をとることを要するとした。
5　独立行政法人Ｎ事件（東京地判平16･3･26労判876･56)	1　事案 (4)　精神疾患（神経症）に関して復職を認めるべき健康状態にまで回復していないとして復職を認めなかった裁判例としては、独立行政法人Ｎ事件（東京地判平16・3・26労判876・56）があります。 2　判決の要旨 労働者の職種に限定がなく、他の軽易な職務であれば従事可能であり、当該可能な業務への配転が現実的に可能であったり、当初は軽易な業務に就かせれば程なく従前の職務を行うことができると予測できる場合には復職を認めることが相当であるとしながらも、当該労働者の休職前に現実に従事していた業務が既に本来の職務から軽減された単純業務であったこと、復職後の業務量を従前の半分程度とする期間が半年を要すること、既に休職期間が２年６か月の長期に及んでいること等からして、実質的に休職期間の延長であり、半年後に十分職務を行い得る保障もなく、当初軽易な業務に就かせれば程なく従前の職務を行うことができると予測できる場合に該当しないとして復職を認めなかった。

2 私傷病休職者の復職可能性（治癒）の立証責任は労使いずれが負うのか

ポイント

判例によれば、一応の立証は休職者ですが、それがされたときは、会社がその私傷病休職者の復職できないことの反証をしないと、解雇あるいは退職（休職期間満了による自然退職）させられないことになるでしょう。

1 復職可能性（私傷病の治癒）についての立証の意義は

私傷病休職制度においては、解雇の猶予がその目的です。このため、休職期間満了時に私傷病が治癒しておらず、復職可能性がないことは、解雇（又は自動退職）を意味します。つまり、復職可能性の有無は、直接、従業員の身分（雇用関係）の喪失を意味するのです。

2 復職可能性（私傷病の治癒）の主張・立証責任は労使いずれが負うのか

その労働者に対して使用者から私傷病休職命令が発令された、ということは、休職事由の存在がその要件である性質上、私傷病休職期間中は労務提供ができない状態、つまり職場復帰できない状態である、ということです。

それが、休職期間中に職場復帰可能な状態、つまり労務の提供ができる状態になったということは、心身の健康状態が改善した、ということです。したがって、その立証は、原則として、事情が変わったことを主張する側が負います。よって、休職者が職場復帰可能な状態にまで回復したことを立証する一応の責任があります。

ただ、厳格にその立証責任の原則を貫くのは、休職者に大きな負担となります。私傷病休職制度が労働者保護のためにある以上、このような厳格な立証責任を負わせるのは、制度目的になじみません。

そこで、一応の立証は休職者ですが、それがなされたときは、会社（使用者）が職場復帰ができないことの反証の責任を負い、それをしないで解雇（あるいは自然退職）したときは、それらは無効になると解すべきです。

3　治癒の証明資料の提出責任は労働者にあるとする裁判例は

この点についての裁判例としては、**図表７**の事件があります。

図表７　治癒の証明資料の提出責任は労働者にあるとした裁判例（大建工業事件＝大阪地決平15・４・16労判849・35）。

１　事案の概要

うつ病で18か月の休職期間を経た労働者が職務復帰する際に、使用者が治癒したか否かの判断するために、労働者に対し、診察を受けている医師に対する事情聴取を行うことの承諾請求、使用者の指定する医師の受診請求、労働者が診察を受けた医師の診断書の提出要求をいずれも拒否したため、復職を認めなかった事案。

２　判決要旨

この事案では、休職期間満了直前に労働者が復職申請を行い復職のための団体交渉が継続していたため、使用者は休職の取扱いとせず、その後は自宅待機とした上で、労働者から復職の判断を行うための資料がその後も提出されなかったため治癒の判断ができないことを理由に、使用者が、就業規則の規定を適用して行った普通解雇は、社会通念上相当な合理的な理由があると判断されています。

③　復職する従業員に対して会社が降格、賃金の減額等を行うことは認められるか

ポイント

就業規則の中に包括的根拠規定を設けておけば、会社の判断のみで降格、賃金の減額等を行うことができます。

1）私傷病休職から職場復帰する従業員の職務（業務内容、権限、責任）を軽減する、勤務時間の短縮、職場・業務へのならし期間を設ける、働きにみあった賃金額にするなどの合理的理由にもとづいて、一定の期間を定めて暫定的に取り扱うものであれば、就業規則の中にこれらの措置を包括する根拠規定を設けることにより、会社のみの判断で（当人の個別的同意（承諾）を得ることなく）これらの措置を行うことが認められます。

2）上記1）についての就業規則の規定（例）は、373頁**図表8**のとおりです。

４　私傷病休職者の復職に関する就業規則の規定例は

ポイント

就業規則には、労働者として職場復帰する場合の手続きなどを定めておくことが必要です。

1　私傷病休職者の復職に関して就業規則に定めておかなければならない事項は

次のことを定めておくことが必要です。

①　復職希望者の申出の手続き

②　ⓐ復職を認めるか否か、及びⓑ復職する場合の期日、所属部署、職務内容、勤務時間、賃金その他をどのようにするかについては会社が決定し、当人に通知すること。

③　会社は、②のⓑの取扱いについては、期間を定めた暫定的取扱いとすることができること。

④　会社は、必要に応じて、③の暫定的取扱いの期間を延長することができること。

⑤　当人は、上記②の決定に従わなければならないこと。

⑥　当人が上記②の決定に従わない場合には、私傷病休職期間の満了日をもって自動退職となること。

2　復職に関する就業規則の規定（例）は

上記１のことを定める場合の規定（例）は、**図表８**のとおりです。

図表８　私傷病休職者の復職時の取扱いに関する就業規則の規定（例）

（復職時の取扱い）

第○条　私傷病休職中の従業員が、会社に、主治医の診断書を添えて所定の「職場復帰願い」を提出した場合には、会社は、所定の手続きによりその復職を認めるか否かについて検討し、その結果を当人に通知する。

2　前項により復職を認める場合の復帰する期日、部署、職務、勤務時間、賃金その他の処遇については、会社が所定の手続きにより決定し、当人に通知する。

3　前項の取扱いについて、会社は、必要に応じ、次の①〜⑧の事項について、期間を定めた暫定的取扱いとすることができる。

①　職務（業務内容、権限、責任）の変更
②　降格・降職
③　配置転換
④　所定労働時間の短縮
⑤　時間外・休日労働の禁止
⑥　出張の禁止
⑦　賃金の減額
⑧　その他の業務軽減措置

4　前項の暫定的取扱いについては、会社は、必要に応じて、その暫定取扱期間を延長することができる。

5　職場復帰する従業員は、前各項の会社の決定に従わなければならない。

6　前各項の決定とその指示に従わない従業員は、同人の私傷病休職期間の満了日をもって自動退職とする。

5　私傷病休職者の復職の手続きは

ポイント

私傷病休職者を復職させる場合には、一定の書式を用いることが必要です。

1　「復職願い」の提出は

私傷病休職中の従業員が復職を希望する場合には、会社あてに**図表９**の「復職願い」を提出してもらいます。

その際には、会社の指定する医師の証明書を添付させることとします。そのことを就業規則に定めておきます。

2　休職者の復職を人事発令する場合は

会社として、その休職者の復職を人事発令する場合には、**図表10**の復職発令通知書により当人に通知します。

図表９ 私傷病休職者の「復職願い」の書式（例）

申請日：○○年○月○日

株式会社
代表取締役 ○○ ○○ 様

所 属 業務第２部
氏 名 ○○ ○○ ㊞

復 職 願 い

私は、このたび、下記のとおり休職事由が消滅し、復職できる状態となりましたので、ここに復職を申請いたします。

記

復職可能となった事由	出勤日に通勤し、通常に勤務することが可能となったため
復職希望年月日	○○年○月○日
添付書類	㊒（ 医師の診断書 ）・ 無
その他	

以上

※私傷病休職の場合には、医師の証明書を添付して下さい。
なお、会社が医師を指定している場合には、その医師の証明書を添付してください。

図表10　復職申請者に対する復職発令通知書（例）

〇〇年〇月〇日

〇〇　〇〇　殿

〇〇〇〇株式会社
人事部長　〇〇　〇〇　㊞

復職発令通知書

貴殿より会社に対して〇〇年〇月〇日に提出されました復職願いにつきまして検討した結果、下記のとおり復職の人事発令をすることにいたしました。ここにご通知申し上げます。

記

1　復職日　〇〇年〇月〇日

2　配属先・業務内容　業務部　傷害保険業務

3　労働条件、処遇　休職前と同じ

以上

6　精神疾患休職者の復職時の労使合意書の必要性は

ポイント

会社と従業員とで、合意書（図表11）を結んでおくことがその後の労使間トラブルの防止につながります。

1　労使の合意書締結の必要性は

うつ病等の精神疾患による私傷病休職者が復職した場合、当初は短時間の軽易な業務に従事させ、徐々に職場と職務にならしていくためにいわゆる「リハビリ勤務」（軽減勤務）が必要です。

この勤務の実施期間、業務内容、時間帯、賃金額について会社と従業員が合意していることが必要です。

さらに、会社と従業員が当初考えていたように原職への適応が順調に進まず、「リハビリ勤務」のスケジュールや内容を変更せざるを得ない場合もあることでしょう。

さらには、うつ病等の精神疾患が再発あるいは悪化し、再び休職になることもありえます。

これらの場合に、会社と従業員との間でトラブルが起きないようにするために**図表11**のような合意書を結んでおくことが必要です。

2　労使の合意書作成時の留意点は

1）**図表11**の合意書（例）は、いったん復職を認めるものの、3カ月を想定した「リハビリ勤務」期間を設けて原職復帰が可能か否かを会社が見極め、原職復帰が不可能であれば自動退職とすることを労使で合意するものです。

なお、労働条件（賃金等）については、別段の定め（就業規則の規定、労使合意書等）がなければ、リハビリ勤務とはいっても休職

図表11　復職にあたっての合意書（例）

復職にあたっての合意書

会社と社員○○○○とは、私傷病休職（正社員休職規程第○条第○項第○号）中の同社員が○○年○○月○○日に休職期間が満了するのに伴い、同社員の主治医から、当面ストレスのかからない業務への従事を条件に復職可能との診断書が提出された。

会社は産業医の意見も聴いた上で休職前の業務への復職（以下「原職復帰」といいます）の可能性を見極める必要から、下記条件にて休職期間満了の翌日に復職させることとし、双方これに合意します。

記

1．当面、ストレスのかからない○○業務に従事する期間を３カ月とし、当該期間をリハビリ勤務期間とします。

2．リハビリ勤務期間中の労働条件（労働時間・業務内容・賃金等）は、別紙「労働契約書」のとおりとします。

3．同社員の心身の状況、職場・職務への適応状況その他の事情により、上記２のリハビリ勤務の内容・賃金等を会社が変更する場合には、同社員は会社の指示に従います。

4．リハビリ勤務期間中に、再度同一傷病（うつ病）で勤務に耐えられないときは、正社員休職規程第○条第○項（「復職後６カ月以内に再び休職となった場合は前後の休職期間を通算する。」）が適用される結果、同第○条（休職期間が満了した場合の自動退職）に基づいて退職となります。

5．リハビリ勤務期間中、同社員は、定期的（１カ月ごと）に、会社に、主治医の診断書を提出し、また、必要に応じて、会社が指定する医師の診断に従います。

6．同社員は、リハビリ勤務期間を経過し原職復帰する際には、会社が指定する医師の診断を以って原職復帰が可能か否かの判断を受けることを了承します。仮に、その際に原職復帰不能と判断され前記４の自動退職となっても、異議を申し立てません。

以上

○○年○○月○○日

株式会社○○○○
人事部長　○○　○○　㊞
社員　○○　○○　㊞

別　紙

労働契約書

（リハビリ勤務期間中の労働時間・業務内容・賃金）

期　　間	労働時間	業務内容	賃　金
○○年○○月○○日から○○月○○日まで（1カ月目）	午前10時～12時	○○部における ・A作業 ・B作業	休職前の所定賃金の25%
○○年○○月○○日から○○月○○日まで（3カ月目）	10時～15時（ただし、1時間休憩）	○○部における ・A作業 ・B作業 ・C作業	50%
○○年○○月○○日から○○月○○日まで（5カ月目）	10時～17時（ただし、1時間休憩）	○○部における ・A作業 ・B作業 ・C作業 ・D作業	75%

前の労働条件（賃金等）になります。

2）「リハビリ勤務」期間中の所定労働時間・業務内容は、医師（主事医、産業医）の意見を聴き（参考にし）ながら、別紙「労働契約書」のとおり、段階的に労働の量（労働時間）、質（業務内容）に配慮します。

他方、賃金は、医師の意見を聴く必要はなく、労働法が労働時間を基準に規制していることから、合意書（例）の別紙では、専らほぼ所定労働時間（1日8時間）に比例させる形で賃金額を決めています（労働の質＝業務内容は考慮していない）。念のためにいいますと、最低賃金法で定められている最低賃金額を下回らない限り、労使で金額は決められます。例えば、1カ月目は1日5,000円、2カ月目は1日8,000円、3カ月目は1日12,000円というのも可能です。

第8章　精神疾患従業員の退職・解雇

第1節　雇用関係の終了事由（退職・解雇）の種類・形態

1　従業員の退職・解雇の種類・形態は

ポイント

従業員が、会社をやめる（離職する）形は、「退職と解雇」に２分されます。

1　退職・解雇の種類・形態は

退職・解雇とは、使用者と労働者との間の労働契約が終了し、両者の雇用関係がなくなることです。

退職・解雇には、**図表１**のようにさまざまな種類、形態があります。

これらを大きく分けると、退職と解雇の２つになります。

退職とは、従業員（労働者）の解雇以外の会社のやめ方全体をまとめた言い方のことです。

他方、解雇とは、従業員は会社をやめたくないのに、会社（使用者）が一方的にやめさせる（労働契約を解約する）ことです。

2　精神疾患になった従業員の退職・解雇の注意点は

1）どのような形で退職・解雇にする場合であっても、会社関係者のみの判断で行うのではなく、専門医の診断書、判断にもとづいて行動することです。そのことが適格な対応にもなるし、対象従業員か

図表1　退職と解雇（雇用関係の終了）の種類・形態

<table>
<tr><td rowspan="2">1
退職</td><td>任意退職
（自己都合退職）</td><td>①合意退職（依頼退職）
②任意退職
ⓐ従業員の一方的通告によるもの（辞職）
ⓑ従業員の無断退職</td></tr>
<tr><td>その他の退職</td><td>③定年退職（終期の到来）
④労働契約期間の満了による自動退職（有期契約パートタイマー、期間雇用者、登録型派遣労働者等）
⑤休職期間の満了による自動退職（私傷病など）
⑥労働者の行方不明
⑦労働者の死亡</td></tr>
<tr><td>2
解雇</td><td colspan="2">①普通解雇（ケガや病気で勤務ができないなどの場合）
└整理解雇（経営悪化による人員整理の場合）
②懲戒解雇（重大・悪質な服務規律・企業秩序違反などの場合）
③採用内定者の内定取消し
④試用期間中の者・終了者の本採用拒否
⑤使用者による有期契約労働者（有期パートタイマー、期間雇用者（契約社員）、登録型派遣労働者等）の労働契約の中途の解除
⑥⑤の者が契約更新を重ねた後の契約更新拒否（雇止め）</td></tr>
</table>

らの訴訟、トラブルのリスクを防ぐことにもなります。

2）雇用関係を終了させる方法としては、正社員等（無期契約労働者）については、欠勤等が続いた場合には、当初、私傷病休職とし、病状が回復せず、職場復帰できない場合には休職期間満了による自動退職にするという方法をとるのが比較的に法規制が少なく、対象従業員の納得も得られやすいのではないかと思われます。

他方、休職期間を設けずに勧奨退職、解雇等にすることは訴訟リスクが大きいと思われます。

3）有期契約労働者（期間雇用者（契約社員）、有期契約パートタイマー、登録型派遣労働者等）については、労働契約期間満了による自動退職、これにあわせての雇止め（労働契約更新拒否）の方法をとるのが、法規制も少なく、比較的に容易ではないかと思われます。

ただし、改正労働契約法第18条により、有期契約労働者が同一企業に通算して５年間以上雇用されると、その労働者が会社に申し込むことにより自動的に（会社が拒否しても）無期契約労働者に転換されますので、この点、注意が必要です。

他方、契約期間中途での契約解除は対象従業員の同意がない場合は解雇になり、法的に有効と認められる要件は非常に厳しいものとなっています。慎重な対応が求められます。

第2節　無期契約労働者（正社員等）の退職

1 従業員が辞職する際の「退職願い」の記載例は

ポイント

後日のトラブルを防ぐため、精神疾患従業員から退職の申出があったら、ただちに「退職願い」を提出させてください。

従業員が精神疾患により勤務できないことを理由にみずから退職する場合は、**図表2**の「退職願い」を提出してもらいます。

退職の意思表示は口頭でも有効です。しかし、本人自筆の**図表2**の「退職願い」を、会社あてに提出してもらうことで、「自己都合退職」であることが明確になります。退職手続に関する事項については、**図表2**の「退職願い」を受け取る際に、その場で本人に確認することで、後の退職手続をよりスムーズに行うことができます。

図表２　退職願いの記載例

○○年○月○日

株式会社　○○○○
代表取締役　○○○○ 様

所属　業務部
氏名　○○○○ ㊞

退　職　願　い

私は、このたび、下記の事由により退職いたしたく、ご承諾くださいますようお願い申し上げます。

記

1　退職希望日	○○年○月○日
2　退職事由 (該当するものに○)	1. 転職のため (2)　健康上の理由 3．労働条件面での理由 4．職務が自分に合わないため 5．職場内の人間関係 6．家庭の事情により 7．その他（　）
3　退職の具体的理由	精神疾患の病状悪化により勤務ができないため。
4　退職後の連絡先	〒×××—×××× 千葉県○○市○○×—××—× TEL：×××（××××）×××× 自宅・(携帯)・その他（　）
5　最終出勤日	○○年○月○日
6　健康保険証の返却（退職日までに返却）	○月○日（(返却)・郵送）(予定)
7　雇用保険離職票の発行	(必要)・不要
8　健康保険任意継続希望	あり・(なし)
9　住民税の徴収方法	一括徴収・(普通徴収)・転職先にて継続
10　退職時回収物	□社員証　□作業服　□帽子　□作業靴 □鍵類　□名刺　□通勤定期券 □その他（　）
11　その他確認事項	

承認印			

2 従業員に対する退職勧奨の進め方は

ポイント

退職勧奨は、従業員がみずからの自由意思で退職するように説得、勧誘するのが限度です。

1 退職勧奨とは

退職の勧奨とは、会社が従業員に対して、強制ではなく、みずからの判断で辞職する、または合意退職するように説得、勧誘するという形で働きかけをすることをいいます。個別の「肩たたき」や「希望退職者の募集」がこれにあたります。

勧奨を受けた従業員が退職するかしないかは、あくまでも自分の判断で行うことです。

解雇ではなく、「自らの辞職」または「合意の退職」ですから、会社に解雇予告手当の支払義務はありません。

2 従業員のメリットは

会社が退職勧奨を制度として実施する場合には、従業員が勧奨に応じる気持になるように、一般的に、次のような取扱いをします。

①何カ月分かの月例賃金（月給）を補償する
②退職金の額が「会社都合による退職」として、「自己都合退職」の場合よりも高くなる
③通常の退職時の退職金に一定額の上積みを行う
④取得していない年次有給休暇の残日数があれば、退職までの間の本人の希望する時期にすべて取得させる。また、退職までにすべての年休を取得できない場合には、退職後に買い上げる（退職前に年休を買い上げて取得させないことは労基法第39条違反であるが、退職

して請求権のなくなった失効年休を買い上げることは適法です。)

このほか、従業員にとっては、次のメリットがあります。

⑤自分の意思による退職なので、精神疾患による長期間の欠勤、服務規律違反等による懲戒解雇等とは異なり、経歴に傷がつかず、再就職しやすい

3　退職勧奨の限度は

退職勧奨自体は違法ではありません。

しかし、退職勧奨の方法が、その回数、時間数、人数、具体的な発言等により総合的に見て社会通念上許容できる程度を超え、従業員の自由意思を侵すものである場合には、その退職の合意は民法の規定により無効になったり、取り消されたりします。

さらに、その従業員から会社側に対して、不法行為として慰謝料を請求されたり、パワハラであると訴えられる恐れもあります。

例えば、労働者が退職勧奨に応じない意思を明確に示しているにもかかわらず、短期間に多数回、長時間にわたって退職勧奨を行うことは、社会的相当性を逸脱した態様での半強制的ないし執拗な退職勧奨行為であり、不法行為を構成すると判断され、使用者に対する損害賠償請求が認められた事案があります（下関商業高校事件＝最一小判昭55・７・10判タ434・172労判345・20)。

人事担当者、上司等が、対象従業員やその家族に対して、

①執拗な勧奨を繰り返す

②大勢で取り囲む

③配置転換や労働条件の切り下げをほのめかして退職に追い込む

④感情的になって暴言を吐く

といったことを行ってはなりません。

③　労使間の退職合意書の作成と文例は

ポイント

その従業員が退職の意思表示をしたら、その場で書面にし、署名をとっておくことが必要です。

労使間の退職の合意が成立したら、その場でただちに合意書を書いてもらうようにします。その場では納得していても、あとになって考えが変わることも多々あります。「退職は無効だ」と訴えられ、トラブルにならないように合意したことを書面でとっておくことが大切です。

退職合意書の文例は、**図表３**のとおりです。

図表３　退職合意書の文例

退職合意書

○○○○株式会社（以下「甲」という。）と○○○○（以下「乙」という。）とは、甲と乙との間の労働契約の解約に関して、以下のとおり合意する。本合意書の証として本書を２通作成し、記名押印して各々１通を保管するものとする。

１　合意解約

甲と乙は、甲が乙に対して提案した退職勧奨を乙が受け入れたことにより、○○年○月○日をもって、労働契約を合意解約する。

２　離職理由

甲が乙に発行する雇用保険の離職証明書に記載する離職理由は、会社都合（退職勧奨に応じた離職）とする。

３　退職日までの勤務

乙は、第１項の退職日までの期間のうち、○○年○月○日まで出勤するものとする。

４　退職日までの月例給与

甲は、乙が第３項で定める日まで出勤した場合は、出勤した日数に応じて計算した所定の月例給与を、○○年○月○日に乙の指定する預金口座に振込送金する方法で支払う。

５　退職金

甲は、乙に対して、退職金として金○○○○円を支払うものとし、これを○○

年○月○日までに、乙の指定する預金口座に振込送金する方法で支払う。

6　未消化の年次有給休暇

甲と乙は、未取得となっている乙の年次有給休暇日数が○日であることを相互に確認し、乙は○○年○月○日より○○年○月○日までの間に、これを取得する。

7　貸与品の返還と秘密保持

乙は、甲の営業秘密および個人情報にかかる資料を、正本、副本等の別を問わずすべて甲に返還し、一切所持しないことを誓約するとともに、在職中に知り得た甲の営業秘密および個人情報を退職後も他に漏らしてはならない。

8　清算

甲と乙は、本合意書に定めるほか、何らの債権債務が存在しないことを相互に確認する。

9　守秘義務

甲と乙は、本件ならびに本合意書の成立および内容を第三者に開示しないものとし、今後相互に誹謗中傷しないものとする。また、甲は、今後乙の不利益となる情報を開示せず、第三者から乙の退職原因を問われた場合には、円満退職したことのみを告げるものとする。

○○年○月○日

甲　東京都○○区○○×－×－×
株式会社○○○○
代表取締役 ○ ○ ○ ○ ㊞
乙　東京都○○市○○×－×－××
○ ○ ○ ○ ㊞

4　会社側の強迫・錯誤・詐欺等による従業員の退職の意思表示の効力は

ポイント

これらによる退職の意思表示は、従業員の取り消しが認められたり、元々無効であったと判断されたりします。

従業員からの辞職や合意退職の申入れの意思表示が強迫や錯誤（さくご）によるものであったり、真意でないときは、次のように民法の規定により取り消されたり、無効になります（**図表4**）。

図表4　退職が無効・取消しになる場合

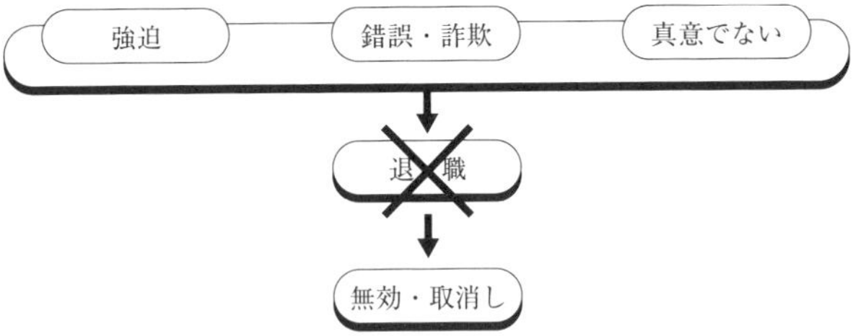

強迫　錯誤・詐欺　真意でない
↓
退職（×）
↓
無効・取消し

1　強迫の場合は

会社側が従業員に畏怖心を生じさせ、退職の意思表示をさせた場合は、強迫によるものとして意思表示の取消しが認められます（民法第96条第1項）。例えば、精神疾患の従業員を長時間一室におしとどめ、懲戒解雇をほのめかせて退職を強要するようなケースです。

例えば、懲戒解雇や刑事告訴に相当する事由が存在しないにもかかわらず、退職勧奨を行うに際して懲戒解雇や刑事告訴の可能性を告げて、その不利益を説いて退職の意思表示をさせることは、労働者を畏怖させるに足りる違法な害悪の告知であるから、このような害悪の告知の結果なされた退職の意思表示は、強迫によるものとして、取り消し得るものとされています（退職の意思表示が取り消し得るものとされたケースとして、石見交通事件（松江地益田支判昭44・11・18労民20・６・1527)、ニシムラ事件（大阪地判昭61・10・17判タ632・240労判486・83)、退職の意思表示を取り消すことができないとされたケースとして、ソニー事件（東京地判平14・４・９労判829・56))。

2　錯誤、詐欺の場合は

錯誤による退職の意思表示は無効とされ（民法第95条)、詐欺によるものは取消しが認められます（民法第96条第１項)。錯誤による退職としては、例えば、実際にはお金はなくなっていないのに集金した大金が紛失したと思い込み「退職願い」を出した場合です。また、詐欺による退職としては、上司が「当社には、医師から精神疾患の診断書が出された従業員は自主退職する慣行がある」と誤信させてその従業員を退職させた場合などです。

3　真意でない退職届の場合は

従業員が、従業員不足の会社を困らせようとして、本当に退職する気持はないのに、退職届を出すといったケースもありえます。これを心裡留保（外に現れた意思表示と内心の真意がくいちがっていること）といいます。

この場合、真意でない意思表示も原則として有効、つまり会社が退職として取り扱ったとしてもやむをえません。

ただし、従業員の真意でないことを会社側が知っていたか、あるいは知ることができたことを、その従業員が立証すれば退職は無効となります（民法第93条)。

5 従業員の退職の意思表示の撤回の効力は

ポイント

従業員からの「退職願い」が人事権者に届いていれば、従業員の退職の撤回は認められません。

1 質問の内容は

当社の、パワハラ傾向の上司の下でメンタルヘルス不調となっている若手従業員が３日前に「退職願い」を提出してきました。しかし、先輩から「もう少しの辛抱だよ、上司は近く異動するから」と諭されて、気持ちが変わったらしく、現在は、好きな仕事だから、引き続き勤務したいといってきました。従業員の「退職願い」の撤回は認められるものなのでしょうか。

2 「退職願い」は当人から撤回できるか

このケースの場合、問題は、「辞職の申出」、「退職願い」が会社内部のどの段階まで進んでいるかということです。というのも、「退職願い」、「辞表」の提出といった従業員から会社に対する退職の意思表示は、法律的に言えば、次のいずれかの場合には、従業員からは撤回できないからです、

① 「辞職」の通告で行った場合は、その通告が会社の人事権者（人事部長等）に到達した場合

② 「合意退職」の申入れの場合は、会社がその申入れを承諾した場合

ただし、労働契約はあくまで会社と従業員の私的な契約ですから、前記の段階までいったとしても、会社と従業員が話し合って「退職願い」がなかったことにすることは可能です。

ただちに、会社から当人に会社側の考えを説明し、「退職願い」を撤回させてください。

6 メンタルヘルス不調者に対して会社が退職勧奨を行う場合の注意点は

ポイント

慎重に行うことが必要です。

1 注意点は

次のことに注意して行ってください。無理強いをしないことです。

① 辞職または退職の合意が真意に基づくものと認められるよう退職勧奨を行う際の言動に注意すること。

② 執拗な退職勧奨行為は不法行為となる場合があるため避けること。

③ 健康な者に対する退職勧奨に比べてメンタルの不調が悪化しないように慎重に行うこと。

④ その従業員が辞職、または合意退職の意思表示を行ったら、その場で「退職合意書」(387頁図表3参照) 等の書面を作成し、当人の署名をしてもらっておくこと。

2 利益を与えたり、不利益を軽減する措置もあわせて行うこと。

従業員が会社を退職すると賃金収入がなくなり、生活に困ることになります。

前述2(385頁) の2で例示したようなメリットを与えたり、不利益を軽減する措置をとることも必要です。

また、本人が健康保険被保険者になって1年以上経過している場合は、私傷病で休職し無給であれば、傷病手当金として最長1年6カ月間標準報酬日額の3分の2相当額が支給されます。

さらに、傷病手当金の支給決定後退職しても同様です。

当人を私傷病休職にしたのち退職とし、この傷病手当金を利用するのも１つの方法です。

3　真意による意思表示となるように配慮する

メンタルヘルス不調者は精神的に不安定で短時間で正確に判断できない可能性もあります。

例えば、次のような配慮を行ってはどうでしょうか。

① 会社の上司、人事担当者が退職勧奨を行ってから本人がそのことについて回答するまでの間にじっくり考えられるように時間的な猶予を与えて行うこと。

② 会社側が１回にまとめてその言いたいことを言うのではなく、本人の理解の状況にあわせて数回に分けて話をすすめていくこと。

③ 会社側の言い分を、口頭で説明するのとあわせて、書類にして渡すこと。

これにより、本人があとでゆっくり読み返して、自分のペースで考え判断することができます。

また、書類を家族、友人等に見せて相談にのってもらうことができます。

さらに、従業員とその家族同伴の席で話をすすめるのもひとつの方法でしょう。

4　退職勧奨が安全配慮義務違反になる可能性もある

会社側（使用者）の退職勧奨によって労働者が精神疾患を発症し、または病状を増悪させた場合、使用者は安全配慮義務不履行に基づく損害賠償責任を負う可能性があります。

例えば、うつ病自殺事件（日本通運事件）（大阪地判平22・2・15判時2097・98）では、裁判所は、C型慢性肝炎になって長期治療を継続していた労働者に対し、衛生管理担当者でもある職場の上司が、入院治療を非難したり、退職を示唆したりした行為が、インターフェロンの副作用とあいまってうつ病発症の要因になったとして、使用者の安全配慮義務不履行を認め、300万円の慰謝料の支払を認めています。

メンタルヘルス不調者に対する退職勧奨は、従業員に勤務先と賃金収入を失う不安を与え、その症状を悪化させる恐れがあります。その従業員の心の健康状態を十分に把握した上で、慎重な方法により退職勧奨を行うべきでしょう。

7　私傷病休職期間の満了時に復職できない従業員の取扱いは

ポイント

就業規則に根拠規定を設けておき、自動退職にします。

1　復職できず休職期間が満了した場合の取扱方法と規定は

私傷病休職という取扱いは、解雇猶予措置としての意味合いを持つ一方で、その休職期間を満了しても復職することができなければ、その時点で雇用関係は打ち切らざるを得なくなります。この場合の取扱いを『解雇』とするか『自動退職』とするかについては会社ごとの就業規則の定め方によります。近年では、解雇をめぐるトラブルを避ける観点から、就業規則に**図表５**のように『自動退職』扱いとして規定するケースが多くなっています。

図表５　私傷病休職期間満了時に自動退職にする就業規則の規定（例）

（自動退職）
第○○条　会社は、私傷病休職をしている従業員が休職期間満了後復職できない場合には、休職期間の満了日をもって、その従業員を自動退職とする。

就業規則に**図表５**の規定がない場合には自動退職の取扱いにすることはできなくなりますので、必ず就業規則に明記することが必要です。

2　私傷病休職従業員を自動退職にする場合の本人あて通知書（例）は

図表６のとおりです。

図表６　休職期間満了・自動退職通知書の書式（例）（私傷病休職の場合）

○○年○月○日

○○　○○　殿

○○○○株式会社
総務部長　○○　○○　㊞

休職期間満了・自動退職通知書

前略

貴殿は、○○年○月○日より病気療養のため休職されていますが、正社員休職規程第○条第○項の規定により、○○年○月○日をもって休業期間が満了いたします。

当社では、先般申出のありました復職の願い出に基づき、貴殿の復職の可否に関して、産業医による診断および意見を参考に検討をいたしましたが、現状での原職への復帰は不可能との結論に達しました。

当社といたしましては、就業可能な職務での復職を発令する意向でおりました。しかし、貴殿の希望に沿わないとのことでしたので、誠に不本意ながら、当社正社員就業規則第○条第○項により○○年○月○日をもって自動退職となりますことを、ここに通知いたします。

退職に関する諸手続きにつきましては、別途ご案内させていただきます。ご不明な点等がございましたら、ご遠慮なく下記担当者までお問い合せください。

草々

以上

ご質問、問い合わせ先
担当　○○　○○
（電話：03－○○○○－○○○○）

8 私傷病休職の期間を満了しても治癒しないため、「自動退職規定」により退職にする場合の注意点は

ポイント

休職期間満了時に「疾病が治癒していないこと」の確認等に注意することが必要です。

1　就業規則の「自動退職規定」とは

就業規則に次のように規定してあれば、自動退職規定です。

第○○条　私傷病休職の従業員について、休職期間の満了までに、休職事由である私傷病が治癒しない場合には、自動的に退職することとする。

2　疾病が「治癒していない」ことの確認が必要

私傷病休職期間の満了が近づいてくると、休職者の中には自動退職にならないようにするために「疾病が「治癒」した」として復職を求めてくる者もいます。

現在の判例の考え方では、「治癒」とは、原則として、「休職前の業務を通常の程度に行ない得る状態に回復したこと」をいいますが、「業務を一時軽減すれば回復の可能性がある」場合や「他の軽易な業務への配転可能性がある」場合には、使用者は、業務の軽減や他業務への配転を行って復職させる義務があるとしています。

企業の人事担当者は、主治医からの診断書の内容検討、必要な場合には主治医との面談、さらには他の専門医との相談等によって「治癒していないこと」を確認した場合には、その休職者に説明し、納得させることが必要になります。

労働者が治癒したとして復職を請求したにも関わらず退職扱いにする場合には、使用者は「当該労働者が復職することを容認しない事由」を立証する必要があるという裁判例（エールフランス事件＝東京地判昭59・1・27判時1106・147労判423・23）もあります。これは休職期間満了による自動退職についても解雇権濫用規制に準じた規制をするという考え方であると解されます。

3　就業規則の「自動退職規定」についての法規制は

就業規則の自動退職規定による自動退職であっても、次の①、②の法規制を受けますので、注意が必要です。

①その従業員の精神疾患が、「私傷病」（業務外の事由による病気やケガ）ではなく、業務に起因しているものである場合には、休職期間を設け、その後、自動退職とすることは、業務上疾病に関する解雇制限の規定（労基法19条1項）に違反する行為であり、認められません。

該当従業員が私傷病休職に入ったのちに「自分の精神疾患は業務に起因するもの（長時間労働等の過重労働、パワハラ、セクハラ等）である」として解雇制限を主張したり、労基署長に労災補償給付の請求をしたり、裁判所に安全配慮義務不履行による損害賠償請求の訴えを起こすケースもあります。

②休職期間を30日未満として、その後、休職期間満了による自動退職にする、というような規定は解雇予告期間の規制（従業員を解雇する場合には、当人に対して、解雇の30日前までにそのことについて予告する必要があるとするもの：労基法20条）の脱法行為であり、認められません。

9　復職希望者が軽減業務への復帰を拒否した場合、会社は自動退職にできるか。

ポイント

休職期間の満了日をもって自動退職にすることは認められます。

1　質問事案の概要は

例えば、営業職の従業員が病気休職となり、原職への職場復帰を申し出てきました。

産業医は、事務所内の事務補助程度であれば可能であるが、営業職は無理であると判断しています。

会社としては、事務補助者として復帰させたいとして当人を説得しましたが、当人は拒否しています。この場合、会社としては、どのように取り扱ったらよいでしょうか。

2　自動退職もやむをえない

本件の場合は、会社の方で担当できそうな業務を用意して復職のチャンスを提供しようとしています。それにもかかわらず、復職を希望する従業員本人がそれを拒否しているわけですから、せっかくの復職のチャンスを放棄することになります。産業医の判断に従って対応もされていますので、どうしても内勤業務での復帰はしたくないという場合には、残念ながら、休職期間の満了日をもって自動退職扱いにせざるをえないと思われます。

3　就業規則の根拠規定は

上述のケース等に備えて、あらかじめ、就業規則に、275頁**図表３**の休職規程(例)の第６条・７条のような根拠規定を設けておくことが必要です。

⑩　私傷病休職と復職をくり返す者を自動退職にできないか

ポイント

このようなケースに対応するためには、あらかじめ、就業規則に休職期間の通算による自動退職規定を設ける方法があります。

1　質問事案のあらましは

うつ病で私傷病休職をしていた従業員が、復職して４か月後、また体調が悪くなり欠勤が続いたため、医師の受診を勧めたところ、うつ病のため、再度自宅療養が必要である旨の診断書を提出し、再度、私傷病休職を申請してきました。従業員がこのように私傷病休職と復職を繰り返す場合に、解雇することはできるでしょうか。

2　精神疾患の特徴に対応できる就業規則の規定が必要

うつ病、そううつ病などの精神疾患の場合、最初に私傷病休職し、復職してしばらく勤務を継続した後に、同一又は類似の症状が再発して、再度私傷病休職するというように復職と休職を繰り返す事案が多くみられます。このような場合、就業規則上、私傷病休職期間と複数回の休職期間の間の欠勤期間の通算規定がないと、１回ごとの休職期間の最長期間（例えば、１年間）に達しない範囲内で、休職と復職とを繰り返すことが可能になります。

上述のような場合には、数回の休職期間と複数回の休職期間の間の欠勤期間を通算して一定期間に達した場合には、自動退職になるとする就業規則の規定を設けることが必要です。

3　就業規則の規定例は

就業規則の規定（例）は、**図表7**のとおりです。

図表7　就業規則の「休職期間の通算規定」の例

（私傷病休職の取扱い）
第○○条　私傷病休職の期間は、通算して1年間を限度とする。
2　当初の私傷病休職ののち復職した従業員が、その後6カ月以内に同様若しくは類似であると会社が判断した傷病、事由により欠勤した場合、又は再度私傷病休職した場合は、当初の休職期間と欠勤期間および再度の休職期間を通算して、前項の一つの通算期間とする。
　したがって、当初の休職期間とその後の欠勤期間および再度の休職期間を通算して1年間を超えることはできない。
3　会社は、従業員が前2項の私傷病休職期間の満了日に復職できない場合には、休職期間満了の日をもって自動退職とする。

なお、就業規則に通算現定を設ける場合、「一定期間に再度休職したときには複数回の休職期間及び複数回の休職期間の間の欠勤期間を通算する」との規定を設けるほか、休職を認める際にも、一定期間の欠勤が連続したことのみを要件とするのではなく、「同一又は類似疾病により職務に堪えないと認められる場合」等の文言も規定の中に入れておくことが必要です。

精神疾患の場合、欠勤が断続的であったり、また、「心的反応」「抑うつ状態」「適応障害」等診断書に記載される病名も様々であることも考慮に入れるべきです。

⑪　会社が新設した「休職期間の通算規定」は、就業規則の不利益変更として無効ではないか。

ポイント

判例により、「新設・変更された就業規則の規定内容に合理性があれば、有効である」と判断されています。

1　就業規則の不利益変更の問題とは

① 「就業規則の不利益変更」の問題とは、会社が就業規則に、従業員にとって不利益な規定を新設したり、従来の規定内容を不利益なものに変更した場合に、それに反対する従業員にも新設・変更した規定内容を有効に適用できるか否かということです。

② 最高裁は、「その就業規則の新設・変更が合理的なものである場合に限って」、個々の労働者の同意がなくても、有効に適用できると判断しています。

2　最高裁の判断は

秋北バス事件（最大判昭43・12・25労判71・14）で、次の(1)(2)の判断基準が示され、現在もそれが用いられています（**図表８**参照）。

(1) 就業規則の規定の新設・変更によって、従業員のこれまでの権利を奪い、不利益な労働条件を一方的に課することは、原則として、許されません。

(2) しかし、就業規則は、その事業場の全従業員の労働条件を統一して決めるためのものですから、「その規定の新設・変更が合理的なものである場合に限って」個々の従業員の同意がなくても、新規定はこれらの従業員に有効に適用されます。

図表8　就業規則の不利益変更の可否の判断基準は「合理性」の有無

就業規則の規定の不利益な変更に反対する従業員に、会社が変更した新しい規定を適用できるかどうかは難しい問題であるが、最高裁まで争われた事例から、判断基準が次のように示されている。

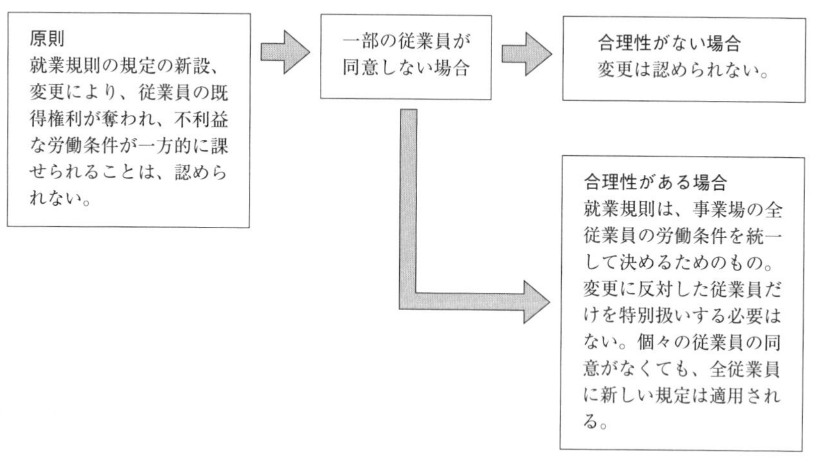

3　合理性が認められるためのポイントは

判例からみて、就業規則の新設・変更が「合理性あり」と認められるための使用者（会社）の労務管理上のポイントは、**図表9**のとおりです。

図表9　就業規則の新設・変更が合理性ありとされるための使用者（会社）の労務管理上のポイント

① 就業規則のその規定の新設・変更に強い必要性があること。
② 使用者が従業員の不利益減少のために努力したこと。
③ 使用者が他の労働条件の改善に努力したこと。
④ 使用者が労働組合、または従業員の代表者との話合いを尽くしたこと。

4　「休職期間の通算規定」は有効であるとする判例は

「休職期間の通算規定」を設けたことが、就業規則の不利益変更に該当するかが問題となった事案があります（野村総合研究所事件＝東京地判平20・12・19労経速2032・3）。

この判決の判断のあらましは、**図表10**のとおりです。

この判決では、本件の就業規則の変更は不利益な変更ではあるが、有効であると判断しています。

ただし、本件変更について「過半数労働組合」は、異議がないとしています。

図表10　就業規則の「休職期間の通算規定」を有効とする判例要旨

この事案では、休職期間の通算規定について「欠勤後一旦出勤して３カ月以内に再び欠勤するときは、前後通算する」との規定を「欠勤後一旦出勤して６カ月以内又は、同一ないし類似の事由により再び欠勤するときは、欠勤期間中は中断せずに、その期間を前後通算する」と変更しており、６カ月経過しないと欠勤日数がゼロに戻らず、また、復帰後同一ないし類似の事由により欠勤する場合前回の欠勤から何年経過しても欠勤日数が通算されることから不利益な変更であることは否定できないものの、以下のとおり、就業規則の変更は有効であると判断されました。 すなわち、「近年いわゆるメンタルヘルス（疾患）等により欠勤する者が急増し、これらは通常の怪我や疾病と異なり、一旦症状が回復しても再発することが多く」、「現実にもこれらにより傷病欠勤を繰り返す者が出ていることも認められるから、このような事態に対応する規定を設ける必要性があったことは否定できない」とし、また、「過半数組合の意見聴取において異議がないという意見を得ていることも認められる」ことから、必要性及び合理性が認められると判断しました。

5　企業の対応方法は

例えば、402頁**図表７**のような私傷病休職期間の通算規定を設けるのにあわせて、休職期間を従来の「１年」から「１年６カ月」に延長するなど、休職者にとって有利となる改正も行ってはどうでしょうか。

第３節　無期契約労働者（正社員等）の解雇

Ⅰ　解雇の共通事項

1　従業員の解雇が有効と認められる要件は

ポイント

その解雇が**図表12**の①～④の要件を備えていることが不可欠です。

1　解雇の種類、対象事由は

解雇というのは、従業員には会社を辞める意思はまったくないにもかかわらず、使用者が一方的に会社を辞めさせる（労働契約を中途で一方的に解約する）ことです。

解雇の種類、対象事由は、**図表11**のとおりです。

図表11　解雇の種類・対象事由（例）

1　普通解雇
- 労働者が働けない、または不完全にしか働けないとき。
  - ⑴　本人の身体または精神に障害があり、まったく業務に耐えられない。
  - ⑵　勤務成績、勤務態度が著しく不良で就業に適さない。
  - ⑶　技能・能率が著しく劣り、就業に適さない。
  - ⑷　著しく協調性を欠く。
  - ⑸　重要な経歴の詐称により会社と労働者の間の信頼関係が損なわれた。

2　上記１のうちの整理解雇
- 経営不振、合理化により職種がなくなり、他職種への配転もできないなどの理由により、人員整理が経営上十分に必要性があるとき。

3　懲戒解雇
- 服務規律・企業秩序に違反する悪質、かつ、重大な行為があったとき。

2　解雇の有効要件は

これらは**図表12**のとおりです。

図表12　解雇の有効要件の比較

1　普通解雇	2　1のうち整理解雇	3　懲戒解雇
①法定の解雇禁止・制限事由（図表13）に該当しないこと	①同左	①同左
②30日以上前の解雇予告、または30日分の解雇予告手当（平均賃金）の支払 〔例外〕 ・労基署長の解雇予告除外認定 ・一定の臨時労働者	②同左	②同左
③労働契約、就業規則、または労働協約の解雇事由規定に該当すること	③同左	③、④次のイ～へのすべてを守ること イ　懲戒処分の合理性・相当性の原則（違反行為が悪質・重大なこと） ロ　就業規則の根拠規定とその厳守 ハ　過去にさかのぼっての処分の禁止 ニ　二重処分の禁止 ホ　就業規則の規定どおりの手続き へ　従業員本人に弁明（説明・言いわけ）の機会を与えること
④ａその解雇に客観的にみて合理的な理由があること、及びｂ解雇理由に社会通念上の相当性があること。（ａ、ｂをあわせて解雇権濫用法理という。）	④次の４要件が必要 イ　整理解雇することの経営上の必要性 ロ　整理解雇をさける努力 ハ　被解雇者の選定の妥当性 ニ　労働組合または従業員と協議をつくす	

3　法定の解雇禁止・制限事由とは

図表12の①の「法定の解雇禁止・制限事由」は、**図表13**のとおりです。

図表13　法律による主な解雇禁止・制限事由

① 業務上の負傷・疾病による休業期間、その後の30日間（労基法19条）
② 産前産後の休業期間、その後の30日間（労基法19条）
③ 定年・退職・解雇に関する男女労働者に対する取扱いが性別による差別取扱いである場合（均等法７条）
④ 解雇の実質的な理由が以下の事実に該当する場合
　イ　女性労働者の婚姻、妊娠、出産等を理由とする解雇の禁止等（均等法９条）
　ロ　男女労働者が育児・介護休業、子の看護休暇・介護休暇等を申し出たり、取得したこと（育介法10条、16条等）
　ハ　男女労働者が都道府県労働局長に紛争解決援助を申し出たり、調停の申請をしたこと（均等法17条２項、18条２項）
　ニ　労働組合活動（結成、加入、正当な日常活動）をしたこと（労組法７条）
　ホ　事業場の労基法、労働安全衛生法（安衛法）違反の事実を労働基準監督署等へ申告したこと（労基法104条２項、安衛法97条２項等）
　ヘ　労働者の国籍、信条、社会的身分を根拠としたこと（労基法３条）
⑤ 公益通報（内部告発をしたことを理由とする解雇は、無効とする（公益通報者保護法３条））

Ⅱ　普通解雇

2　精神疾患従業員の普通解雇が認められる場合は

ポイント

普通解雇については、労働基準法、労働契約法、判例法理で非常にきびしい規制が設けられています。

解雇というのは、使用者が一方的に従業員との労働契約を解約することです。解雇については、非常にきびしい法規制が設けられています。

精神疾患の従業員を普通解雇する場合には、**図表14**の４つの要件を満たしていることが必要です。

図表14　精神疾患従業員を解雇する場合の要件

① 業務上の負傷・疾病については、療養期間とその後30日間は、解雇が禁止されていること（労基法19条１項）。
　例えば、職場における過重労働、セクハラ、パワハラ等によりうつ病等の精神疾患になった場合には、その疾患が治癒（ちゆ）したのち30日を経過するまで解雇できません。
② 対象労働者に対する30日以上前の解雇の予告、または30日分の解雇予告手当の支払義務（労基法20条）
③ 就業規則等に定められている解雇事由に該当すること。
④ その解雇に合理性・相当性があること―解雇権濫用規制の法理（労契法16条）
　例えば、「精神疾患でまったく勤務できない、または不完全な勤務しかできない場合」に該当していても、さらに休職・軽減勤務等を行っても、元に戻らない場合に、はじめて解雇が認められます。

上記①～④については、次の項以降でくわしく説明します。

3　精神疾患従業員を解雇する場合の要点1―解雇制限期間とは

ポイント

その精神疾患が業務上の負傷・疾病によるものである場合には、その療養のための休業期間及びその後30日間は、その労働者を解雇してはならない（労働基準法第19条）。

1　労基法の解雇制限規定の内容は

上記「ポイント」の「解雇してはならない」とは、(イ)ここに定められた期間内に効力が生ずる解雇を禁止するとする説と、(ロ)その期間経過後に生ずる解雇の予告も禁止する説とがあります。

判例は(イ)の説をとり、制限期間内に解雇予告を行うことは違反ではないとしています。

2　精神疾患の場合の注意点は

次の2つの点に注意が必要です。

(1)　過去にさかのぼって解雇が無効と判断されるケースがある

従業員が精神疾患になった場合に、その原因が業務にあるのか、それとも業務以外（私事）にあるのかを判別することはなかなか困難です。

しかも、事案によっては、事後的に業務上の疾病であると認定された場合もあります。このような場合には、過去に遡って解雇が無効とされます（東芝事件＝東京高判平23・2・23判時2129・121労判1022・5）。

同事案は、長時間労働等の過重労働が認められるため、業務と疾病の発症との間に相当因果関係が認められ、業務上疾病による休業期間中の解雇として、労働基準法19条1項本文に基づき解雇が無効とされたものです。

(2) 症状が固定せず、解雇制限期間が長くなる恐れがある

その従業員が、業務上の負傷・疾病により休業していた場合でも症状固定後は本条（解雇制限規定）の適用は否定され、解雇が可能となります。しかしながら、精神疾患の場合は症状固定の判断が困難であり、長期間が経過しても症状固定に至っていないと判断されることがあります。ちなみに、症状固定とは、傷病の症状が安定し、医学上一般に認められた医療を行っても、その医療効果が期待できなくなった状態、つまり、その傷病の症状の回復・改善が期待できなくなった状態のことをいいます。

上述(1)(2)の理由から、精神疾患が業務上の疾病であり解雇無効と判断される可能性がある場合（その従業員が精神疾患になる前に長時間労働や過重労働に従事していたと認められ場合等）には、できるだけ解雇は避けた方がよいでしょう。

3 解雇制限は3つの場合にはなくなる

図表15の3つの場合には、解雇制限はなくなります。

図表15 業務災害による休業期間中にかかわらず解雇が認められる場合

① 労働者が労災保険法による長期療養給付を受けるようになった場合（労災保険法19条）。
② 事業主が打切補償を支払う場合—療養開始後3年を経過しても回復できない場合に、平均賃金の1,200日分を支払ってその後の補償を打ち切る場合（労働基準法19条1項ただし書）。
③ 天災事変その他やむをえない事由で事業の継続が不可能となったことを労基監督署長が認定した場合（労働基準法19条1項ただし書）。

同図表の③の「天災事変その他やむをえない事由」とは、天災事変、他者の火災による類焼など完全に企業の外部に原因があり、企業

としてはいかんともしがたい事由をいいます。経営判断の誤りや不況は含まれません。

4　企業の対応は

精神疾患になった従業員の解雇を検討する場合には、まず、業務上疾病と判断される可能性があるかどうを確認します。①その従業員本人や主治医から発症の理由を聴取する、②発症前の業務の質、量について、１か月間に80時間を超える時間外労働など過重なものではなかったか、③就労環境にストレス要因はなかったかについて調査するといったことを行います。

④ 精神疾患従業員を解雇する場合の要点２—解雇予告規制とは

ポイント

従業員を解雇する場合には、30日以上前に、そのことを当人に予告するか、または30日分の解雇予告手当（平均賃金）を支払わなければなりません（労働基準法第20条）。

1　解雇予告規制とは

使用者（会社）が従業員を解雇する場合には、**図表16**の①～③のいずれかの方法を取らなければなりません。

図表16　解雇予告等の必要性の有無・対応方法

①　解雇の予告（解雇日の30日以上前）
②　解雇予告手当（30日分の平均賃金）の支払い
③　即時解雇（解雇予告も予告手当支払いも必要なし）
　イ　即時解雇する前に、あらかじめ、労基署長の解雇予告除外認定を受けた場合
　　①　天災事変その他により事業を継続できない場合
　　②　労働者の帰責事由による解雇の場合
　ロ　次の臨時的な労働者を解雇する場合
　　①日々雇い入れられる者（１ヵ月を超えて引き続き使用された場合を除く）
　　②２ヵ月以内の期間を定めて使用される者（この期間を超えて継続雇用された場合を除く）
　　③季節的業務に４ヵ月以内の期間を定めて使用される者（この期間を超えて継続雇用された場合を除く）
　　④試用期間中の者（14日を超えて雇用された場合を除く）

2　解雇予告とは

使用者は、労働者を解雇しようとする場合には、労働基準法により、

少なくとも30日以上前に解雇の予告をするか、または、これにかえて30日分の解雇予告手当（平均賃金）を支払わなければなりません。また、例えば、予告を15日前にした場合は、残り15日分の解雇予告手当（平均賃金）の支払いが必要です。予告手当を支払った日数分だけ予告日数を短縮することができます。

解雇予告は30日以上前であれば、何日前に行ってもかまいません（労働基準法第20条）。

3　解雇予告手当の金額は

解雇予告手当は、平均賃金日額の必要日数分です。計算方法は**図表17**のとおりです。

図表17　解雇予告手当（平均賃金）の計算方法

【平均賃金】

原則：$\dfrac{\text{①事由発生日以前３カ月間に支払われた賃金総額}}{\text{その期間の総日数（総暦日数）}}$

最低保障：$\dfrac{\text{②事由発生日以前３カ月間に支払われた賃金総額}}{\text{その期間の実労働日数}} \times \dfrac{60}{100}$

（月給制等の場合は、①で計算します。また、日給制、時間給制、出来高制等の場合は、①か②のいずれか高い方になります。）

4　精神疾患従業員も同じ取扱いが必要

精神疾患になった従業員を解雇する場合にも、当然、解雇予告規制は及びます。

解雇予告規制は、①天災事変その他やむを得ない事由のために事業の継続が不可能となった場合、又は②労働者の責に帰すべき事由に基づいて解雇する場合は適用されません（労基法20条①ただし書）。

この「労働者の責に帰すべき事由」とは、労働者の非違行為や義務違反行為が、解雇予告制度による保護を否定されてもやむを得ないほど重大・悪質な場合に限られています。

5　使用者が解雇予告規制に違反した場合は

使用者が解雇予告規制に反した場合には罰則（6カ月以下の懲役又は30万円以下の罰金）があり（労基法119条～）、また、訴訟になった場合、解雇予告手当について付加金の支払が命じられる可能性があります（労基法114条）。

6　解雇予告通知書の文例は

使用者が従業員に対して行う解雇の予告は、口頭で行っても有効です

しかし、労使間の後日のトラブルを防ぐために、**図表18**の解雇予告通知書のように、解雇予告日、解雇日・解雇の事由、就業規則または労働契約書の根拠規定、および解雇予告手当の支払い（支払いが必要な場合のみ）について記載した文書の交付によって行うことをおすすめします。

図表18　解雇予告通知書の文例

〇〇年〇月〇日

〇　〇　〇　〇　殿

東京都〇〇区〇〇×－×－×
〇〇〇〇株式会社
代表取締役　〇　〇　〇　〇　㊞

解雇予告通知書

このたび、貴殿を下記の理由により、〇〇年〇〇月〇〇日をもって普通解雇いたしますので、その旨を予告いたします。

記

1　解雇理由
　精神疾患によりたび重なる欠勤、職場における他の従業員への暴行・傷害、顧客とのトラブル等を起こし、会社が個別指導、主治医を通じての改善指導、他の業務への配置換え等を行っても、当人の言動がまったく改善されないため。

2　根拠規定
　正社員就業規則第〇〇条（懲戒解雇事由、普通解雇事由）の多くに該当。

3　解雇予告手当の支払い
　なお、解雇予告期間に満たない〇〇日分については、別途、解雇予告手当として、平均賃金〇〇〇〇〇円を、本日、貴殿届出の金融機関普通預金口座に振り込みました。

以上

5 精神疾患従業員を解雇する場合の要点３―就業規則上の解雇事由該当性及び解雇の客観的合理的な理由とは

ポイント

精神疾患の従業員を解雇する場合には、ⓐ就業規則の解雇事由に関する規定に該当していること、及びⓑその解雇には客観的合理的な理由があることが必要です。

1 解雇権濫用規制の法理とは

使用者が従業員を解雇する場合には、次の２つが必要です（労働契約法16条）

① その解雇に客観的・合理的な理由があること。

② その解雇が社会通念上相当であること

これは、最高裁判例（日本食塩製造事件＝最二小判昭50・４・25判時774・３労判227・32ほか）により確立された「解雇権濫用の法理」が制定法として規定されたものです。

精神疾患になった従業員を解雇する場合にも、当然に、この解雇権濫用規制が適用されます。

2 解雇の客観的・合理的理由とは

(1) 就業規則の解雇事由規定の該当性とは

その従業員の解雇について客観的・合理的理由があるか否かについては、通常、まず、解雇しようとする従業員について、その事業場に定められている就業規則の解雇事由に関する規定に該当するか否かについて判断されます。

解雇事由は就業規則の絶対的必要記載事項（使用者が必らず記載し

なければならない事項）と定められています（労基法89条３号）。

したがって、通常、就業規則には普通解雇事由と懲戒解雇事由が規定されているはずです。

精神疾患の従業員の場合には、例えば、就業規則の次のような規定に該当することが考えられます。

「身体又は精神の障害により業務に耐えられないとき」

「労働能率が著しく劣り、向上の見込みがないとき」

「業務命令違反の程度が重大、悪質なとき」

「服務規律及び企業秩序違反が重大なとき」

さらに、上述の具体的な事由規定に該当しない場合であっても、「その他前各号に掲げる事由に準ずる理由に該当すること」といった包括的条項の規定に基づく解雇ができるか否かを検討することができます。

⑵ 「身体・精神の障害により業務に耐えられないとき」とは

その従業員が精神疾患になったというだけでは、解雇事由にはなりません。この点については、統合失調症、うつ病、自律神経失調症などどのような疾患であっても同じです。

一般的に、解雇の合理的理由があると認められるためには、債務不履行（労働義務違反、付随義務違反）があり、かつ、それが労働契約の継続を期待し難い程度に達していることが必要とされています。

そこで、精神疾患に罹患していることを理由に解雇する場合にも、「身体・精神の障害により業務に耐えられないとき」とは、精神疾患が相当程度に重く、治療により回復し復職することが見込めない場合をいうと解されます。

この点の裁判例としては、**図表19**のカンドー事件判決があります。

図表19　就業規則の解雇事由該当性がないとされた裁判例（カンドー事件（東京地判平17・２・18労判892・80））

1　事案の概要

躁うつ病になった労働者について、約２年７カ月間、躁うつ病により欠勤が多くなり、出勤しても業務を全うすることができず、他の従業員の業務に支障を与え、その後、躁うつ病を理由として７カ月程度休職し、復職後、業務軽減措置を受けたが欠勤が目立ち、さらに躁うつ病の症状が再発し、社外にも影響が及ぶようになっていた。

2　判断の要旨

①勤務時間中の行動は理不尽な行動ということまではできないこと、②外部に対する影響についても会社に具体的な損害が生じたとはいい難いこと、③その他の行動についても１日１回程度のもので四六時中異常があったとは認められないこと、④解雇に先立って専門医の意見を求めていないこと、⑤当該労働者についての治療の効果が上がっていると認められること、⑥会社には再度の休職を取ることができる制度があったこと、⑦当該労働者に対して自宅待機や再度の休職をさせた上で適正な治療を受けさせれば治療の効果を上げる余地はあったと認められること等から、当該労働者については、躁うつ病の程度が重く、治療により回復する可能性がなかったということはできないから、「精神又は身体の障害若しくは病弱のため、業務の遂行に甚だしく支障があると認められたとき」とか、「社員の職務遂行能力又は能率が著しく劣り、また、向上の見込みがないと認められたとき」といった就業規則上の解雇事由には該当しないと判断された。

この事案では、休職制度があり、休職等により治療の効果を上げる余地があると認められる場合、就業規則上の「精神又は身体の障害若しくは病弱のため、業務の遂行に甚だしく支障があると認められたとき」に当たらず、解雇が無効であるとされています。

この判決の基準によれば、その従業員が精神疾患になったことを理由に解雇するには精神疾患が相当重いものでなければならないといえるでしょう。

したがって、精神疾患により業務遂行に支障が出ている場合であっても、まずは休職させて治療による回復の程度を見た上で、専門医の判断を聴いて解雇を検討した方が良いと思われます。

3　解雇をする前に他の手段を尽くすことが不可欠

解雇には「最終手段性」が要求されるとされています。すなわち、精神疾患を理由とする場合に限らず、使用者は、労働者との労働契約の継続が困難であると感じた場合でも、まず、解雇を考えるのではなく、ほかに回避手段はないか検討してください。結果的に解雇をする場合でも、解雇回避努力をしたことにより、解雇が有効であると認められる可能性が大きく高まります。

[6] 就業規則の解雇の事由・手続規定のない会社は従業員を解雇できないか

ポイント

その従業員の行為等からみて、解雇することについての合理性、相当性があれば、解雇できます。

1　就業規則の作成・届出・周知義務のない事業場もある

常時使用する労働者が10人に満たない事業場では、就業規則を作成し、届け出る法律上の義務はありません（労働基準法第89条第１項）。

2　その解雇に合理性・相当性があれば有効

就業規則の解雇の要件、手続の規定がなくても、その解雇について、「客観的にみて、合理的な理由」、「社会通念上の相当性」があれば、有効に解雇することがまったくできないわけではありません。

しかし、労使間のトラブルを避けるためにも、早急に、就業規則を定め、その中に「解雇・退職に関する事項」について規定を設けておくべきです。

７　精神疾患従業員を解雇する場合の要件４―解雇の「社会通念上の相当性」とは

ポイント

精神疾患の従業員を解雇する場合には、「社会通念上の相当性」が必要です。

1　社会通念上の相当性とは

その従業員の解雇に客観的合理的理由が認められたとしても、解雇権の行使が「社会通念上相当」と認められない場合には、解雇は有効とは認められません。

解雇権の行使が相当と認められるか否かは次の①～③の点を考慮して判断されます。

①　他の従業員の取扱いとの公平性

②　その従業員の情状

③　使用者の不当な動機・目的の有無

2　判例をみると

図表20の２つの普通解雇事案のうち「１」の豊田通商事件では解雇は有効とされ、他方、「２」のカンドー事件では解雇は無効とされています。

両事件の判断理由を見ると、両者についての判断が異なった理由が理解できます。

前者の解雇については「社会通念上の相当性」があり、後者には、これがなかったことが判断の分かれた点です。

図表20　精神疾患等による業務上の支障を理由とする普通解雇の裁判例

事件名	判断結果	判断の理由
1　豊田通商事件（名古屋地判平9・7・16判タ960・145労判737・70）	精神疾患（妄想性人格障害）で業務に支障が出ていることを理由とする普通解雇が有効であるとされた事案	①解雇の段階で既に6通の専門医の診断書が提出されていたこと、②労働者が解雇前6年間にわたり、業務命令違反、上司に対する暴行、無銭飲食、業務妨害等を繰り返したため会社が自宅謹慎を命じたが、それにもかかわらず出社して上記行為を繰り返し男子トイレに籠城するなどの奇異な行動をとったこと、③使用者は労働者の療養に協力的な態度をとっていたこと等を勘案して、普通解雇は権利の濫用に当たらないと判断した。
2　カンドー事件（東京地判平17・2・18労判892・80）	躁うつ病の躁状態であることを理由とする普通解雇を無効とした事案	①使用者が解雇を決定する際、主治医の助言を求めた形跡がなかったこと、②治療の効果が上がっており、休職期間が最大2年であるところ、前回の休職期間が7か月余りに過ぎず、再度の休職を検討すべきであったこと、③使用者は病気で通常勤務ができない労働者2名の雇用を継続していることから当該対象労働者のみ解雇するのは平等原則に反することを理由として解雇を無効と判断した。

8　休職期間を満了しても治癒しないため、就業規則の「解雇規定」により普通解雇する場合の注意点は

ポイント

私傷病期間の満了日までに、休職事由である傷病が「治癒しないこと」の確認、解雇についての法規制に注意が必要です。

1　就業規則の「解雇規定」とは

就業規則に次のような規定があれば、普通解雇規定です。

第○○条　私傷病休職の従業員が、休職期間の満了までに治癒しない場合は、解雇する。

2　就業規則の解雇規定の変更とは

私傷病休職期間満了時の解雇規定を自動退職規定に変更したほうが法規制が少なく、容易です（396頁以降参照）。

ただし、就業規則の不利益変更（403頁参照）の問題があるので、変更は慎重に行ってください。

3　就業規則の「解雇規定」についての法規制は

就業規則の「解雇規定」による解雇の場合は、①休職期間満了30日前に解雇予告を行うか、または30日分の解雇予告手当を支払う必要があります（労基法20条）。

また、②業務上疾病による休職の場合は、原則として、治療のために休業する期間及びその後30日間は解雇できません（労基法19条1項）。

さらに、③解雇権濫用規制も及びます。ただし、この場合、休職期

間満了日までに疾病が治癒せず復職することができなかったことは、解雇の客観的合理的理由になると考えられ、また、休職期間満了日まで解雇を猶予したことは解雇が社会通念上相当であると認められるための１つの理由になります。

9　精神疾患による長期欠勤予定者の普通解雇は

ポイント

私傷病休職制度が設けられている会社であれば、私傷病休職を発令します。

私傷病休職制度が設けられていない場合は、欠勤継続により治癒する予定であるか治癒不能であるかによって異なります。

1　質問事案のあらましは

当社の従業員から「精神疾患により当面4カ月間自宅療養を要する。」という医師の診断書が提出されてきました。

業務が原因ではないとのことですが、解雇することはできるものでしょうか。

2　普通解雇とは

普通解雇は、心身の故障により業務に耐えられない場合その他の場合に認められます。

1）私傷病（精神疾患）による長期欠勤予定の場合に解雇が認められるか否かは、次のような事情により、非常に微妙になってきます。

①　就業規則に私傷病休職制度の規定が設けられているか否か

②　当面、6カ月間の自宅療養専念で完治する見通しがあるのか、それとも、再起不能か

2）正社員であって、①の点について、就業規則に私傷病休職制度の規定が設けられていて、対象従業員がこの休職規定の要件に該当すれば、当面、私傷病休職の取扱いになります。

当初からまったく治癒する可能性がない場合でなければ、解雇することは認められません。

この休職期間中に精神障害が治癒し就労可能となれば、復職となります。精神障害が回復せずに休職期間満了となれば、自動退職になります。

3）正社員で、就業規則に私傷病休職制度の規定がない場合は、次のように考えられます。

ア　例えば、従業員10人以下といった小さな会社で、余剰人員を雇いつづける余裕のない場合は、解雇されてもやむをえないと思われます。

イ　アの場合を除き、医師の診断書により、６カ月後完治し、同一職種に復帰できることが明らかであれば、使用者には信義誠実の原則により解雇を猶予する配慮が求められるでしょう。

ウ　再起不能であれば、解雇もやむをえないと思われます。

4）６カ月後に他の軽作業に復帰できる見通しであるという場合については、判例は、①使用者は復職させる義務があるとするものと、②そこまでの義務はないとするものに分かれています。

最近は、前記①の判例がほとんどとなっています。

5）いずれにしても、会社の担当者が主治医、さらには他の精神医療専門医に会って、次のことを聴き、対応を相談することが、会社としての判断、対応の前提になります。

①　精神疾患の病状、特徴

②　当人の現在の病状

③　６カ月後の回復の見通し

Ⅲ　整理解雇

⑩　従業員を整理解雇する場合の有効要件は

ポイント

整理解雇については、判例により、各解雇（普通解雇、整理解雇、懲戒解雇）に共通する要件のほかに、さらに加重要件が設けられています。

1　整理解雇の４要件とは

企業の経営状況が悪化した場合に、従業員の一部を人員整理するために行う解雇のことを「整理解雇」と言います。しかし、考えてみれば、整理解雇とは、経営者の失敗によって引き起こされる事態ですから、従業員には何ら責に帰すべき事由がないにもかかわらず、職を一方的に失わせるものです。したがって、整理解雇には法律的には厳しい要件が課されています。

図表21の解雇（普通解雇、整理解雇、懲戒解雇）の共通有効要件のうち、①解雇禁止事由に該当しないこと、②解雇予告を行うこと、③就業規則、労働契約、労働協約の規定を守ること、は当然必要です。

図表21　解雇（普通解雇、整理解雇、懲戒解雇）が有効と認められる共通４要件

① 法律で定められている解雇禁止・制限事由に該当しないこと
業務上疾病の治癒するまでの期間及びその後30日間の解雇の禁止その他
② 従業員に解雇予告を30日以上前にするか、これに代わる解雇予告手当（30日分の平均賃金）を支払うこと
③ 就業規則や労働契約、労働協約に規定する解雇事由、解雇手続きに従っていること
④ 解雇理由に合理性、相当性があること

2 整理解雇の追加４要件とは

前述の共通３要件（図表21の①～③）に加えて、④解雇理由の合理性、相当性を裏付ける具体的内容として、**図表22**の①～④の追加要件が必要です。

会社側が、従業員の整理解雇を行う場合に、**図表21**と**22**のすべての要件を満たしていれば、その整理解雇は法律上、有効とされます。

図表22 整理解雇の追加４要件

① 経営上、人員削除の必要性があること
　整理解雇を決定した後で、大幅な賃上げ、高配当、大量採用をするなど矛盾のある行動をした場合、解雇は無効
② 整理解雇をさける努力をしたこと
　整理解雇しなくてもすむように事前に、賃金引き下げ、配転、出向、一時帰休、希望退職者の募集等手段を尽くしたこと
③ 解雇対象者の選定が妥当であること
　多数の従業員のなかから、なぜその従業員を整理解雇の対象者に選定したのか、十分に説明できる基準と手続きが必要
④ 労働組合、従業員と協議を尽くしたこと
　労働協約に労働組合との協議条項がある場合はもちろん、ない場合でも、労働組合または従業員の代表者と、整理解雇の必要性とその時期・規模・方法について、事前に誠意をもって協議し、理解・協力を求めることが必要

11　整理解雇対象者の選定の合理性とは

ポイント

整理解雇が合理的な手順で行われ、対象者の選定基準が合理的であれば、有効と認められます。

1　質問の内容は

整理解雇がどのような手順で行われた場合に、解雇対象者の選定に合理性があると言えるのでしょうか。

また、どのような選定基準であれば、合理性があると言えるのでしょうか。

2　解雇対象者の選定の合理性とは

整理解雇は、多数の従業員の中から一部の者を選定し、人員削減を実施するわけです。したがって、なぜその者が人員削減の対象に選定されたかを十分説明できる手続きと選定基準の合理性が必要です。

具体的には

① 整理解雇基準が設けられていること

② 設けられた基準に合理性があること

③ 基準が公平に適用されたこと

が、求められます。

ただし、零細企業で、従業員数人程度の整理解雇を行う場合には、①の基準作成は必要ありません。

3　選定基準の合理性とは

裁判例において合理性が認められている選定基準は、次の①～③のとおりです。

①雇用形態からみて企業との関係の薄い者

これは、パートタイマー、契約社員など非正規社員を先に整理の対象にし、正社員を後にするものです。

②企業の再建、維持のために貢献することの少ない者

整理解雇は企業の再建、維持のために行うものです。このため、その目的からして、選定基準には、企業秩序を乱す者、業務に協力しない者、職務怠慢な者、能力の低い者、欠勤の多い者、病弱な者、配転困難な者等があげられます。

裁判例でもこれらの基準自体には「合理性あり」とされています。しかし、この基準は抽象的で使用者の評価により判断結果が左右されることから、使用者の評価の合理性、正当性が裁判で争われることが多々あります。

③解雇されても生活への影響の少ない者

他の収入がある、共稼ぎで子どもがいないなどの場合はこれに該当します。

ただし、この場合、「有夫の女性」「30歳以上の女性」といった一般的な基準を設けることは、男女雇用機会均等法により結婚している女性の差別取り扱い、性別による差別取り扱いとなり、解雇は無効と判断されるので注意してください。

実際に整理解雇の対象者を選定する場合には、一般的には、まず①の基準により、非正規社員を先にし、正社員を後にします。そして、正社員を整理対象とする場合には、前記②の基準により選定します。

さらに、②の点で評価が同程度の場合には③の基準で選別します。

判例では、これらの取扱いは、一般的に合理性ありと認めています。

ただし、人件費削減が急がれる場合には、人件費の高い正社員を先に整理解雇し、パートタイマーなど人件費の安い非正規社員を後に解雇する方が「合理性あり」とする判例もあります。

⑫　精神疾患により休職中の従業員を優先して整理解雇の対象にすることは認められるか

ポイント

優先解雇は認められません。他の従業員と同じ整理解雇の基準と手続きで行わなければなりません。

1　まず、業務上疾病のおそれがないことを確認しておくこと。

精神疾患になった従業員を解雇する場合には、業務上疾病で休業中の者についての解雇制限規制（労基法19条１項）に違反する危険性があります。

そこで、精神疾患になって休職中の従業員を整理解雇の対象者とする際には、従来の就労中の労働時間、業務の質・量、就労環境を調査して、過重労働、パワハラ、セクハラ等による業務上疾病のおそれがないことを確認した上で解雇の対象者とすべきです。

2　精神疾患従業員も同一の整理解雇基準により行う

その従業員が、精神疾患になって休職しているからといって、他の従業員と区別した基準を用いて優先して整理解雇することができる合理的理由はありません。

そこで、他の従業員と同じ基準を用いて判断することになります。

整理解雇基準の例は、⑪（430頁）のとおりです。この場合、精神疾患になって休職中の者については、就労能力が減退していること、会社への貢献度も低いことから、出勤率、勤務成績などの客観的合理的基準により判断すると、結果的に優先的に選定されることになるかもしれません。しかし、これはやむを得ないことで違法とはいえないでしょう。

Ⅳ 懲戒解雇

⑬ 精神疾患により不法行為、非違行為をした従業員に対する懲戒処分は

ポイント

懲戒処分を行うことは認められますが、不法行為、非違行為が改まる効果は期待できないと思われます。

1 質問事案の概要は

精神疾患で通院中の従業員が、無断欠勤をする、業務命令に従わない、同僚に大声で怒鳴る、悪口を言われているのではないかと思い込み他の従業員のメールを盗み見るなどの行為を繰り返し行っています。精神疾患が原因とも考えられるこのような行為を理由に、例えば、1週間の出勤停止、減給など懲戒解雇以外の懲戒処分をすることは認められるでしょうか。

また、これにより不法行為、非違行為がなくなる効果はあるものでしょうか。

2 懲戒処分の種類・内容は

懲戒処分には、一般に、268頁**図表6**にような種類・内容があります。

その従業員の所属する事業場の就業規則に規定されている懲戒処分の種類の中から適用されるものを検討します。また、懲戒処分の有効要件は、**図表23**のとおりです。

図表23　懲戒処分の有効要件

①就業規則または労働契約書等に、懲戒処分の種類と内容、事由等が定めてあること。
②その従業員の非違行為が就業規則等に定めてある懲戒事由に該当すること。
③懲戒解雇等の重い処分を課す場合には、本人に弁明（反論、言いわけ）の機会を与えること。
④懲戒処分の重さと不法行為・非違行為の悪質重大さとのバランスがとれていること（懲戒処分の相当性）。軽い非違行為（たとえば遅刻等）に重い処分（懲戒解雇）を科すと、懲戒権の濫用として無効になる。
⑤二重処分をしないこと。横領者に減給処分のうえ懲戒解雇は認められない。
⑥従業員の不法行為・非違行為があった後に懲戒事由に関する規定を定め、さかのぼって処分することはできない。

3　当人の責任能力は

精神疾患により引き起こされた可能性がある行為でも、事理弁識能力（自己の行為の結果を弁識するに足りる能力）を有する者の行為である以上、就業規則等の懲戒処分の規定の適用はあるとした判例があります（豊田通商事件＝名古屋地判平９・７・16判タ960・145労判737・70）。

4　懲戒処分により服務規律に従うようになるのか

精神疾患になっている者は、外部からの圧力に過敏に反応することもあります。このため、本人に事実確認のための事情聴取を行ったり、懲戒処分を行ったりした場合、本人の被害意識を増大させたり症状を悪化させたりする危険性があります。

懲戒解雇以外の懲戒処分を行うことは認められます。しかし、事実確認のための聴取等の手続きを行う際に本人の反発等からトラブルが生ずる恐れがあります。また、不法行為・非違行為が精神疾患によって引き起こされているものであれば、軽い懲戒処分を行っても本人の行動は改まらないで、かえって反発心の強まり、病状の悪化を招く恐れがあります。したがって、軽い懲戒処分であっても行わないほうがよいでしょう。

5 企業の対応のしかたは

該当従業員を私傷病休職として、当分の間、治療に専念させるべきでしょう。

その従業員が、１年間以上、健康保険の被保険者で、休職期間中無給の場合には、傷病手当金として、最長１年６カ月間、標準報酬日額の３分の２相当額が支給されます。休職ののち会社を退職・解雇になった場合にも継続支給されます。

⑭　前記⑬の事案の場合、該当従業員を懲戒解雇することは認められるか。

ポイント

懲戒解雇は普通解雇よりもさらに困難です。私傷病休職とし、その後に自動退職（または普通解雇）にすることを検討したほうがよいでしょう。

1　懲戒解雇は普通解雇よりも従業員に対する不利益が大きい。

懲戒解雇は、①解雇予告又はそれに代わる解雇予告手当の支払（労基法20条）をせずに即時に行われることもあります。また、②退職金の全部又は一部の不支給を伴うことも多くあります。さらに、③再就職の際不利になります。このように、普通解雇と比べて労働者に与える不利益が大きい懲戒処分です。

このため、懲戒解雇を行う際には、単に普通解雇を正当化する事由だけではなく、制裁罰として労働関係から排除することを正当化するほどの事由（重大、かつ、悪質な非違行為）が必要とされています。

2　前記⑬の事案について懲戒解雇は認められるか

懲戒解雇は、解雇としての性格のほかに、懲戒処分としての性格をあわせもっています。

そのため、懲戒解雇は解雇権濫用規制に加えて、懲戒権濫用規制にも服します。

すなわち、懲戒処分は、懲戒処分の対象である非違行為の性質、態様、その他の事情に照らして、客観的に合理的な理由を欠き、社会通念上相当であると認められない場合は、懲戒権の濫用として無効とされます（労契法15条）。

精神疾患により非違行為をした労働者について懲戒解雇をする場合は、①相当性がない（懲戒解雇という重い処分と非違行為の悪質・重大さのバランスがとれていない）と判断されるリスクや②企業内の懲罰委員会における本人の弁明（事情説明、反論等）といった懲戒手続を十分に行うことができない可能性があるというリスクがあります。

これらのリスクを避けるためには、私傷病休職満了後の自動退職という方法を検討した方がよいと思われます。

3　懲戒解雇を行う場合は予備的な普通解雇も行う

仮に、不法行為・非違行為が重大・悪質で、かつ、労働者本人の責任も重大であり、懲戒解雇を検討せざるを得ない場合であっても、予備的に、普通解雇の意思表示をしておいた方がよいでしょう。

具体的には、該当従業員に交付する懲戒解雇通知書に懲戒解雇に該当する不法行為・非違行為の内容および就業規則の根拠規定を記載し、あわせて予備として普通解雇に関する上述のことについても記載しておくのです。

第４節　有期契約労働者の退職・解雇・雇止め

①　有期契約労働者を離職させる方法は

ポイント

精神疾患により勤務できなくなった有期契約労働者を離職させる方法としては、辞職、合意退職、雇止め（契約更新拒否）、私傷病休職期間満了による自動退職、契約中途での解雇等があります。

1　有期契約労働者とは

有期契約労働者とは、有期パートタイム労働者、期間雇用者（契約社員）、登録型派遣労働者など労働契約で１回の雇用期間が限定されている労働者のことです。

これらの者の会社を離職する形〔退職、解雇、雇止め（契約更新拒否）〕は、正社員などの無期契約労働者（期間の定めのない労働契約で働く労働者）とは大きく異なります。

次の２以下でこれらについて説明します。

2　有期契約労働者を離職させる方法は

精神疾患により勤務できなくなった有期契約労働者を離職させる方法としては、大きく分けて、次の４つがあります。

⑴　契約期間中途での辞職、または合意退職

⑵　契約期間満了による自動退職、それにあわせて雇止め（契約更新拒否）

⑶　私傷病休職期間満了による自動退職（有期契約労働者について私傷病休職制度が就業規則に定められている場合）

(4)　契約期間中途での解雇（普通解雇、整理解雇、または懲戒解雇）

3　どの方法が会社にとって容易か

1）その有期契約労働者本人が精神疾患により勤務できなくなったことを自覚し、会社あてに「辞職願い」を提出する場合には、会社側への法規制がほとんどなく、取扱いが最も容易です（民法628条）。

2）上記1）のことが期待できない場合には、上記(2)の「契約期間の満了による自動退職、それに併せての雇止め（契約更新拒否」が容易です。

1回ごとの労働契約の期間が満了すれば、自動的に退職となります。つまり、使用者と従業員の間の雇用関係は終了します。これは解雇ではないので、法規制はまったくありません。

さらに、その後、再度、労働契約を結ぶか否かは会社のまったく自由です。

ただし、すでに多数回にわたって契約更新を行っており、その実態が無期契約労働者（正社員等）と同じ状態になっている場合は、無期契約労働者を解雇する場合と同じ要件と手続きが必要になります。

3）会社が、あらかじめ、就業規則に有期契約労働者の私傷病休職制度について規定している場合には、休職期間満了時点で自動退職にすることができます。

4）上記(4)の「契約期間中途での解雇」が最も法規制が多く困難です。

２　有期契約労働者を解雇できる場合は

ポイント

勤務状況劣悪など一定の場合には、解雇が認められます。

1　有期契約労働者の契約期間中の解雇が認められる場合は

使用者は、有期労働契約（雇用期間の定めのある契約）の期間中は、原則として、その労働者を解雇することは認められません。

ただし、「やむを得ない事由」、つまり、**図表24**の事由がある場合にかぎって解雇が認められます（労契法第17条第１項）。

解雇が使用者の過失による場合は、労働者に契約期間のうちの残余期間分の賃金を支払わなければなりません。

図表24　有期契約労働者の解雇が認められる場合

① 労働者の勤務状況劣悪（普通解雇）
② 使用者または労働者の事故・重病（普通解雇）
③ 著しい事業不振（整理解雇）
④ 天災事変による事業の著しい損害の発生（整理解雇）
⑤ 労働者の重大、かつ、悪質な服務規律・企業秩序違反（懲戒解雇）等

2　有期契約労働者を契約中途で解雇する場合の解雇予告または解雇予告手当の支払いは

労働契約期間が２カ月以内の労働者を、その期間中途で解雇する場合は、30日以上前の解雇予告も、これに代わる解雇予告手当（30日分の平均賃金）の支払いも必要ありません。

しかし、当初の契約期間が２カ月以内であっても、契約更新等により事実上継続雇用期間が当初の契約期間を超えれば、労働基準法の解

雇予告の規定が適用されます（同法第21条）

したがって、解雇の際には、30日以上前の解雇予告または30日分の解雇予告手当（平均賃金）の支払いが必要です（労基法第20条）。

第９章　派遣労働者が精神疾患を発症した場合の派遣元・派遣先会社の対応・義務

①　派遣労働者のメンタルヘルス対策、過労死防止対策の実施義務は派遣元会社・派遣先会社のどちらにあるか

ポイント

防止対策の実施義務は、派遣元と派遣先の双方にあります。

１　派遣労働者は雇用主と勤務先が別々

派遣労働者とは、人材派遣会社（派遣元）に雇い入れられて、その会社から派遣先会社に派遣され、派遣先会社の事業所で、派遣先の指揮命令を受けて働く労働者のことをいいます。正社員等の直接雇用と異なり、受入使用する派遣先会社の派遣の依頼・解約が容易なことから、活用の場が広がってきました。

派遣労働者は、雇用主である人材派遣会社（派遣元）から賃金を支払われ、社会・労働保険の加入手続きもされます。しかし、派遣労働者が日々使用され、働くのは派遣先会社です。一般の社員の場合は雇用主である会社と日々働く会社が同じですが、派遣労働者の場合には、これらが２つに分かれているのが特徴です。

労働者派遣のしくみを**図表１**に示します。

２　常用型と登録型がある

派遣元会社と派遣労働者が継続的な雇用関係にある常時雇用型と、

仕事があるときのみ労働契約を結ぶ登録型があります（**図表2**）が、派遣労働者の大半は登録型です。

図表１　労働者派遣のしくみ

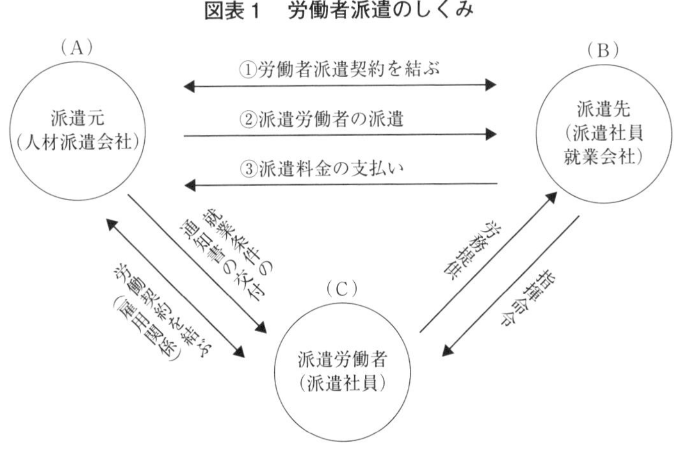

図表２　人材派遣会社（派遣元会社）が派遣社員を雇用する形態

常時雇用型	派遣元会社と継続的な雇用関係にある。派遣先会社から派遣契約を解除されても派遣元会社との労働契約（雇用関係）は継続する
登録型（スタッフ）	派遣元会社に氏名や希望の職種などを登録しておき、希望と合う業務があるときだけ労働契約を結び、派遣先会社で働く。派遣先会社が労働者派遣契約を解除すると、派遣元会社との労働契約を打ち切られる。

3　派遣元会社には雇用主としての義務・責任がある

当然のことですが、派遣労働者にも、労働者を保護する各種の労働法が適用されます。人材派遣会社（派遣元）は、派遣労働者の雇用主として、労働基準法、最低賃金法、労働契約法（安全配慮義務ほか）その他の労働法を守る義務があります。

社会・労働保険の加入・保険料の支払い、所定労働時間や変形労働時間制の就業規則の定め・労使協定等の手続き、時間外・休日労働協定の締結・届出等、労働時間の枠組みをつくるのは派遣元の義務です。

4　派遣先会社には就業現場の義務・責任がある

一方、派遣労働者が実際に勤務するのは派遣先会社です。派遣先は、派遣元会社と結んだ労働者派遣契約書に定める就業条件の枠内で、働かせなければなりません。そのうえで、労働時間の管理や休憩、休日等、労働災害防止措置、労働者の具体的な就業に関する決まりの順守については、派遣先会社が法令上の義務を負います。

労働者の心身の健康と安全を守るための安全配慮義務（労働契約法第５条）についても、就業の場となる派遣先会社が責任をもって行う義務があります。

派遣労働者のメンタルヘルス対策、過重労働防止対策等の実施については、派遣元会社及び派遣先会社の双方に義務・責任があります。

上記のことを**図表３**にまとめましたので、ご参照ください。

1 派遣労働者のメンタルヘルス対策、過労死防止対策の実施義務は派遣元会社・派遣先会社のどちらにあるか

図表3　派遣元事業主と派遣先事業主の労働法上の主な義務・責任

	A派遣元事業主	B派遣先等事業主
①労働基準法、最低賃金法等（労基署が担当）	・派遣社員に対する労働契約の締結、退職・解雇 ・賃金の支払い ・社会・労働保険の加入・保険料の支払い、労働災害時の補償 ・時間外・休日労働、変形労働時間制等の労使協定締結・届出 ・年次有給休暇・産休・育児時間等の付与 ・就業規則・労働者名簿・賃金台帳の作成・届出・保管	・労働時間、休憩、休日等（年休を除く）の管理 ・労働災害補償を実質負担 ・年少者（満18歳未満の者）、妊産婦（妊娠中・出産後1年以内の者）等の就業制限の順守 ・育児時間の確保
②労働安全衛生法（同上）	・雇い入れ時の安全衛生教育、一般健康診断（雇い入れ時、定期）、ストレスチェック等の実施 ・労働者死傷病報告の提出義務	・労働災害防止措置全般 ・危険有害業務の安全衛生教育 ・特殊健診（X線作業等）の実施 ・労働者死傷病報告の提出義務
③労働契約法5条（同上）判例	安全配慮義務（心身の健康保善義務、職場環境保善義務を含む。）	同左
④男女雇用機会均等法・育児介護休業法（都道府県労働局雇用環境・均等部（室）が担当）	・男女差別の禁止 ・従業員によるセクハラ・パワハラ・マタハラ等行為の防止・対応措置義務 ・事業主による従業員の結婚・妊娠・出産、育児介護休業等を理由とする不利益取扱いの禁止	同左
⑤労働者派遣法（都道府県労働局需給調整事業課等が担当）	・派遣元責任者の選任 ・労働者派遣契約の締結 ・派遣労働者に就業条件通知書を交付 ・派遣元管理台帳の作成（派遣社員の就業場所、日時等の所定事項を記載し、3年間保存）	・派遣先責任者の選任 ・労働者派遣契約の締結 ・派遣先管理台帳の作成・保存（派遣社員の就業場所や日時等の事項を記載し、派遣元に連絡）

２　派遣先会社に派遣中の労働者が精神疾患になった場合に、その派遣先会社は、派遣元会社に対して、派遣労働者の交代を求めることはできるか

ポイント

派遣先会社は、派遣元会社に対して、他の派遣労働者を派遣してもらうように求めることが可能です。

1　質問事案の概要は

当社（派遣先）に人材派遣会社（派遣元）から労働者派遣されてきている派遣社員がうつ病にかかっているらしく、欠勤、遅刻することが多くなりました。派遣社員は当社の社員ではないので人材派遣会社に話して交代してもらおうと考えていますが、問題ないでしょうか。

2　労働者派遣のしくみは

労働者派遣のしくみ、派遣元会社・派遣先会社の労働法上の義務・責任分担については、１で説明したとおりです。

人材派遣会社が派遣先会社に派遣労働者を派遣するに当たっては、あらかじめ、**図表４、５**の事項を定めた労働者派遣契約を結ぶことが労働者派遣法で義務づけられています。

3　派遣先会社の対応方法は

派遣労働者がうつ病になり、欠勤、遅刻するなどして勤務をきちんとできない状態であれば、派遣元会社と派遣先会社とで結んだ労働者派遣契約の目的を果たせないことになります。

したがって、派遣先会社としては、労働者派遣契約書にもとづいて、自社の派遣先責任者から派遣元会社の派遣元責任者に対して交代要員

2 派遣先会社に派遣中の労働者が精神疾患になった場合に、その派遣先会社は、派遣元会社に対して、派遣労働者の交代を求めることはできるか

図表4　労働者派遣契約書に記載しなければならない事項（法定記載事項）（平成27年9月30日～）

契約事項
①派遣労働者が従事する業務の内容
②派遣労働者が就業する事業所の名称、所在地、就業の場所および組織単位名（○○課など）
③派遣先等で派遣労働者を具体的に指揮命令する者の所属部署、役職、氏名
④労働者派遣の期間および派遣就業する日
⑤派遣就業の開始と終了の時刻並びに休憩時間
⑥安全衛生に関すること
⑦派遣労働者から苦情の申出を受けた場合の処理に関すること
⑧労働者派遣契約の解除にあたって講ずる派遣労働者の雇用の安定を図るために必要な措置に関すること
⑨紹介予定派遣の場合は、これに関すること
⑩派遣元責任者・派遣先責任者の役職、氏名、連絡方法
⑪派遣先等で、時間外労働を行わせることができる日、または延長することができる時間（時間外労働をさせることができる旨の定めをした場合のみ）
⑫福利厚生等の便宜供与の内容と方法（便宜供与を行うことを定めた場合のみ）
⑬派遣期間の制限を受けない業務について行う労働者派遣に関すること
⑭派遣労働者の人数

図表5　労働者派遣契約書の記載事項例（法定記載事項以外の項目）

契約事項
①派遣料金
②代替要員の派遣に関すること
③派遣労働者の交代に関すること
④服務規律・企業秩序維持に関すること
⑤守秘義務に関すること
⑥派遣元、派遣労働者の帰責事由による契約解除
⑦派遣先等の帰責事由による契約解除
⑧損害賠償

の派遣を要求することができます。

さらに、もしも交代要員がいないということであれば、労働者派遣契約書に記載されている派遣契約解除の予告期間を経過した時点で契約の解除、損害賠償請求を行うことができます。

4　派遣労働者が業務上疾病になった場合の損害賠償責任は

派遣労働者が業務上疾病（労働災害）になった場合は、その労働者は労基署に請求して労災補償給付を受けることができます。

そのほか、派遣先・派遣元会社の双方に民事上の損害賠償の義務・責任があります。

判例の考え方を示しますと、アテスト（ニコン熊本制作所）事件判決では、**図表６**のように、派遣先会社（注文者）と派遣元会社（請負人）の双方に対して安全配慮義務違反があるとして損害賠償請求を認めました。

派遣先会社は、「派遣労働者を受け入れて指揮命令し、業務を行わせる者」として、他方、派遣元会社は「派遣労働者を派遣し、管理する者」として、それぞれ派遣労働者の安全と心身の健康保持に十分配慮する法律上の義務があります。

2 派遣先会社に派遣中の労働者が精神疾患になった場合に、その派遣先会社は、派遣元会社に対して、派遣労働者の交代を求めることはできるか

図表6 アテスト（ニコン熊本制作所）事件判決

1 事案の概要

形式上は請負契約であるが、実質的には労働者派遣契約であったと認定されている状況下で、派遣社員が派遣先（注文者）の事業場の業務によってうつ病に罹患して自殺したという事案で、遺族が派遣会社（請負人）と派遣先（注文者）の双方に対して安全配慮義務違反の損害賠償請求をした事件。

この事件は、実質的に派遣社員（契約上は請負契約）が派遣先の工場のクリーンルームで精密機械部品の検査作業を行っていて、深夜業もあり、また長期の海外の出張もあり、かなり過重な労働を行った結果、うつ病に罹患して自殺したという事案。

その遺族が派遣先会社（注文者）と派遣元会社（請負人）の双方に対して安全配慮義務に違反したとして損害賠償請求をした。

2 判決要旨

一審判決（東京地判平17・3・31判時1912・40労判894・21）と控訴審判決（東京高判平21・7・28労判990・50）ともに、派遣先会社（注文者）と派遣元会社（請負人）の双方に安全配慮義務違反を認めた。派遣先会社（注文者）は実際には指揮命令下でその派遣社員を指揮命令して労務を提供させていた。また、派遣元会社（請負人）もその派遣社員がどのような環境下でどのような業務を何時間行っていたのかを把握していなかったということであり、派遣社員の健康状態も十分には把握しておらず、また作業環境が悪いか否かを判断できる状況にはなかったからである。

3 派遣先会社（注文者）の責任についての判断

「使用者（雇用契約上の雇用主のほか、労働者をその指揮命令の下に使用する者も含む。以下同じ）は、その雇用し又は指揮命令の下に置く労働者に従事させる業務を定めてこれを管理するに際し、その業務の実情を把握し、業務の遂行に伴う疲労や心理的負荷等が過度に蓄積して労働者の心身の健康を損なうことがないよう注意する義務を負うと解するのが相当」として、派遣先（注文者）についての注意義務違反を認めた。

4 派遣元会社（請負人）の責任についての判断

「労働者派遣事業を行う者（派遣元会社）は、派遣労働者を派遣した場合、当該派遣労働者の就業の状況を常に把握し、過重な業務等が行われるおそれがあるときにはその差し止めあるいは是正を受役務者に求め、また、必要に応じて当該派遣労働者についての労働者派遣を停止するなどして、派遣労働者が過重な業務に従事することなどにより心身の健康を損なうことを予防する注意義務を負うと解するのが相当である。」として、そもそも派遣元（請負人）が派遣労働者がどのような作業環境下でどのような業務に就業していたかを把握しておらず、派遣先（注文者）に対して過重な労働が課されているのであればそれを差し止め、あるいは是正を求めることを行っていないということで注意義務違反があると判断した。

（初出文献）

本書の第２部、第３部及び第４部（第１章から第３章まで）は、企業通信社発行の労働安全衛生広報に、2015年８月から2017年５月までの間に掲載された「メンヘル・セクハラ・パワハラの法律と実務Q&A」を再構成、修正したうえで掲載したものです。

〔引用・参考文献〕

（第１部）

①精神障害者雇用管理ガイドブック独立行政法人高齢・障害・求職者雇用支援機構、障害者職業総合センター

②「精神医学ハンドブック第７版―医学・保健・福祉の基礎知識」山下格著、日本評論社

③「発達障害かもしれない―見た目は普通の、ちょっと変った子」磯部潮著、光文社新書

④「アスペルガー症候群」岡田尊司著、幻冬舎新書

⑤「よくわかるパニック障害・PTSD」貝谷久宜監修、主婦の友社

⑥「よくわかる最新医学非定型うつ病・パニック障害・社交不安障害」貝谷久宜監修、主婦の友社

⑦「よくわかる双極性障害（躁うつ病）」貝谷久宜監修、主婦の友社

⑧「脳の病気のすべてがわかる本」矢沢サイエンスオフィス編、学習研究社

⑨「アスペルガー症候群」岡田尊司著、幻冬舎新書

⑩「やさしい精神医学入門」岩波明著、角川選書

⑪「専門医がやさしく語るはじめての精神医学」渡辺雅幸著、中山書店

⑫「精神疾患にかかる障害年金申請手続完全実務マニュアル」塚越良也著、日本法令

⑬「障害者雇用管理マニュアル」身体障害者雇用促進協会（長澤貞子、佐藤宏、布施直春執筆、編集）、社団法人雇用問題研究会

⑭「障害者の生涯生活設計概説」拙著、文化書房博文社

⑮「新しい障害者雇用の進め方」拙著、労働調査会

（第２部）

①「精神障害の労災認定」厚生労働省

②「新・精神障害の労災認定」（株）労働調査会出版局編
③「過労死・過労自殺の救済Q&A」大阪過労死問題研究会編、民事法研究会
④「職場のうつと労災認定の仕組み」髙橋健著、日本法令
⑤「安全衛生・労災補償　第４版」井上浩・吉川照芳著、中央経済社
⑥「平成26年度　脳・心臓疾患と精神障害の労災補償状況」厚生労働省

（第３部・第４部）
①「Q&A　精神疾患をめぐる労務管理」外井浩志編著、新日本法規
②「詳解　職場のメンタルヘルス対策の実務第２版」坂本直紀他編著、民事法研究会
③「管理者のためのセクハラ・パワハラ・メンタルヘルスの法律と対策」戸塚美砂監修、三修社
④「Q&A　休職・休業・職場復帰の実務と書式」浅井隆著、新日本法規
⑤「人事・法務担当者のためのメンタルヘルス対策の手引」岡芹健夫著、民事法研究会
⑥「過重労働を無くすために今できること」厚生労働省広報資料
⑦「2015働く人のメンタルヘルスガイド」東京都労働相談情報センター
⑧「精神障害者雇用管理ガイドブック」障害者職業総合センター
⑨「労働法実務全書」拙著、中央経済社

著者略歴

布施　直春（ふせ　なおはる）

2016年11月３日瑞宝小綬章受章

1944年生まれ。1965年、国家公務員上級職（行政甲）試験に独学で合格。

1966年労働本省（現在の厚生労働省）に採用。その後、勤務のかたわら新潟大学商業短期大学部、明治大学法学部（いずれも夜間部）を卒業。元身体障害者雇用促進協会企画相談課長兼障害者自立展示センター所長、長野・沖縄労働基準局長。〔前〕港湾貨物運送事業労働災害防止協会常務理事、葛西社会福祉専門学校非常勤講師（障害者福祉論、公的扶助論、社会保障論ほか）新潟大学経済学部修士課程非常勤講師。清水建設（株）本社常勤顧問。関東学園大学非常勤講師（労働法、公務員法）〔現在〕羽田タートルサービス（株）本社審議役、労務コンサルタント、知的障害児施設理事ほか。

労働法、社会保障法、障害者・外国人雇用、人事労務管理に関する著書129冊。主な著書に『無期転換申込権への対応実務と労務管理』『企業の労基署対応の実務』、『雇用多様化時代の労務管理』（以上経営書院）「新しい障害者雇用の進め方」『Q&A 退職・解雇・雇止めの実務－知っておきたいトラブル回避法－』『Q&A 改正派遣法と適法で効果的な業務委託・請負の進め方－従業員雇用・派遣社員をやめて委託・請負にしよう！』『モメナイ就業規則・労使協定はこう作れ！－改正高年法・労働契約法完全対応－』『その割増賃金必要ですか？－誰でもわかる労働時間管理のツボ』（以上労働調査会）、『雇用延長制度のしくみと導入の実務』（日本実業出版社）『平成27年改訂版Q&A 労働者派遣の実務』（セルバ出版）、『改訂新版わかる！使える！労働基準法』（PHP ビジネス新書）（類書を含み累計20万部）、労働法実務全書（約900頁の労働法実務事典）、「外国人就労者の入国手続・労務管理』（中央経済社）などがある。

企業の精神疾患社員への対応実務

2017年11月25日　第1版　第1刷発行

定価はカバーに表示してあります。

著　者　布施　直春

発行者　平　　盛之

発行所　㈱産労総合研究所
出版部　経営書院

〒112－0011
東京都文京区千石4―17―10　産労文京ビル
電話03(5319)3620　振替00180-0-11361

落丁・乱丁本はお取り替えいたします。　印刷・製本　中和印刷株式会社

ISBN978-4-86326-252-2